KB080106

– 건국 100주년, 애국가 작사자 확정을 위한 연구 –

애국가 작사자 **도산 안창호**

– 건국 100주년, 애국가 작사자 확정을 위한 연구 –

애국가 작사자 **도산 안창호**

박재순

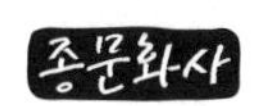

머리글

나는 도산의 철학을 연구하다가 '애국가' 작사자 문제에 관심을 갖고 이 과제에 집중하게 되었다. '애국가' 작사자로 여겨진 안창호와 윤치호의 긴밀한 역사적 관계와 정황 속에서 그리고 두 사람의 정신과 철학, 신념과 지향에 비추어 '애국가' 작사자 문제를 탐구하였다. 이를 위해서 그 동안 제시된 '애국가' 작사자에 관한 모든 증언들, 문헌자료들, 기록들을 현대 문헌학의 관점에서 전체적으로 그리고 비판적으로 검토하고 평가하였다.

기존의 연구자들과는 다른 새로운 관점과 방법으로 연구했지만 나의 연구는 그 동안 많은 연구자들이 수집한 많은 자료들과 이룬 연구성과에 크게 의존하였다. 내가 다른 연구자들과 다른 관점과 결론을 가지고 있다고 해도, 다른 많은 연구자들이 쌓아올린 연구성과와 노력에 힘입어 이 책을 쓸 수 있었다는 것을 밝힌다. 나로서는 '애국가' 작사자에 관하여 충분히 논증하고 결론을 내렸다고 생각하지만 대화와 논의의 문을 닫아놓고 싶지 않다. 이 문제와 관련하여 논쟁하고 토론할 일이 있다면 기쁜 마음으로 대화하고 토론하고 싶다.

이 책의 내용은 월간 〈기독교사상〉에서 1년 동안 연재한 글을 심화하고 확대한 것이다. 연재한 글보다 분량이 2배 이상 많아졌다. 이 책을 통해서 '애국가' 작사자의 진실이 밝혀지고 도산 안창호가 '애국가' 작사자로 공인되는 계기가 되면 좋겠다.

오랫동안 이 책을 펴낼 출판사를 찾지 못하였다. 이런 사정을 알고 오랜 벗 유석성 총장께서 종문화사 임용호 대표를 소개하였고 임 대표는 기꺼이 이 책을 펴내기로 결정하였다. 유 총장님과 임 대표님께 깊은 감사의 마음을 전한다.

2020년 7월 박재순

들어가는 말

'애국가'를 짓고 부른 지 110년이 지나도록 국가가 '애국가'의 작사자를 밝히지 못하는 것은 민족과 역사에 무책임한 일이다. '애국가'를 짓고 부르며 민족의 독립과 통일을 위해 희생하고 헌신하신 도산 안창호 선생에게 '애국가' 작사자의 지위를 돌려드리지 못한 것에 는 국민의 한 사람으로서 부끄럽고 죄송하게 생각한다. 지난 4년 전부터 도산의 철학과 사상을 연구하면서 '애국가' 작사자 문제에 관심을 가지고 집중적으로 탐구하였다. 그 결과 나로서는 도산이 '애국가' 작사자임을 확신하게 되었고, 이 책에서 도산이 '애국가' 작사자임을 증명했다고 자부한다. 이제라도 안창호 선생이 '애국가' 작사자임을 밝히게 되어 기쁘고 다행으로 여긴다.

그 동안 이 나라의 정부와 지식인 학자들은 왜 '애국가' 작사자를 밝히지 못했는가? 여기에는 두 가지 이유가 있다. 첫째, 독립운동 과정에서 도산을 정치적 적대자와 경쟁자로 여기고 끊임없이 음해하고 적대시했던 이승만이 친일파 지식인들을 앞세워 도산에게서 '애국가' 작사자의 지위를 빼앗았기 때문이다. 국가가 '애국가' 작사자에 관해 조사하고 연구했던 1955년은 이승만이 국부로 자처하며 사사오입 개헌을 통해 불법적으로 영구집권을 획책하던 시기였다. 이때 이승만과 친일파 지식인과 국사편찬위원회가 결탁하여 도산에게서 '애국가' 작사자의 지위를 빼앗고 '애국가' 작사자 문제를 혼란과 미궁에 빠트렸다. 둘째, 일제 식민지 시대의 조선사편수회서 실증사학을 익힌 이병도 등에 의해서 실증사학이 확립되었고 한국의 지식인 학자들이 개별적인 사실과 단편적 문헌자료에 의존하는 실증사학의 방법론에 함몰되었기 때문이다. 현대 문헌비평학은 실증사학의 방법론에서 벗어날 수 있게 해 준다. 현대의 문헌비평학에 따르면 개별적 사실들은 역사 전체의 맥락 속에서 비판적이고 종합적으로 해석되어야 하며, 단편적 문헌자료들은 합리적 의심과 비판을 충분히 거친 다음에야 그 진실성과 진정성을 받아들일 수 있다.

'애국가' 작사자로 알려진 안창호와 윤치호는 '애국가'를 짓고 부르던 그 시대의 특수한 역사 사회적 상황 때문에 '애국가' 작사자를 밝히지 않기로 굳게 다짐하였다.[1] '애국가'를 지은 1907년부터 1945년 해방이 될 때까지 안창호와 윤치호는 '애국가' 작사자에 대하여 굳게 침묵을 지켰다. 이처럼 '애국가' 작사자의 진실의 문은 안에서 잠겼으므로, 밖에서는 열 수 없고 역사의 안으로 들어가서 열어야 했다. 개별적 사실과 단편적 문헌자료에 의존하는 실증사학의 방법은 '애국가' 작사자의 진실의 문 밖에서 문을 열려는 시도와 같았다. 이런 방법으로는 '애국가' 작사자의 진실에 결코 다가갈 수 없었다.

'애국가' 작사자의 진실의 문을 안에서 여는 방법은 어떤 것인가? 먼저 안창호와 윤치호의 역사적 관계와 정황 속으로 들어가서 두 사람의 관계, 신념, 심리, 철학을 연구, 비교하는 것이다. 그리고 두 사람의 다른 애국가요들과 '애국가'를 비교함으로써 누가 '애국가' 작사자임을 밝히는 것이다. 신용하 서울대 명예교수는 〈학술원 통신〉 2018년 4월호에서 안창호의 애국계몽가요와 '애국가'의 시상과 표현을 비교함으로써 안창호가 '애국가' 작사자임을 밝혔다. 나는 이 책에서 두 사람의 역사적 관계와 정황을 논구하고 그들의 신념, 심리, 철학을 비교하고 연구했으며 안창호의 애국가요들과 다른 글들을 '애국가'와 비교하였고, 윤치호의 애국가요들과 시(詩)들을 '애국가'와 비교함으로써 안창호가 '애국가' 작사자임을 밝혔다. 그 동안 '애국가' 작사자와 관련해서 제시된 모든 증언들과 문헌자료들, 여러 연구자들의 논의와 주장들을 자세히 비

1) 이에 대해 2장 1에서 자세히 논하였다.

교·검토하고 비판함으로써 나는 안창호가 '애국가' 작사자라는 확실한 결론에 이를 수 있었다.

안창호와 윤치호의 역사적 관계와 정황을 살펴보는 것만으로도 누가 '애국가' 작사자인지 뚜렷이 드러난다. 윤치호와 안창호는 역사적으로 계승과 혁신의 관계 속에 있다. 두 사람은 같은 시대를 살면서도 정치 사회적 성향과 지향이 확연히 달랐다. '무궁화가'는 독립협회가 활발하게 활동하던 1897년경에 지어졌고 '애국가'는 신민회를 조직하던 1907년에 지어졌다. '무궁화가'는 독립협회를 주도한 윤치호와 이어지고 '애국가'는 신민회를 조직한 안창호와 이어진다. 안창호는 독립협회의 청소년 회원들을 중심으로 신민회를 조직하였다. 윤치호는 독립협회 시대를 대표하고 안창호는 신민회 시대를 대표한다. 독립협회는 친일파와 고위 관료, 지식인과 민중이 뒤섞였고 황제와 협력하고 타협하면서 입헌군주제를 내세우고 문명개화를 추구했다. 신민회는 민주공화정을 확고하게 내세우고 독립전쟁을 준비하며 민을 나라의 주인과 주체로 깨워 일으키는 교육독립운동을 일으켰다. 윤치호가 독립협회를 이끈 사람이라면 안창호는 신민회를 이끈 사람이다. 윤치호가 '무궁화가'를 지었다면 안창호는 '애국가'를 지었다.

여기서 간단히 '무궁화가'와 '애국가'를 비교해보자.[2] 윤치호의 '무궁화가'는 1절 첫 머리에서 "성자신손 오백년은 우리 황실이요"라고 하여 조선왕조와 황실에 대한 찬양으로 시작하고, 2절은 "애국하는 열심의기 … 충군하는 일편단심"으로 왕조와 황실에 대한 충성을 강조하고, 3절은 온 국민이 "한 맘으로 나라 사랑하여 직분만 다하자"고 하며, 4절은 "우리나라 우리 황제 황천이 도우사, 군민동락 만만세에 태평독립하세"라고 하여 하나님이 황제를 도울 것을 기원하고 국민은 군주의 즐거움

2) '무궁화가는 〈독립신문〉 1899. 6.29, 〈대한매일신보〉 1907. 10.30.'에 수록되어 있다.

에 동참하는 소극적이고 수동적인 존재로 머문다. 이 노래에서는 황실과 황제가 중심에 있고 노래의 대상이고 목적이다. 국민에게 요구되는 것은 황실과 황제에 대한 충성이고 국민은 맡은 바 직분을 다할 뿐 국민의 주체성과 정체성은 드러나지 않는다. 이에 반해 '애국가'는 1절에서 "동해물과 백두산이 마르고 닳도록 … 하나님이 보호하사 우리 대한 만세"라고 함으로써 국민의 간절하고 사무친 심정과 기원이 나온다. 2절 "남산위에 저 소나무 철갑을 두른 듯, 바람 이슬 불변함은 우리 기상일세"라고 하여 국민의 기상을 강조함으로써 국민의 정체성을 드러냈다. 3절은 "가을 하늘 공활한데 구름 없이 높고 밝은 달은 우리 가슴 일편단심일세"라고 하여 아무 거칠 것이나 막힘이 없이 자유롭고 활달한 국민의 심정을 나타냈다. 4절은 "이 기상과 이 마음으로 님군을 섬기며 괴로우나 즐거우나 나라 사랑하세"라고 함으로써 국민의 기상과 마음으로 형편과 처지에 매임 없이 힘써 나라를 사랑하자고 역설하여 국민의 주체적 의지와 적극적 행동을 부각시켰다. 다만 "님군을 섬기며"는 1907년 당시 황제와 왕조가 온존하고 있는 형편에서 교육운동을 펼쳐야 했던 역사적 현실을 반영하는 것으로 보인다. 그러므로 한일합병 후 〈신한민보〉 1910. 9.21.에 실린 '애국가'에서는 "님군을 섬기며"를 "국민을 모으며"로 바꾸었다.[3] '무궁화가'와 '애국가'의 차이는 분명하다. '무궁화가'는 황실과 황제를 위한 노래이고, '애국가'는 국민을 위한 국민의 노래다.

윤치호는 독립협회와 '무궁화가'와 짝을 이루고 안창호는 신민회와 '애국가'와 짝을 이룬다. 윤치호, 독립협회, '무궁화가'는 정신과 결이 일치하며 뗄 수 없이 결합되어 있다. 마찬가지로 안창호, 신민회, '애국가'는 정신과 맥이 일치하며 뗄 수 없이 결합되어 있다. 윤치호와 안창호의 정신과 결이 서로 다른 것처럼 독립협회와 신민회도, '무궁화가'와 '애국

3) 안용환 『독립과 건국을 이룩한 안창호 애국가 작사』 청미디어 2016. 283쪽 참조.

가'도 그렇게 서로 다르다. 이러한 차이는 너무 뚜렷하고 확실하여 '애국가'를 독립협회와 윤치호에게 가져다 붙일 수 없고 '무궁화가'를 신민회와 안창호에게 가져다 붙일 수가 없다. 독립협회, '무궁화가', 윤치호의 정체와 신념, 정신과 기질은 일치한다. 신민회, '애국가', 안창호의 정체와 신념, 정신과 기질도 일치한다. '무궁화가'의 정신과 유형은 안창호의 것이 될 수 없고 '애국가'의 정신과 유형은 윤치호의 것이 될 수 없다.

'애국가'를 짓고 부르던 그 시대의 역사적 관계와 정황 속에서 보면 '애국가' 작사자의 진실을 가둔 문은 쉽게 열린다. 안창호와 윤치호의 심리와 철학, 정치적 신념과 의지를 연구하고 비교하면 둘 가운데 누가 '애국가' 작사자인지 분명하게 알 수 있다. 역사 속에 은폐된 진실의 문은 언제나 역사의 껍질을 벗겨내고 역사 속으로 들어가서 그 안에서 열어야 한다. 독립운동에 앞장선 역사학자들인 박은식, 신채호, 정인보, 함석헌은 역사를 전체의 맥락에서 역사의 알맹이인 역사의 의미와 목적, 정신을 탐구했다. 이들과 함께 이들의 정신과 자세로 안창호와 윤치호의 역사와 정신 속으로 들어가서 '애국가' 작사자의 진실을 밝히는 과정에 여러분을 초대한다.

CONTENTS

1장

친일파와 국사편찬위원회가 주도한 1955년 '애국가' 작사자 연구

'애국가'를 지은 지 100년이 지나고 해방 후 나라를 되찾은 지도 70년이 지났다. 아직도 '애국가'의 작사자를 모르고 있는 것은 참으로 부끄럽고 당혹스러운 일이다. 1907년에 '애국가'를 지은 이래 안창호를 중심으로 독립운동가들과 우리 겨레는 '애국가'를 열렬하고 간절하게 불렀다. 이렇게 우리 겨레가 간절하고 사무치게 부른 '애국가'의 작사자를 우리가 모르게 된 까닭은 무엇일까? 나라가 망하고 일제의 식민지가 되는 특수한 역사, 사회적 상황 때문에 '애국가' 작사자는 자신이 '애국가' 작사자임을 숨겨야 했다. 그렇다면 해방 후 오늘까지도 '애국가' 작사자를 밝히지 못한 까닭은 무엇인가? 1955년 문교부 주도로 '애국가' 작사자 조사활동을 벌일 때 대통령 이승만과 친일 지식인 학자들과 국사편찬위가 결합하여, 암묵적으로 '애국가' 작사자로 알려진 안창호에게서 '애국가' 작사자 지위를 빼앗았기 때문이다.

1955년에 미국의 한 출판사와 미국 대사관에서 '애국가' 작사자가 누구인지 물어왔기 때문에 문교부는 '애국가' 작사자 조사활동을 벌이게 되었다. 이때 '애국가' 작사자를 미궁과 혼란에 빠트린 것은 이승만에게 충성한 친일사학자 이병도와 친일파 학자들, 이들을 추종한 국사편찬위원회[국편]였다. '애국가' 작사자로 알려져 있던 안창호에 대해서 평생 경쟁심과 적대감을 품고 있었던 대통령 이승만은 6·25전쟁 후 민족대립과 분열의 분단체제를 강화하면서 '대한민국의 국부'로서 영구집권을 획책하고 있었다. 민족의 자주독립과 민주통일을 위해 자신을 희생하고 헌신한 애국독립운동의 화신이며 겨레의 참 스승이었던 안창호는 자신의 권력 장악을 위해 독립운동단체와 기관의 파괴와 분열을 일삼았던 이승만에게는 평생 목에 걸린 가시 같은 존재였다. 절대 권력과 권위를 내세우며 영구집권을 추구한 이승만을 위해 친일파 지식인 학자들이 안창호에게서 '애국가' 작사자의 지위를 빼앗음으로써 한국역사와 사회의 중심에서 안창호를 제거하였다.

이때 '애국가' 작사자 조사활동을 주도한 이병도는 친일 식민사학의 본산인 조선사편수회에서 뼈가 굵은 실증주의 사학자였다. 해방 후 이병도는 서울대 역사학과 창설 교수, 학술원회장, 문교부장관을 역임하면서 역사학계의 최고 권위자가 되었다. 이병도와 함께 친일파였던 백낙준, 서정주, 윤치영이 이승만의 의중에 따라 '애국가' 작사자 규명작업을 주도했기 때문에 안창호 작사설은 배척되고 윤치호 작사설로 기울었다. '애국가' 작사자는 '윤치호가 분명하지만 미상으로 하라'는 이승만의 지침에 따라 국편이 주도한 '애국가' 작사자 위원회는 안창호 설을 배척하고 윤치호 설을 내세우면서도 '미상'으로 결론을 지었다.[1] 이로써 '애국가' 작사자 문제는 안창호와 윤치호 사이에 결정을 짓지 못하고 혼란과 미궁에 빠졌다. 한국독립운동의 중심과 선봉에 섰던 안창호는 한민족의 역사와 사회의 중심에서 밀려났고, 반민주적이고 반통일적인 친일파 지식인 학자들은 이승만과 함께 한국사회의 중심에서 정치, 교육, 문화의 영역을 확고하게 지배할 수 있게 되었다.

'애국가' 작사자 문제를 미궁과 혼란에 빠트린 1955년 문교부와 국사편찬위의 '애국가' 작사자 조사활동은 세 측면에서 연구 평가하고 이해해야 한다. 첫째, 이승만과 친일파 지식인 학자들과 국편이 결합하여 어떻게 '애국가' 작사자 조사활동을 파행적으로 이끌어갔는지 그 정치적 배경과 작용을 연구해야 한다. 둘째, 친일 지식인 학자들과 국편이 구체적으로 어떤 과정과 절차를 밟아서 안창호 설을 배척하고 윤치호(최병헌 합작)설을 확립해갔는지 살펴보아야 한다. 셋째, '애국가' 작사자 조사활동을 지배한 친일

1) 신동립 『애국가 작사자의 비밀』 101쪽.

역사학자들의 실증주의 연구방법론을 비판하고 애국독립운동에 앞장선 역사학자들(박은식, 신채호, 문일평, 안재홍, 정인보, 함석헌)의 정신과 통합적 연구방법에 비추어 '애국가' 작사자 문제를 보다 깊고 넓은 관점에서 새롭게 접근하고 연구해야 한다.

1. '애국가' 작사자 조사활동의 정치적 배후: 이승만·친일파·국사편찬위의 결합

1955년 4월 2일 미국 출판사와 주한 미 대사관으로부터 '애국가' 작사자를 알려달라는 요청을 받은 문교부는 처음에 '안창호 작 안익태 작곡'으로 통지하려고 했다.(〈서울신문〉 1955년 4월 4일) 이미 안창호 작사설이 널리 퍼져 있었고 안익태를 비롯하여 안창호 작사설을 주장하는 사람들이 있었다. 이승만의 충실한 추종자였던 신흥우가 1903년에서 1911년까지 미국에서 지냈는데 미국에서는 현행 '애국가'는 안창호 작이라고 들었고 귀국 후에는 윤치호 작이라고 들었다고 하였다.[2] 안창호를 '애국가' 작사자로 밝힌 문헌들도 여럿 있었다.[3] '안창호 '애국가' 작사'에 대해 윤치호 유족이 반론을 제기하자 문교부는 '애국가' 작사자 규명 작업을 벌이게 되었다.

그러나 문교부와 국편이 주도한 '애국가' 작사자 규명활동은 처음부터 편파적이고 파행적으로 전개되었다. 4월 4일에 안창호를 '애국가' 작사자로 통보하려고 했던 문교부는 국편, 서울대 역

2) 오동춘, 안용환 『애국가와 안창호』 청미디어 2013. 106~7쪽.
3) 제7안식일교회 편찬, 『찬미가』 時兆社 1949. 세광중학교 출판 『음악교재』 프린트 본 1950년대. 월간 〈아리랑〉 1955. 6에서 "도산이 지은 노래였다"고 밝히고 있다. 이에 대하여는 김연갑, 『'애국가' 작사자 연구』 집문당 1998. 114쪽 참조.

사학과(이병도), 국학과 인문학의 권위자 최남선, 서지학의 권위자 황의돈에게 '애국가' 작사자 진상 규명을 위촉하였다. 그런데 이들이 아직 조사활동을 시작하기도 전인 4월 14일경에 문교부 당국자가 갑자기 "안창호 씨가 아닌 것만은 명백히 되어 있다"고 주장하였다.[4] 4월 18일경에는 최남선파의 안창호 설과 국편파의 윤치호·최병헌 합작설이 완강하게 대립했다는 보도가 나왔다.[5] 실증사학을 맹신하는 국편과 이병도가 안창호 작사설에 맞서 역사적 문헌적 근거도 없고 증언자도 없는 '윤치호·최병헌 합작설'을 갑자기 들고 나온 것이 참으로 이상하다. '윤치호·최병헌 합작설'은 윤치호의 '무궁화가' 후렴에다 최병헌의 '불변가'를 결합하여 '애국가'를 지었다는 것으로 실제로는 최병헌 작사설이다. 그 후 '애국가' 작사자 조사활동을 주도한 국편은 안창호 설을 배척하고 윤치호 설을 앞세우는 것으로 일관하였다. 이병도와 국편이 안창호 설을 진지하게 고민하고 검토했다는 기록이나 흔적을 찾을 수 없다. 객관적, 역사적, 학문적 관점에서 보면 이병도와 국편의 이런 편향과 파행은 이해할 수 없다. 안창호를 배제해야 할 정치권력의 의도와 필요에 따라서 '애국가' 작사자 조사활동을 이끌어갔다고 볼 때 비로소 이병도와 국편의 이런 편향과 파행을 이해할 수 있다.

문교부와 국편의 이러한 편파적이고 파행적인 '애국가' 조사활동을 이해하기 위해서는 세 가지를 살펴보아야 한다. 첫째, 독립운동 과정에서 서로 다른 길을 걸은 안창호와 이승만의 애증이 뒤얽힌 관계를 살펴보아야 한다. 둘째, 당시 이승만의 영구집권을

4) '애국가는 과연 누가 지었나?', 〈연합신문〉 1955년 4월 14일 기사.
5) '두 개의 주장이 대립, 안창호론은 최남선씨파, 윤·최 합작론은 역사편위(歷史編委)파', 〈중앙일보〉 1955년 4월 19일자 기사. 신동립『애국가 작사자의 비밀』 지상사 2015. 182쪽.

획책한 정치적 상황과 친일파들이 정치, 사회, 문화의 권력을 장악해 가는 역사적 정황을 살펴보아야 한다. 셋째, 난데없는 최병헌 (윤치호 합작)설이 튀어나온 배경과 사정을 헤아려 보아야 한다. 이 세 가지를 살펴보면 '애국가' 작사자 문제가 혼란과 미궁에 빠진 과정을 이해할 수 있을 것이다.

서로 다른 길을 걸은 독립운동가 안창호와 이승만의 애증이 뒤얽힌 관계

이승만과 안창호는 독립협회와 만민공동회에서 독립운동을 시작했으나 서로 다른 길을 걸었다. 1902년 미국 유학을 온 안창호는 가난한 한인동포들이 길거리에서 싸우는 모습을 보고 유학을 중단하고 한인동포들을 조직하고 훈련하여 1905년에 공립협회를 조직했다. 그가 민주공화의 원리에 따라 조직한 공립협회는 크게 성장했고 다른 단체들과 결합하여 대한인국민회라는 큰 단체로 발전했다. 을사늑약 이후 안창호는 한국으로 돌아와 신민회라는 전국적인 단체를 조직하고 1907~1910년 사이에 한국에서 교육독립운동을 벌였다. 안창호는 젊은 나이에 한국과 미국에서 독립운동과 교육운동의 중심과 선봉에 서게 되었다.

1899년부터 1904년까지 한성감옥에서 옥고를 치른 이승만은 1905~1910년 사이에 미국의 대학교에서 학사, 석사, 박사 학위를 받았다. 1913년경 하와이에 정착한 이승만은 자기 세력을 확장하고 재정을 확보하기 위해서 대한인국민회 하와이 지방총회를 파괴하고 분란을 일으켰다. 이승만은 자기 세력을 확장하고 재정을 확보하기 위해서 끊임없이 분란을 일으키며 공적 조직을 파괴하였다. 이승만이 하와이에 정착하도록 도왔던 박용만과는 돌이킬 수 없는 적대관계에 빠졌으며 함께 외교활동을 벌인 김규식과

도 미워하고 적대하는 사이가 되었다. 1920년 김규식이 이승만에게 보낸 편지의 내용은 이승만에 대한 김규식의 불신과 분노가 얼마나 큰지 보여준다. "당신의 송헌주 해임은 당신 자신뿐만 아니라 위원부와 우리의 공동의 대업을 손상시키는, 지금까지 당신이 한 많은 무분별한 행동과 경솔한 처사의 극치에 지나지 않습니다. (…) 당신은 위원부를 창설했으면서도, 나와 위원부가 당신의 일이나 계획을 방해하려고 하지 않는가 하고 염려해 왔습니다. 당신은 무슨 일에 대해서도 나와 위원부를 신뢰한 적이 없고, 당신이 약속했던 것들을 거의 지키지 않았습니다. 당신은 근거 없는 비난과 험담을 일삼아 왔으며, 특히 지난 4월 이후로는 위원부에 대하여 아주 적대적인 태도를 보여 왔습니다."[6] 상해 임시정부 시절에 이승만에게 지원과 협력을 아끼지 않았던 현순도 이승만의 적대자가 되었다. 하와이와 미국의 교민사회는 이승만 때문에 돌이킬 수 없는 혼란과 분열에 빠졌다.[7]

이승만과는 달리 안창호는 민중 속으로 들어가 민중을 조직하고 훈련하여 통합하는 일에 헌신하였다. 그는 1915년에 대한인국민회 중앙총회 회장이 되었으며 중앙총회 회장으로 있는 동안 이승만의 외교활동을 적극 지원하고 후원을 아끼지 않았다. 3·1독립운동이 일어나자 대한인국민회의 결의로 안창호는 상해 임시정부에 파송되었다. 상해 임시정부를 조직할 때 국무총리 겸 내무총장으로 취임했던 안창호는 스스로 노동국 총판이라는 낮은 자리에 내려가서 이승만 대통령, 이동휘 총리, 이동녕, 이시영, 신규

6) 「金奎植이 李承晩에게 보낸 1920년 8월30일자 편지」, 李相勳 「金奎植의 歐美委員部활동(1919~1920)」, 1995, 翰林大 석사학위 논문. 53~54쪽.

7) 미국 한인사회에서 이승만이 일으킨 분열과 파괴 행위에 대해서는 『재미 한인 오십 년 사』에 자세히 기록되어 있다. 이에 대해서는 주요한 편저 『안도산전서』(증보판) 홍사단 2015. 178~182쪽 참조.

식 총장을 세우고 임시정부의 단결과 통합을 위해 희생하고 헌신했다. 그는 이승만과 이동휘를 앞세우며 그들에게 충성을 다짐하였다.

미국에서 외교활동에 전념한 이승만 임시정부 대통령은 자기 세력과 재정의 확보를 위해 임시정부와 끊임없는 갈등을 빚었다. 임시정부를 시작할 때 대통령이란 직제가 없음에도 이승만은 미국에서 대통령으로 행세했다. 국무총리 겸 내무총장 안창호는 헌법에 대통령이라는 직제가 없음을 지적하면서 이승만에게 대통령 행세를 하지 말아달라고 요청하였다. 이승만은 이렇게 답장했다. "상해 임시정부 안창호씨, (…) 내가 대통령 명의로 각국에 국서(國書)를 보냈고 대통령 명의로 한국사정을 발표한 까닭에 지금 대통령 명칭은 변경하지 못하겠소. 만일 우리끼리 떠들어서 행동을 일치하지 못한 소문이 세상에 전파되면 독립운동이 큰 방해가 있을 것이며, 그 책임이 당신들에게 돌아갈 것이니 떠들지 마시오."[8] 이승만의 답전으로 상해 한인사회에서는 격분이 일어났다. 너무도 독선적이고 전제적이라는 비난이 자자했다. 안창호는 '집정관총재'를 '대통령'으로 바꾸고 자신이 노동국 총판으로 내려앉음으로써 임시정부와 이승만의 분규를 수습하고 통합된 정부를 만들려고 혼신을 다하였다.

한국과 미국과 중국 상해의 동포들에게 깊은 존경과 지지를 받던 안창호에 대해 이승만과 그의 측근들은 지방열을 조장하는 야심가라는 낙인을 찍고 끊임없이 음해하고 공격하였다. 이런 음해와 공격이 이어지자 안창호는 결국 2년 만에 임시정부를 사퇴하고 민족독립운동세력의 단결과 통합을 위해서 민족대표회의를 소

8) 하와이 〈국민보〉 660호. 한승인 『민족의 빛 도산 안창호』 흥사단 뉴욕지부. 전자출판 민들레 출판그룹(더키친) 2014. '11장 상해 임시정부 시대 4. 임시정부' 참조.

집했다. 1921년 상해에서 충분한 신뢰와 지지를 받지 못하고 미국으로 돌아간 이승만은 자신을 지지하는 조직 '동지회'를 모아 놓고 이동휘, 안창호, 김규식, 박용만 등을 비난하면서 이렇게 선동하였다. "여러분이 경찰도 되고 몽둥이도 되어 악한 분자를 처치하는데 일심동력하여 주어야 하겠소."[9] 1924년에 안창호가 미국으로 돌아오려고 했을 때 이승만과 그의 측근들은 미국정부에 안창호가 소련정부와 외교적 교섭을 하려고 했다고 음해하여 안창호가 한 동안 미국에 들어오지 못하게 하였다. 이승만이 뿌려놓은 분열과 대립, 갈등과 적대의 씨앗은 뿌리를 내리고 확산되어서 한국근현대의 역사는 독립운동기간뿐 아니라 해방 이후까지 분열과 갈등의 수렁에서 헤어나지 못했다.

안창호는 죽을 때까지 한 번도 이승만을 공격하거나 비판하지 않았다. 1925년에 미국에서 돌아와 한 연설에서 그는 자신과 이승만의 불화와 갈등 때문에 독립운동에 큰 장애가 있다는 비판에 대하여 해명하였다. 상해에는 그가 이승만을 돕는다고 비판하는 사람들이 있었고, 미국에서는 이승만을 해롭게 한다고 비판하는 이들이 있었다. 그러나 그는 이승만의 외교활동에 대해서 한 번도 부정하거나 비판한 적이 없다. 1912년에 이승만이 미국에 다시 왔을 때 그는 이승만을 한국인의 영수로 세우려고 했으나 박용만이 동의하지 않았다. 그는 한 번도 이승만을 공격하거나 비난한 일이 없다. 다만 임시정부 일을 할 때 재정 문제로 임시정부와 이승만 임시 대통령 사이에 갈등이 있었음을 설명하였다. 오래전부터 대한인국민회가 한인동포들의 헌금을 받아서 독립운동을 지원해 왔고 임시정부에서는 이것을 승인했는데 이승만이 임시 대통령이

9) 한승인 『민족의 빛 도산 안창호』. 홍사단 뉴욕지부. 전자출판 민들레 출판그룹(더키친) 2014. '11장 상해 임시정부 시대 4. 임시정부' 참조.

된 후 대한인국민회의 모금권한을 중단시키고 자신이 운영하는 구미위원부에서 한인동포의 헌금을 모금하게 했다. 임시정부는 외국인들에게 판매하는 것으로 알고 수백만 불의 국채발행권을 이승만에게 허락했는데, 이승만은 한인동포들에게 국채를 판매하였다. 미국 한인동포들의 후원에 크게 의지했던 임시정부는 이승만이 미국에서의 모금을 독점하고 국채를 한인에게 판매함으로써 재정문제로 큰 곤경에 처하게 되었다. 이로써 임시정부와 이승만 사이에 갈등이 생겼으며, 이 문제 빼고는 안창호는 이승만과 갈등을 빚은 일이 없다고 하였다.[10)]

안창호는 민족의 자주독립과 통일독립을 위해 희생하고 헌신하였으며, 독립과 통일의 상징과 화신(化身)으로 남았다. 이승만은 외교독립을 주장하고 분열과 대립의 길을 걸었지만 분단국가의 대통령이 되었다. 독립운동을 하며 권력의 장악을 추구하는 과정에서 이승만이 위협을 느꼈던 유일한 경쟁자는 안창호였다. 그러므로 그는 뒤에서 안창호를 음해하고 공격하는 일을 중단하지 않았다. 안창호는 뛰어난 조직력과 추진력, 높은 도덕적 신망과 위대한 연설능력, 깊은 사상과 지도력을 가진 비범한 인물이었다. 그를 사랑하고 그리워하는 이들이 많았다. 그는 죽었지만 흥사단과 교육독립운동을 통해서 그의 영향을 받은 많은 인물들이 정계, 교육계, 경제계에서 활동하고 있었다.

해방 후 남한의 초대 대통령이 된 이승만은 절대 권력과 권위를 내세우며 영구집권을 추구했다. 대한민국의 국부로서 한민족에게 군림하려 했던 이승만은 애국독립운동의 화신으로서 민주정신과 통일정신에 사무친 안창호가 '애국가'의 작사자로 살아나는 것을 결코 용납할 수 없었다. 안창호가 '애국가'의 작사자로 확인되면

10) 안창호 '시카고 한인에게 하신 안도산의 연설' 〈신한민보〉 1925년 5월 28일.

'애국가'를 부를 때마다 한국인은 안창호의 삶과 정신을 기릴 것이고 그러면 자연스럽게 안창호와 독립운동단체들에게 저지른 자신의 죄악과 허물이 드러난다는 것을 이승만 자신이 가장 잘 알았을 것이다.

이승만 독재 권력과 친일세력과 국편의 결합

'애국가' 작사자 규명활동을 벌이던 1955년은 이승만 정권이 영구집권을 획책하던 중대한 시기였다. 6·25전쟁의 민족적 시련을 거치면서 이승만은 장기집권을 추진하였다. 1952년의 발췌개헌(拔萃改憲)을 통하여 대통령 선거를 직선제로 바꾸었고, 이 해 8월 5일 실시된 대통령 선거로 이승만의 중임이 이루어졌다. 1954년 11월 27일에는 3선 금지조항을 삭제하는 헌법 개정을 국회에서 추진했으나 1표 차이로 부결되었다. 재적의원 203명에 찬성이 135명이었으므로 사회자인 국회 부의장이 부결을 선포하였다. 그러나 자유당 간부회는 재적인원 203명의 3분의 2는 135.333…이므로 사사오입하면 135이고 따라서 의결 정족수는 135이기 때문에 헌법 개정안은 가결된 것이라고 주장하였다. 자유당 의원들의 주도로 자유당정권은 국회의결을 번복하였다. 이러한 불법적이고 파행적인 헌법 개정을 발판으로 이승만은 1956년 5월 15일 대통령 선거에서 당선됨으로써 영구집권의 길을 열었다.[11]

1954년 11월의 사사오입 개헌에서 1956년 5월 대통령선거에 이르는 기간은 이승만이 영구집권을 위해 친일파를 동원하여 대표적 유학자이며 독립운동가였던 김창숙을 성균관대학 총장의 직위에서 몰아내려고 정치공작을 벌인 시기였다. 이승만은 대쪽 같

---

11) 사사오입 개헌, 한국민족문화대백과사전, 한국학중앙연구원.

은 선비로서 민족의 자주와 통일을 주장한 김창숙을 용납할 수 없었다. "유교계가 지속적으로 독재정치에 저항하자, 이승만 정권은 유교조직을 장악하기 위한 노력을 강화하였다. 이승만 대통령은 1954년 석전 동행을 시작으로 유교계에 영향력을 행사하기 시작했다. 그는 김창숙을 제거하기 위해 친일 유림계열인 성균관 재단이사장 이명세를 중심으로 하는 재단파와 유도회를 자유당의 조직을 만들려고 했던 농은파를 앞세워 유도회 분규를 배후 조종하여 자신을 유도회와 성균관 총재로 추대하였다. 이러한 영향으로 성균관 유도회와 성균관대학의 분규가 끊이지 않았고, 1957년 7월 김창숙이 모든 공직에서 물러남으로써 성균관대학을 통해 유교문화를 확장하고 국가를 새롭게 건설하려는 그의 이상은 사실상 좌절되었다." 1954년 11월의 불법적인 헌법 개정과 1956년 5월의 대통령 선거 사이에 있었던 1955년 4~7월의 '애국가' 작사자 조사활동은 이승만에게 매우 중요한 일이었다. 대한민국의 국부로서 절대 권력과 권위를 가지려 했던 이승만은 자신이 평생 경쟁심과 적대감을 느꼈던 안창호가 국가의 상징인 '애국가'의 작사자로 확정되는 것을 용납할 수 없었다. 애국독립운동의 상징이며 민주정신과 통일정신의 화신이고 겨레의 참 스승이었던 안창호는 국부 이승만의 절대 권력과 권위를 무너트릴 수 있었다. 남북대결과 분단체제 속에서 국부로서 절대 권력과 권위를 내세우며 불법적으로 영구집권을 획책하는 이승만에게 안창호가 '애국가'를 통해 살아난다는 것은 치명적인 위협과 도전이었다. '애국가' 작사자 조사활동을 통해서 '애국가' 작사자를 결정하는 문제는 대한민국의 국부로서 절대 권력과 권위를 내세우는 이승만에게 결정적으로 중요한 일이었다. 안창호가 '애국가' 작사자로 확정된다면 '애국가'를 생각하고 부를 때마다 안창호와 이승만이 비교될 것이고 두 사람의 과거 역사와 행적이 밝혀질 것이고 이승만의 치부와 허물이 드러날 것이다.

그러므로 이승만에게는 안창호 작사설을 배제하는 것이 매우 중요했다. '애국가' 작사자를 규명하는 활동은 친일파 지식인들이 이승만의 지배 권력을 강화하고 정당화함으로써 그 지배 권력의 중심에 참여하여 자신들의 지위와 권력을 확립하고 강화할 수 있는 중요한 기회였다. 이들은 민주공화 정신과 민족의 독립과 통일 정신을 가장 온전하게 구현한 애국독립운동가 안창호를 본능적으로 두려워하고 싫어했을 것이다. 안창호의 존재를 인정하고 받아들이는 것은 이들의 친일파적 정체성을 폭로하고 이들의 지위와 권력을 부정하는 것이었다. 이들은 '애국가' 작사자에 관한 이승만의 의중을 잘 알았기 때문에 자신들의 지위와 명예를 지키기 위해서 '애국가' 작사자 논의에서 안창호 작사설을 배척하는데 힘을 집중하였다.

영구집권을 획책한 독재자 이승만과 친일행위를 했던 부끄러운 과거를 지우고 사회적 권력과 명예를 유지하려 했던 친일파 지식인들은 '애국가' 작사자 안창호의 이름을 지움으로써 한국역사와 사회의 중심에서 밀어내야 할 절실한 필요와 이유를 가지고 있었다. 이런 정치적 필요와 이유가 있었기 때문에 이승만과 친일파 지식인 학자들은 강력하게 결합되었다. 당시 국편은 문교부 직속 기구였으며 문교부장관이 국편위원장을 겸하고 있었으므로, 이승만 대통령의 의중이 문교부장관을 통해 국편에 전달될 수 있는 구조였다. 당시 친일사학자 이병도는 역사학계의 최고 권위자로서 국편에 절대적 영향을 미쳤다. '애국가' 작사자 조사위원으로 백낙준 서정주 같은 친일파 지식인 학자들이 대거 참여하였다. 이승만과 친일파 지식인 학자들은 자신들의 권력과 지위를 지키기 위해서 서로 손을 잡고 국편을 앞세워 '애국가' 작사자 논의에서 안창호를 배척하였다.

친일파였던 이병도, 백낙준, 윤치영, 신흥우, 서정주는 친일파를 용납하고 중용한 이승만의 열렬한 지지자들로서 처음부터 안창호 설에 적대적이었다. 윤치호의 측근이었던 친일파 백낙준은 일제 때는 격렬한 반미친일을 주장하다가 해방 후에는 격렬한 반일친미를 표방함으로써 기회주의자의 전형을 보였다. 친일 기회주의자 백낙준은 당대 최고의 명망가로서 자신과 같은 평안도 출신의 애국독립운동가 안창호의 존재가 매우 불편했을 것이다. 그는 친일파인 자신을 용납하고 중용한 이승만의 뜻을 충실히 받들려 하였다. 또한 자신이 연세대에서 함께 일하며 친일의 길을 함께 걸었던 윤치호를 '애국가' 작사자로 확정하려는 의지가 백낙준에게는 강했을 것이다. 서정주는 이승만 숭배자로서 이승만 전기를 썼던 친일파 시인이었다. 그는 이승만의 뜻에 따라 윤치호 설을 주장하면서도 '애국가' 작사자 문제를 미상으로 결정되게 하였다. 신흥우는 이승만의 후원단체인 흥업구락부를 조직하고 참여했으며 안창호와 서북세력에 맞서는 기호세력의 조직을 만들 것을 윤치호에게 제안했던 인물이다.[12] 그가 안창호에 대한 당파적 적대감과 경쟁의식을 가진 것은 분명하다.

이들은 친일파였으나 해방 이후 한국정치, 사회, 문화의 확고한 지배세력을 형성했다. 안창호를 끊임없이 음해하고 적대시했던 이승만은 대통령이었고 이병도, 백낙준, 윤치영, 서정주는 한국정치, 사회, 문화의 막강한 권력자들이었다. 이들은 애국독립운동가 안창호 '애국가' 작사설을 배척하고 친일파 윤치호 '애국가' 작사설을 내세우는 과정에서 굳게 결속되었다. 민족의 자주독립과

12) 『윤치호 일기』 1932. 7.15, 1933. 10.4. 『좌옹 윤치호 평전』 897, 906쪽.
유재봉, '심산 김창숙의 교육사상-민족주의, 민주주의, 유교교육 운동을 중심으로', 『일제강점기, 저항과 계몽의 교육사상가들』 한국교육철학회 (주)피와이메이트(박영사) 2020. 156쪽. 이황직 『군자들의 행진』 파주: 아카넷 2017. 471쪽.

민주통일의 큰 길을 걸었던 안창호에게서 '애국가' 작사자의 지위를 빼앗음으로써 이들은 민족의 분단을 고착화하는 반민주적이고 반통일적인 친일지배세력을 남한사회에 확립하였다.

윤치호·최병헌 합작설을 지어낸 윤치영

문교부가 안창호를 '애국가' 작사자로 미국에 통보하려고 했을 때, 이승만은 불쾌하고 당혹스러운 감정을 분명히 느꼈을 것이다. 이승만은 '애국가' 작사자는 안창호가 아니라 독립협회 시절에 윤치호가 '애국가'를 지었다고 생각하고 있었다. 시대착오적으로 윤치호가 독립협회 시기에 '애국가'를 지었다고 생각한 이승만은 윤치호가 '애국가' 작사자임이 분명하지만 윤치호를 '애국가' 작사자로 확정해서는 안 된다고 주장하였다.[13)]

하와이 시절부터 이승만의 비서였던 윤치영은 해방 후 이승만의 비서실장과 초대 내무부장관을 지낸 이승만의 가장 충실한 추종자였다. 그는 일제 때는 친일파였고 박정희 정권시절에도 공화당 당의장, 서울특별시장을 지낸 세력가였다. 그는 권력자의 비위를 맞추고 권력자에게 순응하고 협력하는 능력이 뛰어난 인물이었다. 윤치영은 윤치호의 사촌동생이었으며 이병도의 매제였다. 그는 이승만과 이병도와 윤치호를 연결하는 고리였다. '애국가' 작사자의 지위에서 안창호를 끌어내리는 일의 중심에 윤치영이 있었다. 이승만의 복심이었던 그는 이승만의 의중을 감안하여 1955년의 '애국가' 작사자 조사활동을 뒤에서 조종했다고 추정된다.

13) '이승만 전기'를 썼던 서정주에 따르면 윤치호가 '애국가' 작사자임이 분명하지만 친일의 흠이 있는 윤치호를 '애국가' 작사자로 할 수 없으므로 '미상'으로 하라는 이승만의 뜻에 따라 국사편찬위원회가 '애국가' 작사자를 미상으로 처리하였다. 서정주, '청년 이승만', 1957년 기자협회 협보 제3호. 그리고 신동립『애국가 작사자의 비밀』지상사 2015. 101쪽.

문교부와 국편이 주도한 '애국가' 작사자 조사활동의 편파적이고 파행적인 전개를 보면 누군가 뒤에서 정치공작을 벌였다는 의심을 갖게 된다. 4월 14일에 조사위원들의 조사활동이 시작되기도 전에 갑자기 문교부 당국자가 '안창호가 작사자가 아닌 것은 분명하다'고 주장한 것이 이상하다. 신중하게 중립을 지켜야 할 문교부 당국자가 조사 책임을 맡은 당사자들의 공식 조사활동이 시작되기도 전에 안창호 설을 배척하는 발언을 한 것은 매우 경솔하고 공정하지 못한 짓이다. 4월 18일경에 실증사학을 내세우는 국편 측이 맨 처음부터 역사적으로나 문헌적으로 아무 근거가 없는 '윤치호·최병헌 합작설'을 완강하게 내세워 최남선 황의돈의 안창호 작사설을 배척한 것은 더욱 이상하다. 여기서는 정치공작의 냄새가 물씬 난다. 안창호 설에 반론을 제기하면서 윤치호의 유족은 해방 후 윤치호가 '애국가' 가사를 쓰고 '1907년 윤치호 작'이라고 기록한 문건을 제시했다.(《연합신문》 1955년 4월 14일) 윤치호 유족들이 윤치호 작사설을 입증하는 증거자료를 맨 먼저 제시했다면 어째서 이병도와 국편은 윤치호 설을 주장하지 않고 '윤치호·최병헌 합작설'(실제로는 최병헌 설)을 완강하게 주장했을까? 윤치호가 '애국가' 작사자임이 분명하지만 친일파 윤치호를 '애국가' 작사자로 내세워서는 안 된다는 이승만의 생각에 맞추려고 했으므로, 안창호 설을 배척하기 위해서 갑자기 '윤치호·최병헌 합작설'을 날조한 것으로 의심된다.

그러면 누가 '윤치호·최병헌 합작설'을 만들어냈을까? 이병도와 국편의 역사학자들이 아닌 것은 분명하다. 이들은 역사적 문헌적 근거가 전혀 없는 '윤치호·최병헌 합작설'을 맨 처음에 완강히 주장하다가 곧바로 포기하고 간접적인 문헌 증거들이 있는 윤치호 설을 주장했기 때문이다. 난데없는 윤치호·최병헌 합작설을 만들어서 이병도와 국편에 제시한 것은 윤치영이었다고 생각된다. 윤치영은 '애국가' 작사자 문제에 대한 이승만의 의중을 누구보다 잘 알고 있었다. 그는 윤치호와 최병헌을 잘 알았을 뿐 아니라 이병도와도 긴밀한 관계를 가지고 있었다. 그는 윤치호·최병헌 합작설을 만들어 이병도와 국편에 전달할 수 있는 위치에 있었다. 이승만의 복심이었던 윤치영이 안창호 작사설을 배제하려는 이승만의 뜻을 받들기 위해 '윤치호·최병헌 합작설'을 생각해냈을 것이다. 국편이 돌연히 내세운 '윤치호·최병헌 합작설'은 실제로는 윤치호의 후렴을 가져다가 최병헌이 '애국가' 가사를 지었다는 최병헌 작사설이다. 당시에 최병헌·윤치호 합작설을 만들어낼 인물은 윤치영밖에 없었다.

윤치영은 어떻게 '윤치호·최병헌 합작설'을 생각해냈을까? '애국가'가 만들어졌던 1907년 전후 윤치호의 심정과 행태를 잘 알았을 뿐 아니라 윤치호와 오랜 세월 가까이 지냈던 윤치영은 윤치호가 '애국가'를 작사했을 것으로는 생각하지 않았다. 윤치호는 을사늑약 이후 애국계몽가요를 하나도 짓지 않았다. 다만 독립협회 시절에 윤치호가 '무궁화가'를 지었고 '무궁화가'의 후렴이 '애국가'의 후렴이 되었으므로 윤치호와 가까운 사람이 '애국가' 가사를 지었을 것으로 윤치영은 생각했다. 그리고 윤치호와 형제처럼 가까이 지냈던 정동교회 목사 최병헌이 학문이 높고 문장력이 뛰어났으므로 그가 '애국가' 가사를 지었을 것으로 추정하였다. 최병헌은 윤치호와 사상과 시국관이 일치했으므로 일제에 대한 정치적 견해와 행적도 비슷했다. 독립협회 시절 동지였던 윤치호와 최병헌은 을사늑약 이후에는 권력에 맞서 싸울 생각은 전혀 하지 않았다. 따라서 이들이 1907년에 국민을 일깨워 독립을 쟁취하려는 '애국가' 가사를 지었을 가능성은 거의 없다.

'윤치호·최병헌 합작설'은 이처럼 막연한 추정에 의해 허구적으로 구성된 이론이다. 최병헌의 후손들은 이승만을 비롯한 명사들이 최병헌의 집에서 정기적으로 모였을 때 '불변가'를 불렀고 외국으로 떠나는 사람들에게는 최병헌이 '불변가'를 써 주었다고 하였다. 그러나 '불변가'의 존재는 확인되지 않았고 아무도 그 내용에 대해서 언급하지 않았다. 만일 '애국가' 가사와 같은 불변가를 최병헌이 미국으로 떠나는 이승만에게 써 주었다면 이승만이 그 내용을 기억하지 못할 리가 없다. 이승만은 '불변가'에 대해서 한 번도 말하지 않았다. 아무 근거를 제시할 수 없는 최병헌 설은 이병도와 국편이 안창호 설에 맞서기 위해 강력히 주장했다가 곧바로 버린 설이다. 그럼에도 윤치영은 30년쯤 후인 1984년에 가까이 지내던 재미교포 김병섭에게 최병헌·윤치호 합작설을 다시 한 번 주장했다.[14] 이병도와 국편이 버린 최병헌 설을 윤치영이 말년에 다시 주장한 것은 윤치호가 '애국가' 작사자가 아니라는 심증을 그가 확고하게 가졌으며 그 자신이 최병헌 설의 작자라는 것을 의미한다. 최병헌의 후손들은 윤치영의 증언에 근거하여 현재까지도 최병헌 작사설을 주장하고 있다.[15]

2. 당시 국사편찬위원회는 어떻게 안창호 설을 배척했는가?

이병도와 친일파가 주도한 '애국가' 작사자 진상 규명활동

1955년의 '애국가' 작사자 규명 작업은 2단계로 진행되었다. 첫

14) "작사자 규명과정에서 철저히 소외됐다" 일요시사 기획특집 제 214 호 2005년 11월 22일.
15) 최병헌 '애국가' 작사설의 근거 없음에 대해서는 김연갑 『애국가 작사자 연구』 집문당 1998. 86~93쪽 참조.

째, 국사편찬위원회, 서울대학교 문리대(역사학과 이병도), 인문학과 국학의 권위자 최남선, 서지학의 권위자 황의돈에게 맡겨서 몇 차례 조사활동과 토론회를 가졌다. 둘째, 조사위원들의 의견이 일치하지 않자 5월 9일, 19명으로 이루어진 조사위원회를 구성하고 세 차례 공식 회의를 가졌다.

첫 조사단계: 완강하게 대립한 최남선·황의돈의 안창호 설과 이병도·국사편찬위의 윤치호·최병헌 합작설

첫 조사단계의 처음부터 최남선의 안창호 작사설과 국사편찬위원회의 '윤치호·최병헌 합작설'이 완강하게 대립되었다.[16] 사학자 황의돈이 안창호 설을 주장하고 서울대 역사학과의 이병도가 '윤치호·최병헌 합작설'을 주장했으므로 최남선·황의돈의 안창호 설과 이병도·국사편찬위의 '윤치호·최병헌 합작설'이 맞섰던 것이다.[17]

실증적인 문헌자료와 증거에 집착하는 이병도 같은 실증주의 사학자들이 아무 실증적 증거나 문헌자료도 없이 '윤치호·최병헌 합작설'을 내세우면서 안창호 설을 배척한 것은 학술적인 이유가 아니라 친일파로서 애국독립운동가 안창호에 대한 열등감과 반감이 작용한 것이다. 그러나 한국 최고의 학문적 권위를 자랑하는 학자와 연구기관이 이렇게 무리하게 안창호 설을 배척한 것은 안창호에 대한 친일파의 단순한 열등감과 반감으로만 설명될 수 없다. 그들이 이렇게 무리하게 안창호 설을 배척한 것은 안

16) '두 개의 주장이 대립, 안창호론은 최남선씨파, 윤·최 합작론은 역사편위(歷史編委)파', 〈중앙일보〉 1955년 4월 19일자 기사. 신동립 『애국가 작사자의 비밀』 지상사 2015. 182쪽.
17) '三論擡頭로 混線, '애국가' 작사자는 과연 누구?'. 〈동아일보〉 1955년 4월 18일자 기사,

창호를 배척해야 할 정치적 이유와 필요가 있었기 때문이다. 애초에 안창호를 '애국가' 작사자로 알았던 문교부가 갑자기 며칠 사이에 "안창호가 '애국가' 작사자가 아닌 것만은 명백하다"고 견해를 180도 바꾼 까닭도 이해하기 어렵다. 적어도 문교부와 국편이 안창호 설에 대한 진지한 고민과 성찰을 하지 않았다는 것은 분명하다.

틀림없이 안창호 설을 배척하는 배후세력의 작용이 있었을 것이다. 그랬기 때문에 조사활동이 시작되자마자 문교부와 국편 역사학자들 사이에 안창호 작사설을 배제하는 분위기가 형성될 수 있었던 것이다. 이에 반해 윤치호 작사설에 반대하는 조사위원들은 조사위원회 첫 회합에서 윤치호가 작사자로 판명날 경우 '애국가'를 새로 지어야 한다고 주장했다.[18] 처음부터 위원들 사이에 날선 대립이 있었다. 학문적 연구와 논의보다 서로 다른 파벌과 진영의 입장과 관점의 차이가 두드러졌다. '애국가' 작사자 문제를 객관적 학문적 차원에서 심층적으로 연구 토론하기보다 서로 다른 입장과 관점이 대립하면서 피상적이고 감정적으로 논쟁을 벌인 것이다. 친일 실증사학자 이병도와 친일파 학자들의 편협하고 도착된 관점과 뒤틀린 감정이 '애국가' 작사자에 대한 논의를 혼란과 미궁 속으로 이끌어갔다. '애국가' 작사자 조사위원들이 실사구시의 입장에서 '애국가' 작사자 문제를 공정하게 연구하고 논의하지 않았다는 것은 확실하다.

이런 상황에서 주요한은 윤치호의 '무궁화가'를 안창호가 개작하여 현행 '애국가'를 만들었다는 김동원의 증언을 제시하였다.[19]

---

18) 박정하, '애국가 작사자 판정의 시비', 〈연합신문〉 1955년 7월 15, 16일 기사. 신동립 『애국가 작사자의 비밀』 208쪽.

19) 주요한, 애국자 작사자는 누구?: 하나의 자료로서, 〈경향신문〉 1955년 4월 19일. 김도훈 '애국가' 작사자 관련 논쟁에 대한 검토', 『한국독립운동사연구』 64. 2018. 263쪽.

안창호 설이나 윤치호 설과 관련된 여러 가지 엇갈린 증언들을 종합적으로 살펴보거나 '애국가'를 작사했던 시기에 안창호와 윤치호의 긴밀하고 특수한 관계, 당시의 애국독립운동과 정치사회적 정황을 두루 헤아려 볼 때 주요한의 제안은 매우 합리적이고 역사 현실에 부합하는 것이었다. 그러나 이병도를 비롯한 국편의 역사학자들은 주요한의 이러한 주장을 철저히 무시하고 외면하였다. 안창호는 윤치호와 함께 대성학교와 청년학우회를 운영하면서 가장 깊은 관계를 형성했고 을사늑약 이후 수많은 애국계몽가요들을 지었다. 최근에 서울대 명예교수 신용하는 안창호의 애국계몽가요들과 '애국가'의 시상(詩想)과 표현을 비교하여 서로 일치함을 확인한 후 안창호가 '애국가'를 지었다고 결론을 내렸다.[20] 아무 근거도 없고 역사적 정황에 맞지도 않는 '윤치호·최병헌 합작설'을 주장한 국편 측이 안창호·윤치호의 긴밀한 관계와 역사의 정황에 적합한 주요한의 '안창호·윤치호 합작설'을 한사코 외면한 것은 납득하기 어렵다. 이상하게도 국편이 만든 '애국가' 작사자 조사자료에서도 그리고 5월 13일 1차 회의, 6월 17일 2차 회의에서도 윤치호 설과 '최병헌(윤치호 합작)설'은 중요하게 다루면서도 '안창호·윤치호 합작설'은 주목하지 않았다.

이병도를 비롯한 국편 역사학자들은 실증적 문헌적 근거가 없는 최병헌·윤치호 합작설을 버리고, 윤치호의 '친필 가사지', '역술 찬미가'와 같은 신뢰하기 어려운 문헌자료 몇 개를 바탕으로 안창호 설을 배제하고 윤치호 설로 몰아갔다. 〈중앙일보〉 5월 2일 기사에 따르면 국편 측은 "윤 씨가 작사자라는 것은 거의 확정적"이라고 말했다. 그러나 같은 신문 5월 5일 기사는 "2차 조사위원회에서는 의견 백출(百出)로 그 결말이 나타나지 않았던 것"이

20) 신용하, '애국가 작사는 누구의 작품인가' 〈대한민국학술원통신〉 제297호 2018년 4월 1일.

라고 하였다. 국편 측 학자들이 집요하게 윤치호 설로 몰아갔으나 증거자료가 불충분하다는 여론, 안창호 설을 주장하는 최남선, 황의돈, 주요한, 최병헌 설을 주장하는 최병헌 가족들, 김인식 설이 있었기 때문에 의견의 일치를 보기 어려웠다.

둘째 조사단계: 국사편찬위원회가 안창호 설을 배제하고 윤치호 설을 확립하다

문교부는 처음에 국편, 서울대 역사학과(이병도), 최남선, 황의돈에게 '애국가' 작사자 규명 작업을 맡겼으나 최남선·황의돈의 안창호 설과 안창호 설을 배척하는 국편·이병도의 의견이 갈라지자 공식으로 '애국가' 작사자 조사위원회를 구성했다. 5월 9일에 발표된 '애국가' 작사자 조사위원들은 최남선, 이병도, 김상기, 황의돈, 김도태, 장도빈, 권상로, 백낙준, 김양선, 이상협, 주요한, 서정주, 신흥우, 김동선, 최규남, 현제명, 성경린, 김영한, 현철 19명이었다.[21] 민족문제연구소 친일파 자료에 따르면 조사위원 19인 가운데 최남선, 이병도, 김도태, 권상로, 백낙준, 이상협, 주요한, 서정주, 현제명 9인은 비중 있는 친일파 인사로 분류된다.[22] 명망가였던 전 문교부장관 백낙준과 이승만 숭배자였던 서정주가 확고하게 윤치호 설을 주장했으므로 국편의 '애국가' 작사자 조사활동은 처음부터 안창호를 배제하고 윤치호 쪽으로 기울어져 있었다. '애국가' 작사자 논의를 친일파 윤치호 쪽으로 집요하게 몰아간 친일파 세력은 이병도, 백낙준, 서정주, 신흥우, 윤치영 등이었다.

---

21) 〈경향신문〉 1955년 5월 11일 기사. 오동춘, 안용환 공저 『애국가와 안창호』 80, 209쪽.
22) 오동춘, 안용환 『애국가와 안창호』 80쪽.

둘째 조사단계에서는 국편이 '애국가' 작사자 진상 규명활동을 주관하였다. 5월 13일 첫 조사회의에 앞서 국편은 첫째 단계에서 수집된 자료를 바탕으로 54쪽의 '애국가' 작사자 조사자료(이하 '조사자료')를 펴냈다. 문교부와 국편의 '애국가' 작사자 조사활동을 주도한 것은 이병도, 백낙준, 서정주, 배후의 윤치영과 같은 친일파들이었다. 윤치영은 이병도를 통해 허구적인 '윤치호 · 최병헌 합작설'을 주입하였고, 백낙준과 서정주는 윤치호 설을 강력하게 증언하였다. 이들은 처음부터 끝까지 집요하고 주도면밀하게 안창호 설을 배제하고 윤치호 설(또는 윤치호 · 최병헌 합작설)을 내세웠다.

'애국가' 작사자 조사위원회는 5월 13일, 6월 17일, 7월 28일 세 차례 모임을 가졌다. 5월 13일 조사위원회는 첫 모임으로서 작사자 규명을 위한 보고회를 개최하였다. 12명이 참여한 이 보고회에서는 그간의 조사 결과를 토대로 작사자 5인에 대한 각종 자료와 주장, 그리고 단독 작사설, 합작설, 개작설 등을 논의하였으나, 자료 불충분으로 작사자를 확정하지 못하였다.[23] 자료가 불충분하고 모르는 것이 많다는 것은 문교부장관 이선근도 확인하는 사실이었다.[24] 이병도가 충분한 자료가 수집되었다고 주장했으나 안창호 설을 주장하는 사람들을 납득시킬 수 없었다. 첫 번째 회의 결과 안창호는 배제되고 윤치호와 김인식이 작사자로 유력하게 거론되었다.[25] 안창호 설을 배제하려는 국편의 노력이 집요하게 이루어졌고 그 결과 안창호를 배제하는데 성공한 것이다. 김인식 설은 역사적으로나 문헌적으로 근거가 없고 '애국가' 작사자로

23) '여적(餘滴)' 〈경향신문〉 1955년 5월 14일; '애국가' 작사자 미상으로 낙착시' 및 '문헌자료 불충분, 논의에 오른 5씨도 확증없다' 〈동아일보〉 1955년 5월 14일,
24) '애국가' 작사자 문제 해부' 〈중앙일보〉 1955년 5월 17, 19, 21일.
25) 〈동아일보〉 1955년 5월 15일.

확정될 가능성이 거의 없었다. 따라서 안창호 설을 제쳐놓고 윤치호 설과 김인식 설에 집중한 것은 실제로는 안창호 설을 배제하고 윤치호 설을 앞세운 것이다. 이에 대해 언론에서는 윤치호가 작사자로 귀결될 경우, 윤치호의 친일행적에 비추어 '애국가' 개조라는 새로운 주장이 제기될 것이라고 추측하기도 하였다.[26)]

첫 조사단계에서는 '윤치호·최병헌 합작설'을 내세워 안창호 설에 맞섰다면 둘째 단계의 첫 회의에서는 김인식 설을 끌어들여 안창호 설을 배제하였다. 최병헌 설 못지않게 김인식 설도 근거가 없고 허황한 주장이었다. 김인식이 '애국가' 작사자로 자처할 수 있었던 것은 안창호와 윤치호가 '애국가' 작사자로 나서지 않았기 때문이다. 그는 윤치호 '애국가' 작사설을 부정하면서 이렇게 말했다. "융희 3년(1909년) 여름 한영서원 주최의 하기강습이 있었을 때 강습생들에게 전기 노래('애국가')를 가르쳤는데 그때 윤씨(윤치호)가 들은 바 있었고 그날 오후 자하동에 있었던 자기 집으로 초청하여 저녁을 같이하면서도 후렴은 자기 작이라는 말이 전혀 없었던 것으로 보아 '무궁화가'마저 윤씨작은 아닐 것이다."[27)] '김인식의 애국가'로 알려진 노래는 윤치호의 '무궁화가'를 문구 한두 개 바꾼 것에 지나지 않는다. 그가 이처럼 대담하게 '무궁화가'도 현행 '애국가'도 자기가 지었다고 나선 것은 두 노래 다 임자가 없다고 확신했기 때문이다. 그는 윤치호가 '무궁화가'와 '애국가' 작사자라면 틀림없이 자기가 작사자라고 밝혔을 것이라고 확신했으며 윤치호가 자기가 작사자라고 밝히지 않았기 때문에 작사자가 아니라고 보았던 것이다. '애국가' 작사자에 대한 안창

26) '점차 드러나는 '애국가' 문제, 개작은 불가피?: 작사자가 윤치호씨인 경우' 〈동아일보〉 1955년 5월 14일 (김연갑「애국가 작사자 연구」, 235쪽).

27) '애국가 작사자 새로운 파문' 〈동아일보〉 1955년 5월 21일,

호와 윤치호의 깊은 침묵을 오해한 김인식은 엉뚱하게 자기가 작사자라고 나서는 기행을 저질렀다. 안창호 설을 배제하고 김인식 설과 윤치호 설에 집중한 것은 친일사학자들의 악의적이고 교활한 작전이거나 무능하고 어리석은 짓거리였다.

6월 17일 문교부 회의실에서 두 번째 애국자 작사자 조사위원회의가 개최되었다. 이 회의에서는 관계자 4명으로부터 증언을 청취하고, 이때까지 수집한 자료를 검토하였다. 이날 참석한 증언자는 윤치호 설의 윤영선, 김인식 설의 정소군, 안창호 설의 선우훈, 최병헌 설의 최억일이었다.[28] 그밖에도 이상준 씨 작사설의 확인, 인천에 있는 유두환의 증언을 청취하였다. 유두환은 안창호·윤치호가 동석한 자리에서 안창호가 작사하였다는 말을 들었다고 증언하였다. 5월 13일 첫 회의에서 안창호 설을 배제하고 윤치호 설과 김인식 설로 몰아갔으나 6월 17일 회의에서는 여러 증언들을 청취하고 다시 논쟁만 거듭하게 되었다.[29] '이상준 작 윤치호 후렴 작'으로 기록된 창가집이 있었다는 것은 윤치호 설을 부정하는 중요한 단서가 될 수 있었으나 무시되었다. 안창호가 '애국가'를 지었다는 유두환의 증언도 주목을 받지 못했다.

7월 28일 문교부 회의실에서 개최된 제3차 '애국가 작사자 심사위원회'에서는 100여 일간의 자료조사 결과, 수집된 자료 중 입증자료로는 윤치호 설이 가장 유력하다고 하였다. 그러나 다른 작사자설을 입증할 자료가 수집되지 않았으므로 조사를 마무리하고 위원회를 해체할 것을 발표하였다. 새로운 증거가 나타날

28) '三論擡頭로 混線, '애국가 작사자는 과연 누구?' 〈동아일보〉 1955년 4월 18일. 김도훈 '애국가 작사자 관련 논쟁에 대한 검토', 『한국독립운동사연구』 64. 2018. 262쪽.

29) '결론 또 다시 보류, '애국가' 작사자' 〈동아일보〉 1955년 6월 18일, 申洛鉉, '애국가 작사자에 대한 管見' 〈동아일보〉 1955년 6월 28일. 김도훈 '애국가' 작사자 관련 논쟁에 대한 검토', 『한국독립운동사연구』 64. 2018. 268쪽.

경우, 심사위원회를 다시 소집할 것이라고 하였다.[30] 이 날 애국가 작사자 심사위원회를 해체하기 전에 '애국가' 작사자에 대한 논의와 표결을 하였다. 표결에 참석한 13인은 '이병도, 백낙준, 김상기, 권상로, 현철, 김영환, 서정주, 이상협, 김동성, 주요한, 성결린, 김양선, 김도태'였다.[31] 안창호 설을 주장했던 최남선과 황의돈은 이 회의에 빠졌다. 안창호 설을 배제하려는 이병도, 백낙준과 국편의 의도를 알았기 때문일 것이다. 13명이 모인 3차 회합에서 11명은 윤치호 설의 물적 증거는 충분히 판정 가능하다며 윤치호 설을 주장했고 다른 2명은 각각 안창호 설과 김인식 설을 내세우면서 작사자 미상으로 하자고 주장했다.[32] 논의과정에서 윤치호 설을 주장하는 국편 측에 대한 격렬한 논쟁과 반대가 있었다. 윤치호 설에 대한 격렬한 논쟁과 반대가 있었고 '미상'으로 남겨두라는 이승만의 지시가 있었으므로 이병도와 국편이 주도한 조사위원회는 윤치호가 작사한 것으로 확정하지 못하고 작사자 문제를 '미결' 상태로 남겨둔 것으로 보인다.[33]

조사위원회는 역사적 근거가 부족한 증언들과 신뢰할 수 없는 문서 몇 개를 가지고 논쟁만 벌이다가 '애국가' 작사자 문제를 미궁에 빠트렸다. 문교부, 국편, 친일사학자들이 주도한 애국가 작사자 조사위원회는 '애국가' 작사자 문제에 얽힌 역사 속의 진실에 한 걸음도 다가서지 못하고 역사의 거죽만 핥고 말았다. 더 나아가 친일파 세력이 단합해서 애국독립운동가 안창호를 배척하고 친일파 윤치호를 '애국가' 작사자로 내세운 것은 우리 역사와

---

30) '윤씨설이 유력, '애국가' 작사자' 〈동아일보〉 1955년 7월 30일.
31) 신동립 『애국가 작사자의 비밀』 91쪽.
32) 〈연합신문〉 1955년 7월 30일. 신동립 『애국가 작사자의 비밀』 210~211쪽.
33) 1955년 7월 30일자 경향신문에 따르면 "(7월 28일의) 최종회합에서 격론 끝에" 표결을 하였다. 신동립 『애국가 작사자의 비밀』 89~90쪽.

사회에 큰 해악을 끼친 것이다.

당시 국사편찬위원회는 어떻게 안창호 설을 배척했는가?

이승만과 친일파세력의 뜻에 따른 국사편찬위원회의 '애국가' 작사자 조사활동

'애국가' 작사자 조사위원 19명 가운데 9명이 비중 있는 친일파였으며, 친일 실증사학자 이병도와 친일세력이 국편을 주도했기 때문에 '애국가' 작사자의 진상 규명은 처음부터 결정적인 한계와 문제를 안고 있었다. 또한 평생 안창호에 대해서 적대감과 경쟁심을 가졌던 이승만 대통령의 뜻이 문교부와 국편의 '애국가' 작사자 조사활동에 반영될 수밖에 없었다. 국편이 '애국가' 작사자를 미상으로 처리한 배경에 대해서 서정주는 "이승만 대통령이 윤치호 작사로 밝혀지면 친일을 험 삼아 '애국가'를 고치자고 할 터이니 그대로 미상으로 하라"고 말했다고 밝혔다.[34] 이승만은 윤치호가 독립협회 시절(1896~8)에 '애국가'를 지었다는 시대착오적 주장을 펼쳤다. 윤치호가 작사자임이 분명하지만 윤치호를 작사자로 확정해서는 안 된다는 이승만의 지시와 지침에 따라서 문교부와 국편은 친일 실증사학자와 친일 세력을 앞세워 안창호를 배척하고 윤치호를 작사자로 내세우면서도 '애국가 작사자 미상'으로 결정했다. 이승만과 친일파 지식인들에게는 안창호 작사설을 제거하는 것이 목적이었으므로 이들의 목적은 성공을 거두었다.

조사위원들 가운데 국편에 직접 영향을 미친 인물들은 역사학계의 권위자 이병도, 문교부장관을 역임한 백낙준, 이승만의 숭배

34) 신동립『애국가 작사자의 비밀』101쪽.

자 서정주였으며, 배후에서 이승만의 최측근 윤치영이 큰 영향을 미쳤을 것으로 추정된다. 백낙준과 서정주는 윤치호가 '애국가'를 작사했다고 분명하게 증언하였고 이들의 증언은 국편이 만든 '애국가 작사자 조사자료'에 실렸다. 첫째 단계에서 '최병헌·윤치호 합작설'을 완강하게 주장했던 국편이 둘째 단계에서는 슬그머니 윤치호 설을 주장하게 된 변화가 두드러진다. 국편은 어떤 근거로 최병헌·윤치호 합작설을 완강하게 주장했는지 그리고 왜 갑자기 최병헌·윤치호 합작설을 버리고 윤치호 설을 주장하게 되었는지 아무런 설명도 제시되고 있지 않다. 국편이 안창호 설을 외면하고 배척한 것은 분명한데 그 이유도 밝히고 있지 않다.

둘째 단계의 조사활동에서도 안창호 설을 배척하려는 국편의 집요한 노력은 더욱 뚜렷하게 나타난다. 국편이 만든 '조사자료'에는 안창호 설의 증언들도 상당한 정도로 제시되고 있으나[35] 국편이 이 증언들을 진지하게 고려하고 검토했다는 언급이나 흔적은 어디서도 찾아볼 수 없다. 안창호 설의 증언자들과 증언들은 독립운동의 역사적 정황과 안창호의 독립정신을 반영한다는 점에서 진지하고 무겁게 받아들여야 했다.

조사자료에 제시된 안창호 설과 윤치호 설의 증언자들을 비교할 필요가 있다. 안창호 설의 증언자들은 모두 안창호와 함께 '애국가'를 부르며 독립운동을 했던 이들이다. 이들은 안창호와의 깊은 관계와 역사의 현장 체험을 바탕으로 안창호 설을 주장하고 있다. 이에 반해서 윤치호 설의 증언자들은 '애국가'를 부르는 독립운동의 현장과는 거의 관계가 없는 윤치호의 가족, 친지들이다. 이들은 불확실한 기억과 근거 없는 문헌자료를 내세우며 윤치호 설을 주장한다. 윤치호가 옥고를 치를 때 한영서원 학생들이 애

35) 오동춘, 안용환 『애국가와 안창호』 78~80쪽.

국창가집을 만들고 거기에 '애국가'를 윤치호 작이라고 표기했다고 증언했다. 그러나 이것은 윤치호의 의사와 관계없이 한영학원 설립자와 교장인 윤치호가 '애국가' 작사자라고 생각했던 한영서원 학생들이 그들이 만든 애국창가집에 윤치호가 '애국가' 작사자라고 표기한 것뿐이다.

안창호와 함께 '애국가'를 부르며 독립운동의 현장을 체험한 최남선, 주요한, 김동원, 이광수, 허영숙, 최일봉, 이유필의 부인 김경희의 증언은 무게가 있으며, 유명한 서지학자 황의돈이 안창호 설을 주장한 것도 가볍게 여길 수 없다. 이에 반해 어떤 창가집에서 윤치호의 '애국가'가 실린 것을 보았는데 그 창가집을 잃어버렸다거나 해방 후에 '애국가'가 수록된 '역술 찬미가'에 윤치호가 서명을 해서 주었다는 백낙준의 증언은 근거가 없을 뿐 아니라 거의 의미가 없다. '청년 이승만'이란 글을 쓴 서정주는 윤치호가 독립협회 발족 시에 '애국가'를 지었다는 이승만의 증언을 내세워 윤치호 설을 주장하지만[36] 이것은 시대착오다. 독립협회 시절인 1897년에 윤치호가 지은 것은 '무궁화가'이고 '애국가'는 1907년에 나온 것이다. 국편은 역사적 정황과 인간적 체험이 담긴 안창호 설에 대한 증언들을 한사코 외면하고 주관적이고 모호한 기억에 의존한 윤치호 설의 증언들과 근거가 약한 문헌자료들을 굳게 신뢰하고 지지하였다.

국편에서 만든 '애국가 작사자 조사자료'의 편향성과 한계

둘째 단계의 5월 13일 첫 회의를 위해서 국편은 54쪽의 '애국가 작사자 조사자료'를 만들어 회의자료로 배포하였다. 이 '조사자

36) 서정주, '청년 이승만', 1957년 기자협회 협보 제3호.

료'에 올라 있는 명단은 "김상기, 이병도, 신석호, 백낙준, 이선근(문교부장관), 유홍렬, 홍이섭, 황의돈, 김양선, 장도빈" 10명이다.[37] 이 명단에는 안창호 설을 주장한 최남선, 주요한이 빠져 있다. 국편이 만든 '조사자료'는 그 동안 수집된 증언들과 문헌자료들의 목록을 빠짐없이 수록하고 민영환, 안창호, 김인식, 최병헌, 윤치호 설을 모두 소개하여 겉으로는 공정하고 객관적인 자료로 보인다. 그러나 조사위원회 첫 회의를 위해 국편이 제시한 이 '조사자료'는 안창호 설을 배제하고 윤치호 설의 확정을 요구한 것과 다름이 없었다. '애국가 작사자 조사자료'의 머리말에서 국편은 '단독설', '합작설', '개작설'을 제시했다. 단독설은 윤치호 작사설이다. 합작설은 윤치호의 '무궁화가' 후렴에다 최병헌이 노래말 4절을 지었다는 최병헌 설이다. 개작설은 민영환이 노래말을 작사하고 이것을 후에 김인식과 안창호가 개작했다는 것이다.[38] 민영환이 작사한 노래를 후에 김인식과 안창호가 개작했다는 개작설은 역사·문헌적 근거가 전혀 없을 뿐 아니라 상식적으로나 정황적으로 생각하기도 어려운 것이다. 민영환의 책임 아래 제작된 대한제국 '애국가'는 그 내용과 형식에서 현행 '애국가'와 아무 관련이 없으며 안창호의 정신이나 활동과도 아무 관련이 없다. 이것은 국편이 안창호 설을 일찍이 폐기한 것을 의미한다. '조사자료'는 이병도와 친일파 학자들의 영향 아래 있는 국편이 처음에 내세웠던 '최·윤 합작설'을 남겨 놓으면서 실제로는 안창호 설을 제거하고 윤치호 작사설을 제안한 것이다. 실제로 5월 13일 첫 회의를 통해 안창호 설은 배제되고 윤치호 설과 김인식 설이 유력하

37) 오동춘, 안용환 공저 『애국가와 안창호』 213쪽. '애국가 작사자 조사자료'에 대해서는 김연갑 『애국가 작사자 연구』 73쪽 이하, 199쪽 이하 참조.

38) 김연갑 『애국가 작사자 연구』 64, 199~200쪽

게 되었다.[39]

5월 13일 1차 회의에서 결론이 하나로 모아지지 않자 5월 14일 이선근 문교부장관은 "아직 모르면 알 때까지 내버려 둘 수밖에 없고 그러나 자꾸 알아 봐야지. 지금 알 수 없는 일이 몇 년 몇십 년 후에 알려지게 되는 경우(史學的)가 없지 않으니 그냥 두는 것이 양심적이요"라고 하였다.[40] 이렇게 다양한 의견과 주장이 제시되고 수집된 자료들이 불충분하다는 평가가 안팎으로 제기되었으나 국편과 이병도를 비롯한 친일사학자들은 충분한 증거자료가 확보되었다면서 윤치호 설을 고집하였다. 이때 윤치호 설을 위해 제시된 증언과 문헌자료들은 증거로서의 가치가 의심스러운 것들이었다. 안창호, 윤치호, 최병헌, 김인식, 이상준이 작사자라는 증언을 실증적 근거가 없는 것으로 모두 배제한다면 윤치호 설을 위해 남는 문헌증거들은 '역술 찬미가', '친필 가사지', 〈신한민보〉(1910. 9.21)의 '국민가'다.

'역술 찬미가'에서 '역술'은 본래 '창작'이 아니라는 것을 나타내기 위해서 쓴 말이다. '역술'이 창작을 포함할 수 있다면서 '역술 찬미가'에 수록된 '애국가'는 역술자의 창작이라고 주장하는 것은 지나친 억측이다. '친필 가사지'도 해방 후 생존의 위협을 느꼈던 윤치호 가족이 만든 문서이므로 그 진정성을 인정하기 어렵다. 해방 이전까지 '애국가'에 대해서 굳게 침묵했던 윤치호가 갑자기 그런 문건을 작성했기 때문에 더욱 그 문건을 신뢰하기 어렵다. 〈신한민보〉에 실린 '국민가'도 한일병합 직후에 안창호와 연락이 단절된 상황에서 풍문에 따라 '윤치호'를 작사자로 표기한 것으로 여겨진다. 만일 〈신한민보〉의 편집자들이 안창호가 '애국가'

39) 〈동아일보〉 1955년 5월 15일.
40) '애국가 작사자 문제 해부' 〈중앙일보〉 1955년 5월 17, 19, 21일.

작사자라는 것을 알았다면 안창호가 자신을 작사자로 표기하기를 원치 않는다는 것도 알았을 것이다. 안창호는 '애국가'가 민중이 널리 부르는 노래가 되기를 바랐다. 자신이 '애국가'를 지은 것으로 알려지면 '애국가'를 배척하는 세력이 있음을 알았던 안창호는 자신이 '애국가' 작사자임을 한사코 숨기려고 하였다. 안창호가 모든 일에서 윤치호를 앞세웠으므로 〈신한민보〉는 안창호 대신 윤치호를 작사자로 기록했을 것으로 보인다. 대한인국민회 창립 15주년을 위해 〈신한민보〉 1924년 1월 31일자에 수록된 '애국가'와 안익태가 작곡한 '애국가' 악보와 함께 1~2절을 제시한 〈신한민보〉 1936년 3월 26일자의 '애국가'에는 윤치호가 작사자로 나오지 않는다.[41] 나중에 윤치호가 '애국가' 작사자가 아니라는 것을 알게 되었거나 윤치호가 친일의 길로 들어섰으므로 윤치호를 '애국가' 작사자로 내세울 필요가 없었던 〈신한민보〉 편집인들이 '애국가'에서 윤치호의 이름을 뺀 것으로 생각된다.

이렇게 보면 윤치호 설을 위해 제시된 증거들 가운데 결정적인 증거능력을 가진 것은 하나도 없다. 문교부와 조사위원회의 공식 의견도 충분한 자료와 증거가 없다는 것이었다. 윤치호 설에 반대하는 조사위원들뿐 아니라 당시 언론지상에도 증거가 불충분하다는 주장이 많이 제시되었다. 윤치호 설에 반하는 증거나 증언들도 제시되었다. 대성학교 음악교사였던 이상준이 '애국가'를 작사했고 윤치호는 후렴만 지은 것으로 기록된 창가집이 제시되었다. 윤치호로부터 이상준이 '애국가'를 작사했다는 말을 직접

41) 〈신한민보〉 1924년 1월 31일, 1936년 3월 26일자 애국가 가사 (한국국립중앙도서관 디지털 원문자료 참조). 윤치호가 애국가를 작사했다고 보는 유동식은 신한민보 1924년과 1936년의 애국가 기사가 1910년 〈신한민보〉에 실린 '윤치호 지음 '애국가' 가사'와 일치한다고 주장했다. 유동식도 1924년과 1936년의 '애국가'에는 윤치호가 작사자로 나오지 않음을 확인한 것을 알 수 있다. 유동식, "윤치호와 안익태", 윤경남 편저 『좌옹 윤치호 평전』(서울: 신앙과 지성사, 2017) 514쪽.

들었다는 이돈의의 주장도 나왔다. 그리고 안창호와 윤치호가 있는 자리에서 안창호가 '애국가'를 지었다는 말을 직접 들었다는 유두환의 증언도 있었다. 주요한은 안창호가 윤치호의 '무궁화가'를 바탕으로 '애국가'를 지었다는 김동원의 증언을 제시했다. 이런 증언들은 윤치호 설을 의심하고 '애국가' 작사자의 역사적 진실을 보다 심층적이고 종합적으로 연구할 중요한 단서다. 그럼에도 이병도와 백낙준과 서정주 같은 친일파들은 그런 중요한 증언들과 주장을 한사코 외면하였다. 만일 이들이 학자적 양심을 가지고 '애국가' 작사자를 밝혀내려 했다면 이들은 마땅히 안창호 작사설에 대해서 깊이 성찰하고 검토했어야 했다. 그러나 이들은 처음부터 끝까지 안창호 설을 배척하고 윤치호(최병헌) 설을 완강하게 고집하였다. 이들은 증거능력이 부족한 문헌자료 몇 개를 엮어서 윤치호 설의 증거를 삼았다. 문헌자료의 역사적 신빙성과 진정성은 합리적 의심과 비판적 검토를 충분히 거친 다음에야 받아들일 수 있다는 문헌자료의 역사적 신빙성과 진정성은 합리적 의심과 비판적 검토를 충분히 거친 다음에야 받아들일 수 있다는 현대 문헌비평학의 원칙을 친일 실증사학자 이병도와 국편은 한사코 외면했다.

'애국가' 작사자 문제를 미궁으로 빠트린 국편의 책임

1955년 '애국가' 작사자 조사활동을 주관한 문교부와 국편이 어떤 주장과 입장을 표명했는지 언론보도를 중심으로 살펴보면 안창호 설을 배제하려는 국편의 편향적인 의도와 지향이 뚜렷이 드러난다.[42] 다시 한 번 국편이 주도한 '애국가' 작사자 조사활

---

42) 부록 1 「1955년 국사편찬위원회 '애국가 작사자 조사' 기간 관련 보도」 신동립 『애국가

동을 정리해 보자. 4월 4일 문교부는 안창호를 '애국가' 작사자로 미국에 통지하려고 하였다. 윤치호 가족을 중심으로 반대의견이 제시되어서 '애국가' 작사자에 대한 조사활동을 벌이게 되었다. 본격적인 조사활동이 이루어지기 전인 4월 14일에 문교부(국사편찬위) 관계자는 '안창호가 작사자가 아닌 것은 분명하다'고 주장하였다. 4월 18일과 19일자 보도에 따르면 최남선(황의돈)의 안창호 설과 국편(이병도)의 윤치호 · 최병헌 합작설이 완강하게 대립했다. 그러자 5월 9일 국편은 친일파 학자들이 주도하는 19명의 조사위원회를 구성하고 5월 13일 첫 회의에 앞서 '애국가 작사자 조사자료'를 만들었다. 이 조사자료는 '머리글'에서 윤치호 단독설, 윤치호 · 최병헌 합작설, 민영환의 '애국가'를 김인식과 안창호가 개작했다는 개작설로 정리함으로써 실질적으로는 안창호 설을 배제하고 윤치호 설을 제시했다.[43] 5월 13일 첫 회의에서 조사위원회는 자료 불충분으로 결정을 하지 못했으나 안창호 설을 제쳐놓고 윤치호 설과 김인식 설을 중요하게 다루었다.

6월 17일 둘째 회의에서는 체험 수기 『민족의 수난 105인사건 진상』(1953)을 쓴 선우 훈이 안창호 설을 증언하고 유두환이 윤치호와 안창호가 함께 있는 자리에서 안창호가 작사했다는 말을 들었다고 증언했다. '이상준 작, 윤치호 후렴 작'으로 기록된 창가집이 제시되고 윤치호로부터 대성학교 음악교사인 이상준이 '애국가'를 지었다는 말을 들었다는 이돈의의 증언도 있었다. 그러나 7월 28일 13명이 모인 3차 회의에서 이병도를 비롯한 백낙준, 서정주 등 11명은 윤치호 설의 물적 증거는 충분하다며 윤치호 설을 주장했다. 이 회의에서 윤치호 설을 확정하지는 않고 윤치호

작사자의 비밀』 177~211쪽 참조.

43) 김연갑 『애국가 작사자 연구』 199~200쪽.

설이 유력하지만 반대 의견을 감안해서 그리고 이승만의 지침에 따라 '애국가' 작사자를 미상 또는 미결로 남겨 두었다. '애국가' 작사자 조사활동의 처음부터 끝까지 문교부와 국편이 안창호 설을 진지하게 검토했다는 언급이나 흔적은 없다. 안창호 작사설을 배척하고 '애국가' 작사자 문제를 미상으로 결정함으로써, 안창호 작사설을 제거하려 했던 이승만과 친일파 학자들의 목적은 완벽하게 성공을 거두었다.

1955년 문교부와 국편이 주도한 '애국가' 작사자 조사연구는 이승만과 친일파의 정치적 의도와 목적이 개입함으로써 편향적이고 파행적으로 전개되었다. 역사적 학문적으로도 '애국가' 작사자 연구는 매우 불완전하고 불충하게 이루어졌다. 최남선·황의돈과 이병도·백낙준 사이에 진지한 역사적 학술적 토론과 논쟁이 이루어진 것 같지 않다. 최남선, 황의돈이 빠진 마지막 표결회의에서 이병도와 국편은 윤치호 설을 위한 물적 증거가 충분하다고 주장했다. 그러나 윤치호 설에 반대하는 조사위원들은 물론 윤치호 설을 위한 증거자료가 충분하지 않다고 보았다. 당시 언론지상에서도 증거자료가 충분하지 않다는 주장이 많았다. 문교부장관도 윤치호 설이 유력하다는 국편 담당자들과 같은 견해를 표명하면서도 결정적 증거가 없음을 인정하였다.[44)]

문교부와 국편은 '애국가' 작사자 조사과정에서 최소한의 절차와 형식을 갖추면서 실제로는 이병도, 백낙준, 서정주 등이 주도하여 안창호 설을 배제하고 윤치호 설을 앞세웠다. 문교부에서는 작사자에 대한 조사연구를 계속하겠다고 했으나 새로운 확실한 물증이 나오기 전에는 실증사학자들의 폐쇄적인 연구방법으로는 더 이상 조사연구를 계속할 길이 없었다. 따라서 '애국가' 작사자

44) 〈중앙일보〉 1955년 5월 8일, 15일 기사.

에 대한 조사연구는 중단되고 말았다. 그로부터 1년 후인 1956년 8월 8일 국편의 한 간부가 '작사자는 제반 문헌상 윤치호라는 결론에 도달하였다'고 말했다는 기사를 끝으로 작사자 논쟁은 자취를 감추었다.

그후에도 국편은 윤치호 설을 확고하게 주장했다. 1981년 안춘근에 의해 새로운 '애국가' 자료들이 제시되었을 때도 당시 국편 위원장 최영희는 "지금의 '애국가' 가사는 거의 윤치호의 작품으로 고증됐기 때문에 이 「한문애국가」가 원전이라고 볼 수 없다"고 말하고 오히려 "윤치호의 '애국가' 가사를 한역했을 가능성이 많다"고 하였다.[45]

3. 애국독립운동사학자들을 배제한 친일 실증사학자들의 '애국가' 작사자 연구

윤치호 작사설을 위해 내세운 증거들의 문제와 한계

문헌자료를 중시하는 실증사학자들로서 이병도와 국편의 역사학자들은 윤치호를 '애국가' 작사자로 내세웠다. 이병도는 윤치호 작사설을 위한 증거가 충분하다고 주장했다. '애국가' 작사자 조사활동이 끝난 후 〈연합신문〉의 한 기사는 이렇게 보도하였다. "사학계의 권위 이병도 박사는 역사적인 사실을 판정함에 있어 현재의 수집된 사료(史料)는 충분하다는 발언 등이 있었다. … 윤 씨 설이 가장 유력하다고 단정하게 된 물적 증거는 윤치호 친필(親筆) '애국가' 사본(寫本)과 샌프란시스코 거주 양주은(梁柱殷) 씨로

45) 「'애국가 가사는 윤치호 작사 아니다' 서지학자 안춘근씨 문헌 공개」 〈경향신문〉 1981. 8.11.

부터 보내온 앨범 복사판 및 윤치호 찬미가(讚美歌)를 목도(目睹) 하였다는 인사들의 증언에 의한 것이었다. 한편 윤치호 작이라고 명백히 단정하지 않고 윤치호 설이 가장 '유력'하다고 결론지은 것은 만일의 경우 거부할 수 없는 명백한 증거를 제시하고 타(他) 작사자가 출현하는 일이 있을지 모른다는 것을 가정한 데서 취하여진 것 같다."[46]

이병도가 충분하다고 말한 '수집된 사료'는 친필 가사지, '역술 찬미가' 그리고 양주은의 앨범에 나오는 '국민가'(〈신한민보〉 1910년 9월 21일, 〈중앙일보〉 1955년 7월 14일 참조)다. 그밖에 윤치호의 가족, 제자, 지인들의 근거 없는 주장과 증언들이 제시되었다. 윤치호 작사설을 위해 '애국가 작사자 조사자료'가 제시한 증거자료들은 7가지다.[47]

그러나 당시 윤치호 설을 위해 제시되었던 증거들 가운데 확실한 증거는 하나도 없었다. 여기서 제시된 증거자료들을 차례로 살펴보자. 윤치호 작사설을 위해 '애국가 작사자 조사자료'가 내세운 증거들의 첫머리에 한영학원 출신 신영순(申永淳)의 증언이 제시되었다. "한영학교 때 윤치호 작사 특별찬미가집을 전 학생에게 배포함. 제1장 국가, 제2장 황실가, 그 다음이 독립가, 신병가 등이었는데 곡조는 찬송가곡임"이라고 했는데 이것이 윤치호의 '역술 찬미가' 초판인지는 확실하지 않다. 여기서 신영순은 이 찬미가집에 '애국가'가 수록되었는지도 밝히지 않고 있다. '역술 찬미가' 재판에 나오는 제1장 국가는 현행 '애국가'가 아니라 '한국'(Korea)이며 황실가('무궁화가')는 10장에, 현행 '애국가'는 14장에

46) 〈연합신문〉 1955년 7월 30일. 신동립 『애국가 작사자의 비밀』 210~211쪽.
47) 박정하, '애국가 작사자 판정의 시비', 〈연합신문〉 1955년 7월 15, 16일 기사. 신동립 『애국가 작사자의 비밀』 206쪽.

나오지만 윤치호가 작사했다는 기록은 없다. 윤치호 작사설을 위한 신영순의 이런 증언은 효력이 없다. 그리고 "1913년 이후 민족사상 창가 수집 후 비밀리 출판하여 투옥 및 압수됨. 1권 1장 '애국가'에 윤치호 작으로 명기"했다는 신영순의 증언[48]은 윤치호가 105인사건의 주모자로 옥에 갇혔을 때 한영학원 학생들이 애국창가들을 수집 출판하였다가 투옥되고 압수된 것을 말한다. 한영학원 학생들이 만든 창가집은 자료가 남아있지 않지만 한영학원 교장 윤치호를 '애국가' 작사자로 생각했으므로 윤치호를 '애국가' 작사자로 명기했을 개연성은 있다. 그러나 이것은 윤치호의 의사를 확인하고 이루어진 일은 아니었다.

둘째, 친필 가사지는 해방 이전까지 '애국가' 작사자에 대해서 굳게 침묵을 지켰던 윤치호가 해방 직후에 친일파로 몰려 자신과 가족이 생존의 위협을 당하게 되었을 때 딸의 부탁으로 써 준 글이다. 이것은 해방 후 특수한 상황에서 만들어진 문서이므로 증거로서 가치가 부족하다.

셋째, 윤치호 작 '국민가'라는 이름의 '애국가' 사본을 양주은 씨가 가지고 있다는 것은 1910년 9월 〈신한민보〉에 수록된 '애국가'를 가리키는 것으로 보인다. 앞서 밝혔듯이 윤치호를 '애국가' 작사자로 표기한 몇 개의 문헌자료들은 윤치호가 지은 '무궁화 노래'와 '애국가'의 후렴이 같고 그가 역술한 '찬미가'에 '애국가'가 실렸기 때문에 윤치호를 '애국가' 작사자로 억측하거나 오해한 사람들에게서 나온 자료들이다. 한번 이런 잘못된 문헌자료가 나온 다음에는 이 문헌자료에 근거해서 같은 문헌자료들이 쉽게 나올 수 있다. 따라서 이런 문헌자료들은 증거로서의 가치가 매우 작다.

---

48) 김도훈 '애국가 작사자 관련 논쟁에 대한 검토' 『한국독립운동사연구』 64. 269쪽.

넷째, 윤치호가 독립협회 발족 당시에 '애국가'를 작사했다는 이승만과 서정주의 주장은 잘못된 것이다. 서정주는 '청년 리승만'이란 글에서 이승만의 입을 빌어서 "애국가는 독립협회 발족 당시 윤치호 씨가 지은 것"이라고 썼다.[49] 그러나 독립협회 시절에 윤치호가 '애국가'를 작사했다는 이승만의 주장은 시대착오적이다. 독립협회는 1896년에 창립되었고 '애국가'는 1907년에 지어졌다.

다섯째, 윤치호의 제자들과 친지들은 한영서원에서 '애국가'를 배웠고 한영서원에서 출간한 창가집에 윤치호 작이라고 명기되어 있다고 주장하였다. 그러나 이 창가집은 확인되지도 발견되지도 않았다. 윤치호가 발간한 '역술 찬미가'에는 '애국가'가 수록되어 있으나 작사자는 기록되어 있지 않다.

여섯째, 윤치호의 아들 윤영선과 연세대학교 후배인 백낙준이 '윤치호 작 애국가'가 기입된 창가집을 보관했는데 6·25 때 분실했다고 증언하였다. 그러나 그들은 그런 창가집을 제시하지 못했으며 그런 창가집이 있다고 해도 〈신한민보〉에 실린 국민가와 마찬가지로 증거로서의 가치는 크지 않다. 해방 이전까지 윤치호는 어디서도 자신이 '애국가' 작사자라는 사실을 말한 적이 없으며 '애국가'에 대한 소감이나 언급조차 하지 않았다. '애국가' 작사자로 추정되는 안창호와 윤치호가 '애국가' 작사자에 대해서 굳게 비밀을 지키는 상황에서 나온 불확실한 증언들이나 근거 없는 2~3차 문헌자료들은 증거로서의 가치가 매우 작다. 인간의 기억은 얼마든지 왜곡, 변경될 수 있으므로 주관적인 기억들에 근거한 주장들은 역사의 정황과 맥락, 인간관계, 신념과 지향에 의해서 뒷받침되지 않는 한 그대로 받아들여서는 안 된다. 그릇된 풍

49) 박정하 '애국가 작사자 판정의 시비' 〈연합신문〉 1955년 7월 15, 16일 기사.

문과 왜곡된 정보에 근거해서 만들어진 2~3차 문헌자료들은 합리적 의심과 비판적 검토를 충분히 거친 다음에 받아들여야 한다.

일곱째, 대성학교 교사였던 채필근 목사는 안창호로부터 "동교 명예교장인 윤치호 씨가 '애국가' 작사자일 것이라는 말을 들었다"고 하였다. 얼핏 보기에 이런 증언은 매우 중요해 보인다. 그러나 안창호가 자신이 '애국가' 작사자임을 숨기려 했고 윤치호를 '애국가' 작사자로 내세우기도 했다고 보면 그런 증언은 무게를 잃는다. 1909~1915년 사이에 강원도 지역에 보급된 창가집에 실린 '애국가'는 '이상준 작 윤치호 후렴작'으로 기록되어 있다. 이런 기록은 '애국가' 작사자를 모르는 상황에서 대성학교 음악교사였던 이상준을 작사자로 추정한데서 나온 것으로 보인다. 1955년 6월 21일 〈조선일보〉에 따르면 이돈의는 윤치호로부터 "애국가는 이상준이 지었다"는 말을 들었다고 하였다. 윤치호로부터 들었다는 이런 증언도 전혀 무게가 느껴지지 않는다. 이런 증언은 '애국가' 작사자에 대한 윤치호의 침묵을 나타낸다. 김인식도 윤치호가 '애국가' 작사자에 대해서 굳게 침묵을 지킨 것을 증언해 주었다. '애국가' 작사자에 대해서 굳게 침묵을 지키려 했던 안창호와 윤치호에게서 들었다는 증언들도 냉정하게 비판적으로 검토해야 한다. 개별적이고 단편적인 사건이나 인물, 문헌자료나 증언을 가지고는 '애국가' 작사자를 규명할 수 없다.

왜곡된 증언과 근거 없는 문헌자료 속에 묻힌 역사의 진실

그러나 당시 문교부와 국사편찬위원회 역사학자들은 이승만, 서정주의 잘못된 증언이나 근거 없는 간접적인 문헌자료에 의존하여 판단하였다. 마땅히 합리적 의혹의 눈을 가지고 철저히 검증하고 비판해야 할 2~3차의 문헌자료 몇 개를 가지고 이병도는

"수집된 사료는 충분하다"는 망언을 하였다. 이미 밝혔듯이 이런 문헌자료들과 증언들은 윤치호가 '애국가' 작사자임을 밝히는 사료로서는 증거능력이 아주 부족한 것이다. 당시 언론에서도 문헌상의 기록만으로 작사자를 판명하는 것은 어리석은 일이라는 것을 분명히 지적하였다. "지나간 일제의 문화말살정책이란 혹독한 탄압 하에서 지내온 우리 국민으로서 당시의 문헌상의 기록만으로 작사자 판명의 유일한 해결책이라고 주장한다는 것은 어리석은 일이라는 여론이 지배되고 있다."[50)]

더욱이 윤치호는 독립협회가 해체된 1898년 이후 애국계몽가요를 지은 일이 없다. 특히 1905년 을사늑약으로 일본군이 지배하게 된 다음에는 윤치호가 국민을 결집하여 나라의 독립을 지키려는 의지를 보이지도 않았고 그런 활동을 하지도 않았다. 일본의 지배를 운명과 필연으로 받아들인[51)] 그가 국민의 계몽과 교육에 힘쓴 것은 일제의 통치 아래서라도 실력을 양성하여 경제 문화적으로 개화된 삶을 살아야 한다고 생각했기 때문이다. 이 시기의 윤치호에게는 민족의 독립을 위해 민중을 깨워 일으킬 '애국가'가 필요하지도 않았다. 이런 상황에서 몇 개의 불확실한 문헌자료에 근거해서 '애국가' 작사자를 결정하려 했던 당시의 사학자들은 어리석은 짓을 한 것이 분명하다.

이병도를 비롯한 국편의 역사학자들은 당시의 신문, 잡지들을 조사하고 몇 개의 문헌자료들과 몇 사람의 증언에 의존해서 판단했을 뿐 '애국가'의 정신과 신념을 안창호와 윤치호의 정신과 신념, 철학과 사상을 비교 연구하고 당대의 역사 사회적 정황과 맥락을 심층적으로 연구하고 논의하는 데까지 나아가지 못했다. 불

---

50) '판정할 단계의 '애국가' 작사자', 〈중앙일보〉 1955년 7월 14일 기사.
51) 『윤치호 일기』 1905. 11.18. 유영렬, 『개화기의 윤치호 연구』 (서울: 한길사, 1985) 160쪽.

확실한 증언들과 근거가 약한 문헌들에 의존한 국편의 '애국가' 작사자 규명활동은 근본적 한계를 가지고 있었다. 안창호와 윤치호가 '애국가' 작사자를 감추어두기로 하고 침묵을 지켜온 이상 주변인들의 서로 다른 증언들과 간접적인 문헌자료 몇 가지를 가지고는 역사의 깊은 비밀을 밝혀낼 수 없었다. 주변인들의 증언이나 2~3차의 문헌자료들은 역사의 껍질에 지나지 않다. 특히 윤치호를 '애국가' 작사자로 표기한 문헌자료들은 증거로서 가치와 효력이 떨어진다. 안창호와 윤치호가 '애국가' 작사자에 대해 침묵하고 있는 동안 '무궁화가'의 작사자이며 '애국가'를 수록한 '역술 찬미가'를 펴냈던 윤치호가 '애국가' 작사자라고 추측하는 이들이 나오게 되었다. 이런 그릇된 추측과 풍문에 근거하여 윤치호를 '애국가' 작사자로 표기하는 문헌이 나왔고 이런 추측과 문헌기록에 근거하여 윤치호를 '애국가' 작사자로 표기하는 문헌들이 다수 나오게 된 것이다. 따라서 근거를 밝힐 수 없는 이런 문헌자료들은 사료로서의 가치가 떨어진다.

이병도와 국사편찬위원회의 실증사학이 지닌 한계와 문제

이병도를 비롯한 대학교 역사학교수들과 국사편찬위원회 학자들은 실증주의사학에 전적으로 기울어 있었다. 실증사학은 기본적으로 정확한 문헌자료에 의존하고 개별적 사실, 사실적 인과관계, 지배자 중심의 역사인식을 중심으로 역사를 탐구한다.[52] 이들은 처음부터 '애국가' 작사 시기의 신문, 잡지들과 문헌기록, 실증적 증언들만을 가지고 판단하려고 했다. 따라서 이들은 안창호와 윤치호의 특별한 관계, 당시 안창호가 처한 사회역사적 특수

52) '실증사학', 한국민족문화대백과사전 한국학중앙연구원.

상황과 처지, 안창호, 윤치호, '애국가'의 정신 철학, 안창호와 '애국가'의 인문, 심리, 철학적 관계 등에 대해서는 전혀 고려하지 않았다. '애국가' 작사자를 규명하는 위원들은 대부분 문헌자료와 개별사실을 중시하는 실증주의적 역사학자들이었으며 여러 가지 문헌 증거자료들을 가진 윤치호를 '애국가' 작사자로 판단할 수밖에 없었다. 문헌자료와 증거자료들이 턱없이 부족하다는 안팎의 지적과 비판에도 불구하고 이병도를 비롯한 국편의 학자들은 윤치호를 '애국가' 작사자로 볼 증거자료는 충분하다고 주장했던 것이다.

이병도를 비롯한 11명의 조사위원들은 서양에서 성서학을 중심으로 수백 년 전부터 발달해온 문헌자료비평, 역사비평(고등비평, 저등비평), 기억과 구전의 전승과정을 탐구하는 전승비평을 몰랐던 것이 분명하다. 이들은 낡은 서지학적 고증방법, 서지학적 지식과 정보에 안주함으로써 역사의 진실을 과학적으로 철저하게 탐구하지 못했던 것이다. 더욱이 일제 때부터 굳어진 실증사학의 전통은 문헌자료, 개별 사실과 개별 사실들의 과학적 인과관계, 지배자 중심의 역사에 집중했다. 이런 역사연구방법론으로는 애당초 교육독립운동과정에서 깊이 얽혀있는 안창호와 윤치호의 긴밀한 관계와 특수한 상황을 파악할 수 없었다. 윤치호 작사설을 위해 내세운 문헌자료들은 대체로 그 시대상황과 맥락에 대한 억측과 오해에서 비롯된 문헌들에 지나지 않는다. 그런 문헌들은 '애국가' 작사자의 역사적 진실을 은폐하거나 호도하는 구실을 한다. 개별사건과 개별인물에 집중하는 실증사학의 방법은 당시 안창호와 윤치호의 긴밀한 관계와 그들이 처했던 복잡하고 특별한 정치사회적 정황을 파악할 수 없다. 또한 지배자 중심의 연구방법은 지배 권력인 일제와 친일 관료들에 맞서 안창호가 민족(민중)과 함께 민족의 정신과 혼으로 만들고 불렀던 '애국가'와 안창호의 관련성을 알아볼 길이 없었다. 그러므로 국편의 '애국가' 작사자 규명활동은 '애국가' 작사자의 비밀이 담긴 역사의 껍질을 겉핥기로 다루고 만 것이다.

안창호 작사설을 주장한 최남선과 주요한의 한계

최남선은 1909년 8월 설립한 청년학우회 중앙총무로서 안창호의 지도 아래 실무를 맡았다. 이 시기에 그는 누구보다 안창호와 가까이 지내면서 충실하게 안창호의 정신과 사상을 이해하고 실행하였다.[53] 청년학우회 설립자 안창호와 회장 윤치호 사이에서 '애국가'를 짓고 부르고 보급하는 일의 중심에 있었던 최남선은 확실한 물증은 없었지만 안창호가 '애국가'의 작사자라는 심증과 확신을 가졌던 것으로 보인다. 처음에 완강하게 안창호 작사설을 주장하던 최남선은 자신의 주장이 무시되고 국편 중심으로 윤치호 설로 몰아가자 일찍부터 위원회 활동에서 빠졌다. 최남선은 '애국가 작사자 조사자료'의 명단에도 이름이 빠졌고, 표결하는 회의(7월 28일)에도 빠졌다.[54]

최남선은 실증사학자는 아니었다. 그는 이광수와 함께 2인문학시대를 열었던 문인이었을 뿐 아니라 3·1독립선언서를 쓴 위대한 사상가였다. 그는 또한 '한 사상', '불함문화론'을 연구함으로써 한국정신문화의 원형과 근본 성격을 밝힌 뛰어난 한국학 연구자였다. 그러나 한국민족의 정신문화에 대한 그의 연구는 다소 모호하고 관념적이었으며 한국민족과 일본민족의 정신문화가 같은 근원과 성격을 가진다는 결론에서 자신의 친일활동을 정당화하는 근거가 되기도 했다. 그는 많은 업적을 남겼으나 변절한 부

---

53) 최남선 '진실정신', 〈새벽〉 1954년 6월 창간호. 『안도산전서』 126~7쪽.
54) 신동립 『애국가 작사자의 비밀』 91쪽. 오동춘, 안용환 공저 『애국가와 안창호』 213쪽.

끄러운 지식인이었다. 한국민족의 정신에 대한 그의 연구는 모호하고 철저하지 못하였으므로 민족적 정체성과 주체성을 확립하지 못하고 자신의 정신과 혼을 지키지 못했던 것이다. 이런 한계 때문에 최남선은 처음에 안창호가 '애국가'를 작사했다는 확신을 가지고 완강하게 실증주의 사학자들과 맞섰으나 '애국가'와 안창호의 정신과 철학, 뜻과 목적을 밝혀내고 안창호 작사설을 지켜내는 데까지 이르지는 못했다. 그가 그렇게 하지 못한 것은 민족문화에 대한 그의 연구가 철저하지 못한 탓도 있었고 변절한 지식인으로서 역사의 진실을 밝혀내는 용기와 기개를 갖지 못했기 때문이다. 이로써 문교부와 국사편찬위원회의 '애국가' 작사자 규명활동은 '애국가' 작사자와 관련된 역사의 진실을 밝히지 못하고 역사의 변죽만 울리고 말았다.

그러나 '애국가'를 짓고 부르고 보급하는 과정의 중심에서 안창호와 윤치호를 가까이 접할 수 있었던 최남선이 안창호 작사설을 완강하게 주장한 것은 중요한 의미가 있다. 최남선은 친일인사로서 비난을 받았지만 문장가와 사상가로서 뿐 아니라 한국학과 사학(史學)의 권위자로서 그리고 3·1독립선언서를 쓴 인물로서 사회문화적 위상이 높은 인물이었다. 당시에 그는 도산기념사업회 부회장으로서 안창호에 대해서 각별한 생각을 하고 있었을 것으로 생각된다. 최남선은 사학의 권위자였으나 당대의 다른 실증주의 사학자들과는 달리 인문학적 정신문화적 깊이와 역량을 가지고 있었다. 그러나 그는 주관적 심증과 확신만 가지고 있었을 뿐 실증적인 확실한 증거를 가지고 있지 못했으므로 끝까지 안창호 설을 관철하지 못했다.

최남선이 처음에는 안창호 설에 대한 확신을 가지고 주장했으나 윤치호 설을 위해 내세우는 문헌자료와 증거들을 보고 안창호 설에 대한 확신이 흔들리기도 했던 것 같다. 그는 "현애국가가 도산작이라고 세상에 전해진 것은 도산이 대성학교에서 매일이 애국가를 애창하였으므로 도산작이라고 믿어진 것 같다"고 하였다.[55] 윤치호의 아들 윤영선이 '친필 가사지'를 제출하자 최남선이 윤치호의 친필이 아니라고 호통을 쳤다.[56] 후에 친필 가사지와 관련하여 최남선은 "1907년 윤치호 작이 진(眞)이라면 윤씨작이라 하여도 무방할 것이다"고 하였다. 최남선의 이런 발언에 대하여 안용환은 "가정법을 써서 윤치호 작임을 부인한 것이 분명함"이라고 했는데, 김연갑은 '가사지'에 대한 증거력을 인정한 것이라고 보았다.[57] 최남선이 처음에 안창호 설을 완강하게 주장했다고 하였고 '친필 가사지'를 가져온 윤영선에게 호통을 쳤다는 말에 비추어보면 최남선은 친필 가사지에 대해서 부정적으로 생각했을 가능성이 높다. 어쨌든 최남선은 처음에 이병도와 국편에 맞서 안창호 설을 완강히 주장했으나 안창호 설에 대한 확신을 가지고 안창호 설을 끝까지 관철시키지 못한 것은 사실이다.

'애국가' 작사자 조사위원으로서 최남선과 함께 안창호 설을 주장했던 주요한은 시인이면서 '애국가'를 열렬하게 불렀던 상해 임시정부에서 안창호를 도왔던 인물이다. 주요한은 윤치호의 '무궁화가'를 개작하여 안창호가 '애국가'를 지었다는 김동원의 설을 지지했다. 그가 경향신문에 발표한 글 '애국가 작사자는 누구'란 글의 서두에서 도산이 '애국가'를 지었다는 주장들은 확실한 증거 없이 신화처럼 떠도는 말이라고 함으로써 도산이 '애국가' 작사자임을 부정하는 것처럼 보인다. 그러나 그 글의 초점은 '친필 가사지'의 문헌적 가치를 의심하고 윤치호가 '애국가' 작사자라고 보

55) 국사편찬위원회「애국가작사자조사자료」10~11쪽. 오동춘 안용환 공저『애국가와 안창호』279쪽.

56) 오동춘, 안용환 공저『애국가와 안창호』353쪽.

57) 오동춘, 안용환 공저『애국가와 안창호』80쪽. 김연갑『애국가 작사자 연구』161, 166쪽.

기에는 문제가 있음을 지적하는데 있다.[58] 그가 '애국가' 작사자에 대해서 이처럼 중립적이고 신중한 듯한 입장을 취한 것은 실증적 사실과 문헌자료에 의존하는 실증주의 사학자들을 염두에 두었기 때문이라고 생각된다. '애국가' 작사자 조사위원회 활동 과정에서 주요한은 안창호 작사설을 끝까지 견지했다.

안창호 작사설을 주장한 최남선과 주요한도 친일행적을 가진 인물들이었다. 변절한 지식인으로서 최남선도 주요한도 안창호와 '애국가'의 높은 기개와 뜨거운 맘을 갖지 못했다. 따라서 그들은 실증주의 사학자들의 독단에 맞서면서 어둠에 묻힌 역사의 껍질을 깨고 '애국가' 작사자의 진실에 육박할 수 있는 용기와 정성을 갖지 못했다. '애국가' 작사자 규명활동 과정에서 격렬한 논쟁과 대립이 있었다고 하지만 이것은 어디까지나 친일파와 친일파의 논쟁과 대립이었다. 친일행위로 정신과 혼이 꺾였던 최남선과 주요한은 친일파들의 반대와 저항에 맞서 안창호 설을 관철할 의지와 기개가 없었다. 최남선은 일찍이 조사활동에서 빠졌고, 주요한은 마지막 표결회의에서 홀로 안창호 설을 주장하면서 '미상'으로 결정할 것을 요구했을 뿐이다.

사회문화적 권력을 강화한 친일파 지식인 학자들

이승만 독재 권력과 결탁한 친일파 지식인 학자들은 한국독립운동의 중심과 선봉에 섰던 안창호에게서 '애국가' 작사자의 지위를 빼앗음으로써 안창호를 한국역사와 사회의 중심에서 밀어내고 자신들이 한국역사와 사회의 중심을 차지하고 주류가 되었다.

---

58) '애국가 작사자는 누구' 주요한, 〈경향신문〉 1955.4.19. 주요한 편저 『安島山全書』 (서울: 홍사단, 2015 증보) 554쪽.

이들은 독립정신, 민주정신, 통일정신이 전적으로 결여되었고 인간과 역사와 사회를 깊고 넓게 볼 안목이 없었으며 민족의 얼과 혼을 빼앗긴 불의한 변절자들이었다. 4·19혁명으로 이승만은 권좌에서 쫓겨났으나 이승만과 결탁하여 안창호를 한국역사와 사회의 중심에서 몰아낸 친일파 지식인 학자들은 오히려 4·19혁명 이후 한국의 정치, 사회, 교육, 문화의 영역에서 권력과 지위와 명예를 더욱 확고하게 세워갔다.

4·19혁명 직후 이병도는 문교부장관과 학술원회장이 되었다. 1968년에는 독립유공자 상훈심사위원이 되었다. 그는 한국역사학계와 학문세계에서 최고 권위와 명예를 누리며 수많은 제자들을 배출했다. 백낙준은 4·19혁명 직후 참의원 선거에서 서울에서 출마하여 서울시민 1/4의 지지를 얻어 전국 최고득표로 당선되었고 초대 참의원 의장에 선출되었다. 1961년 5월부터 1985년 1월 죽을 때까지 연세대 명예총장으로 지냈다. 1966년 민중당 대통령 후보로 지명되었으나 고사하였고, 1968년에는 이병도와 함께 독립유공자 상훈심사위원이 되었다. 이승만 권력의 중심에 있었던 윤치영은 5·16쿠데타 이후 민주공화당 창당에 참여하고 당의장, 서울특별시장, 공화당총재 상임고문이 되어서 박정희 권력의 중심에 참여했다. 친일 시인 서정주는 해방 후 죽을 때까지 한국문단의 최고 권력과 명예를 누렸다. 1954년 대한민국예술원 종신회원에 추천되었고, 동국대 종신 명예교수가 되고 1977년 한국문인협회 이사장을 역임했다. 1962년 '5·16 문예상' 본상과 1966년 '대한민국예술원상'을 수상했으며, 1980년에는 〈중앙일보〉가 주관하는 문화대상 본상을 수상했다. 정부에서는 2000년에 금관문화훈장을 추서했으며, 〈중앙일보〉는 2001년에 미당문학상을 제정했다.

이들은 '애국가' 작사자 문제를 혼란과 미궁에 빠트렸을 뿐 아니라 한국의 정신문화와 사상계를 왜곡하고 오도했고 천박하게 만들었다. 이들의 편협하고 천박한 역사의식과 민족의식이 한국 정신문화와 학문세계에 끼친 해악은 너무나 크다. 실증주의적이며 반민족적인 이들의 편협하고 천박한 정신과 학문이 한국의 정신문화와 교육기관과 학문세계를 지배함으로써 한국민족의 정신과 혼 그리고 한국역사의 뜻과 목적을 전 교육기관에서 학문적으로 연구하고 교육하는 것이 거의 불가능하게 만들었다. 만일 안창호를 '애국가' 작사자로 확립하고 안창호의 삶과 정신과 사상을 한국사회에 널리 알렸다면 친일파 지식인 학자들이 한국사회의 중심에서 권력과 지위와 명예를 누리는 일은 없었을 것이고 한국의 정신과 문화는 훨씬 더 건전하고 깊고 풍부해졌을 것이다.

주류 역사학계에서 배제된 애국독립운동 역사학자들, 박은식, 신채호, 정인보, 함석헌

친일파 지식인 학자들은 애국독립운동의 상징이었던 안창호를 배제함으로써 애국독립운동에 헌신한 역사학자들까지 함께 배제하였다. 안창호와 함께 애국독립운동에 헌신한 역사학자들은 자주독립정신, 민주정신, 통일정신에 사무친 사람들이다. 독립운동을 하면서 한민족의 정신과 혼, 민족사의 뜻과 목적을 탐구한 민족사학자들, 박은식, 신채호, 문일평, 안재홍, 정인보, 함석헌은 해방 전에 죽었거나 살았어도 해방 후 학술원, 서울대학교, 문교부, 국편에서 완전히 배제되었고 역사학계와 학문세계에서 무시되었다. 일제 식민사관의 산실이었던 조선사편수회에서 학자로서 뼈가 굵었던 실증주의 사학자 이병도, 신석호와 미국에서 '한국기독교사'를 전공한 친일파 백낙준이 학술원회장, 국사관장, 교육부장관 겸 국사편찬위원장으로서 역사학계뿐 아니라 한국의 학술과 정신문화 연구를 주도하였다. 이로써 한국의 역사학계와 학술세계에 실증주의 전통은 확고해졌으며 한국의 학술과 정신문화, 철학과 사상은 주체성과 정체성, 깊이와 풍부함을 잃고 편협하고 천박해졌다. 이것이 해방 후에 한국역사에서 그리고 한국의 학문과 사상의 세계에서 일어난 가장 불행한 일이다.

만일 독립운동의 중심에 섰던 박은식, 문일평, 신채호, 정인보, 안재홍, 함석헌이 1955년 '애국가' 작사자 규명 위원들로서 '애국가' 작사자 규명활동에 참여하여 그들의 정신문화사적 역사해석에 비추어 '애국가' 작사자의 진실을 규명했다면 전혀 다른 연구성과를 거두었을 것이다. 그들은 분명히 훨씬 더 풍부하고 다양한 연구방법과 다차원적인 접근방식을 통해 '애국가' 작사자의 진실을 밝혀냈을 것이다. 그러나 1955년 당시에 민족의 주체성과 정체성을 추구한 민족사학자들은 사망했거나 납북되었으며 『성서적 입장에서 본 조선역사』라는 명저를 낸 함석헌은 민족사의 정신과 혼, 뜻과 목적을 탐구한 역사 철학자였으나 주류 실증주의 사학자들에게 역사학자로 인정되지도 않았다.

더욱이 19세기 초에 유럽에서 프러시아의 교육부장관 빌헬름 훔볼트(K. Wilhelm von Humboldt, 1769~1859)는 베를린대학교 창립에 참가하였으며, 수학과 자연과학을 토대로 인문, 역사, 철학, 종교를 연구하는 학문연구교육의 체계와 방법을 확립하였다.[59] 수학과 자연과학에 근거한 연구교육의 체계와 방법은 실증적 사실과 인과관계를 중시하는 학문태도와 방법으로 귀결되었다. 독일대학교의 이러한 연구교육모델이 북미와 일본으로 확산되었고 일본과 미국으로부터 한국도 베를린대학교의 연구교육모델을 수입하였다. 따라서 한국의 독립과 통일을 위해 정신과 혼, 뜻과 목적

59) 요람 하조니 『구약성서로 철학하기』 김구원 옮김, 홍성사, 2016. 32~37쪽.

을 탐구한 민족주의 역사학자들은 해방 후 한국 주류의 역사학계에서 제대로 평가되고 계승 발전될 수 없었다. 이로써 '애국가' 작사자 규명은 미궁에 빠지고 한국의 정신문화와 학술연구는 생명과 정신의 깊이와 높이를 잃었다.

그리스 로마는 하늘을 거세하고 전복하여 나라를 세웠다지만 우리나라는 하늘을 열고 나라를 세웠다. 높은 산에서 하늘을 우러르며 하늘을 받드는 전통을 가진 우리 겨레는 역사를 깊이 보고 전체의 맥락 속에서 서로 연관시켜 볼 수 있는 안목을 가지고 있다. 독립운동에 참여한 한국의 역사학자들 박은식, 신채호, 문일평, 안재홍, 정인보, 함석헌은 이러한 역사적 안목을 가진 이들이다. 만일 이들이 학술원회장, 교육부장관, 문화부장관, 국사편찬위원장을 맡아서 한국의 학술과 정신문화를 이끌었다면 안창호는 '애국가' 작사자로 확정되고 자주독립과 민주통일의 정신이 정치, 사회, 교육, 문화의 모든 영역에서 확립되었을 것이다. 그렇게 되었다면 한국의 학술과 정신문화, 철학과 사상은 주체성과 정체성, 깊이와 풍부함을 가지고 참으로 아름답고 장엄하게 펼쳐졌을 것이다.

실증사학을 넘어서 심층적이고 통합적인 연구로

실증주의 사학자들의 조사방법과 자세로는 결코 '애국가' 작사자의 비밀과 어둠 속에 묻힌 역사의 두터운 껍질들을 뚫고 진실을 밝혀낼 수 없었다. 이들에게는 실증적인 역사자료만이 중요했으므로 문헌자료 몇 가지를 제시한 윤치호가 그나마 유리할 수 있었다. 이들은 역사의 진실을 규명함에 있어서 실증적 문헌자료뿐 아니라 인문, 심리, 철학적 접근이 필요하고 공시적(共時的)이고 통시적(通時的)인 역사연구, 비교문학과 현대문헌학의 문헌비평적 연구가 필수적임을 고려하지 못했다.

오늘날에는 학문들의 융합적 통합과 협력이 가능할 뿐 아니라 필요하게 되었다. '애국가'를 짓고 부른 그 시대의 정황과 맥락을 깊이 이해할 때, '애국가'를 작사하고 부르고 알린 이들의 정신과 혼, 뜻과 목적을 탐구하고 이해할 때 비로소 '애국가' 작사자에 얽힌 역사의 진실을 밝혀낼 수 있다. 민족의 정신과 혼, 뜻과 목적을 탐구하고 역사의 깊이와 전체적 연관성을 밝힌 독립운동 역사학자들, 박은식, 신채호, 문일평, 안재홍, 정인보, 함석헌이 '애국가' 작사자에 대해 연구하고 논의했다면 이들은 어렵지 않게 '애국가' 작사자의 진실을 밝혀냈을 것이다. 애국독립운동을 했던 역사학자들이 조사위원으로 참여하여 친일사학자들과 논쟁하고 대립했다면 매우 생산적이고 의미 있는 결론에 이르렀을 것이다.

'애국가' 작사자 문제는 안창호와 윤치호의 깊고 복합적인 관계, 두 사람의 심리와 철학, 지향과 목적, 당시 사회 역사의 복잡한 정치적 상황에 비추어 심층적이고 복합적으로 그리고 전체의 맥락에서 탐구해야 한다. 심층적이고 복합적이며 통시적인 이런 연구는 개별적이고 고립된 실증적인 사실들과 단편적인 문헌자료들에 의존하는 실증사학자들의 연구방법으로는 결코 수행할 수 없다. 이병도와 국편의 역사학자들은 안창호와 '애국가'의 정신과 철학, 뜻과 목적에 대해서 조금도 생각하지 않은 것이 분명하다. 그들은 오히려 그런 것들을 외면하고 은폐하고 싶었을 것이다. '애국가' 작사자의 진실을 밝히는 이런 연구는 마땅히 애국독립운동에 헌신한 박은식, 신채호, 정인보, 함석헌과 같은 역사학자들이 제대로 할 수 있다. 이들은 실증적 개별적 사실들이나 단편적 문헌자료에 집착하거나 의존하지 않고 개별적 사건과 인간, 단편적인 증거와 문헌들을 서로 깊이 연관된 역사와 사회의 유기체적인 전체 속에서 보고, 역사와 사회의 알맹이인 정신과 혼, 뜻과 목적을 중심으로 역사를 연구하였다.

민족의 정신과 얼, 역사의 의미와 목적을 온 몸으로 탐구했던 박은식, 신채호, 문일평, 정인보, 함석헌이 서울대 역사학과 교수, 국사편찬위원장, 학술원회장, 문교부장관, 문화부장관을 맡았다면 일찍이 안창호가 '애국가' 작사자로 확정되었을 것이다. 친일 실증주의 사학자들이 역사의 거죽만 핥다 말았지만 애국독립운동 역사학자들은 역사의 거죽을 뚫고 '애국가' 작사자의 진실을 밝혀내고 말았을 것이다. 이들은 분명히 윤치호와 '애국가'의 정신과 사상은 닮은 데가 전혀 없지만 안창호와 '애국가'의 정신과 사상은 닮은꼴임을 알았을 것이고 안창호와 '애국가'의 정신과 사상, 높은 뜻과 기상을 밝혀냈을 것이다. 이들이 정치, 역사, 교육, 문화의 중심에 섰다면 한국의 정신문화와 학술연구 교육은 얼마나 깊고 풍부하고 장엄하게 펼쳐졌을까 생각하면 너무 안타깝고 슬프다.

2장

'애국가' 작사자에 대한 증언과 문헌자료의 비판적 연구

'애국가' 작사자의 역사적 진실을 밝히려면 먼저 '애국가' 작사자에 관한 엇갈리고 불확실한 증언들과 문헌자료들을 문헌비평적으로 연구함으로 증언들과 문헌자료들을 넘어서 '애국가'가 지어졌던 역사의 진실한 상황과 관계 속으로 들어가야 한다. '애국가' 작사자에 대한 증언들과 문헌자료들을 비판적으로 논의하기 전에 '애국가'와 '애국가' 작사자가 처했던 특수한 시대상황을 살펴보아야 한다.

1. '애국가' 작사자는 왜 자기 이름을 숨겼나?

'애국가'는 나라가 망해가던 을사늑약(1905) 이후 한일합병(1910) 이전에 작사되어서 독립운동가뿐 아니라 많은 국민이 사무치게 불렀던 우리 민족의 노래다.[1)] 특히 3·1만세운동과 임시정부에서 '애국가'를 간절하고 힘차게 불렀다. 오늘도 '애국가'는 우리 국민들의 사랑을 받으며 널리 불리고 있으나 안타깝게도 작사자를 모르고 있다. 1955년에 문교부와 국사편찬위원회를 중심으로 '애국가' 작사자 조사위원회를 구성하고, 오래 토론을 벌인 후에 문헌자료가 많은 윤치호로 기울었으나 반대 의견이 있어서 결정하지 못하였다. 그후 60년이 넘도록 많은 사람들이 연구하고 토론했으나 아직도 명확한 결론에 이르지 못하였다. 다만 오랜 연구와 토론을 통해서 '애국가' 작사자는 안창호와 윤치호 둘 가운데 하나라는 데 생각이 모아졌다. 흥사단을 중심으로 많은 증언

1) 1911년 '105인사건'으로 투옥됐던 선우훈은 회고록 '민족의 수난'에서 말했다. "이 애국가는 지금 촌부와 목동, 어린아이까지 산에서 들에서 부르고 있지 않은가. 이 노래를 들을 때마다 우리는 간담이 서늘해지는구나." 신동립 『애국가 작사자의 비밀』 지상사 2015. 135쪽.

들을 제시하면서 안창호 작사설을 주장하는 연구자들이 있는가 하면 김연갑과 신동립은 문헌자료들을 중심으로 윤치호 설을 확고하게 내세우고 있다.[2)]

애국독립운동의 사표인 안창호와 친일파의 거두인 윤치호 사이에서 '애국가' 작사자를 규명하는 일은 아직까지 미로에 빠져 있다. 안창호 설을 주장하는 쪽에서는 수많은 증언과 전언들을 내세우고 윤치호 설을 주장하는 쪽에서는 상당한 문헌증거와 자료를 제시한다. 그러나 안창호와 윤치호 두 사람은 '애국가'가 작사되었던 1907년 이후 해방된 1945년까지 '애국가' 작사자에 대해서 깊은 침묵을 지켰다. '애국가' 작사자로 여겨지는 두 사람이 1945년 해방되기 전까지는 '애국가' 작사자가 누구인지 분명히 말하지 않았기 때문에 증언들이나 2~3차 문헌자료들을 가지고는 '애국가' 작사자가 누구인지 밝힐 수 없다. 그 동안 증언들과 문헌자료들만 가지고 논쟁했기 때문에 '애국가' 작사자를 확정할 수 없었다. 오히려 두 사람이 '애국가' 작사자에 대해서 침묵하게 된 상황과 배경, 침묵의 의도와 목적을 따져보면 '애국가' 작사자를 확정할 수 있을 것으로 여겨진다.

'애국가'를 작사한 시기와 상황, '애국가'를 부르고 보급한 과정과 상황을 살펴보면 '애국가' 작사자를 모르게 되었다는 것이 너무나 이상하고 부자연스럽다. 그 까닭을 따져보면 '애국가' 작사자에 대한 의혹과 모름의 어둠을 벗겨내고 '애국가' 작사자가 누구인지 드러낼 수 있을 것으로 생각된다. '애국가'가 생겨난 시대 상황 속으로 들어가서 그 정황을 살펴보면 '애국가' 작사자의 진실이 드러날 것이다. 두 사람의 문학적 작품들의 성향과 차이를

---

2) 이들의 논의와 주장에 대해서는 이 글에서 앞으로 자세히 다루겠지만 우선 뒤에 제시한 참고문헌들을 보라.

비교하고 심리와 지향, 신념과 실천의 차이를 보면 '애국가' 작사자와 관련된 의혹과 어둠이 생각보다 쉽게 걷힐 것이다.

'애국가' 작사자를 모를 수 없는 상황, 윤치호와 안창호의 이상한 침묵

1907년에 작사되어 곧 많은 사람이 부르고 널리 보급했던 '애국가'의 작사자를 모른다는 사실은 참 이상한 일이다. 현행 '애국가'보다 10여 년 전에 나온 '애국가'들은 작사자가 알려져 있다. 이 시기에 나온 '애국가'를 살펴보면, 1896년 나필균 작 '애국가', 제물포 전경택의 '애국가', 한명원의 '애국가', 유태성의 '애국가', 달성 예수교인들의 '애국가', 새문안교회의 '애국가', 최병희의 '애국가', 평양 김종섭의 '애국가', 배재학당 문경호의 '애국가', 이용우의 '애국가', 배재학당의 '애국가' 등이 있다. 또한 1896년 독립문정초식과 1897년 조선개국 505주년 행사에서 배재학당 학생들이 부른 '무궁화가'는 현행 '애국가'와 후렴이 같은데 윤치호가 작사한 것으로 알려졌다.[3] 현행 '애국가'보다 10여 년 전에 나와서 잠시 부르다가 사라진 많은 '애국가'들의 작사자들이 알려져 있는 것을 생각하면 현행 '애국가'의 작사자를 모르게 되었다는 사실이 더욱 납득하기 어렵다.

그 동안 윤치호, 안창호 외에도 민영환, 최병헌, 김인식이 '애국

---

3) '애국가', 한국민족문화대백과사전. 한국학중앙연구원. 참조. 윤치호가 '무궁화가'를 지은 사실에 대해서는 서재필이 밝혔다. 1897년 8월13일 정부와 독립협회가 서대문 독립관에서 공동으로 개최한 제505회 조선 개국 기원절 경축행사에서 배재학당 학생들이 윤치호가 지은 '무궁화가'(National Flower)를 불렀다는 것을 당시 독립협회 회장이며 〈독립신문〉 사장인 서재필이 영문판 〈독립신문〉(The Independent)의 편집자 주(Editorial Notes)에서 명확히 밝혔다. 신동립, "애국가, 계관시인 윤치호 작사, 서재필 증언 최초 발굴", 윤경남 편저『좌옹 윤치호 평전』신앙과 지성사. 2017. 408~9쪽.

가' 작사자로 거론되기도 했으나 아무도 분명한 증거를 제시하지 못했다. 이런 주장들은 현행 '애국가'와 다른 독립가, 대한제국 '애국가'와 혼동한 주장이거나 수십 년이 지난 후 가족들과 친지들의 불확실한 기억과 잘못된 추측에 근거한 것으로 밝혀졌다. 오늘날에는 '애국가'가 작사된 시기와 상황, '애국가'를 부르고 보급한 과정, '애국가'를 작사했을 것으로 추정되는 인물들에 대한 지식과 정보가 많이 확보되었고 전체적으로 보고 판단할 수 있게 되었다. 따라서 '애국가' 작사자는 안창호와 윤치호 둘 중 하나로 추정되고 있다. 그러나 불행하게도 두 사람이 '애국가' 작사자에 대해서 침묵을 지켰고 '애국가' 작사자가 누구인지에 대한 엇갈린 증언과 전언, 불확실한 문헌자료들이 나와서 '애국가' 작사자를 알 수 없게 만들었다. 1945년 해방될 때까지 안창호와 윤치호가 '애국가' 작사자에 대해서 침묵을 지키거나 모호하고 엇갈린 태도를 보여주었기 때문에 단순한 증언들이나 2~3차 문헌자료들만을 가지고는 '애국가' 작사자가 누구인지 알 수 없게 된 것이다.

우리는 어떻게 해서 '애국가' 작사자를 모르게 되었을까?

윤치호와 안창호가 '애국가' 작사자라면 어떻게 '애국가' 작사자를 모르게 되었을까? 만일 안창호가 명확하게 '애국가'는 윤치호가 지었다고 일관성 있게 말했다면 '애국가' 작사자에 대한 혼란은 없었을 것이다. 윤치호가 처음부터 '애국가'를 자신이 지었다고 말했어도 이런 혼란은 생기지 않았을 것이다. 안창호가 자신이 '애국가' 작사자라고 일관성 있고 명확하게 말했어도 '애국가' 작사자를 모르게 되지는 않았을 것이다. '애국가' 작사자에 대한 이런 혼란과 의혹은 '애국가'가 지어진 1907년 당시부터 생겼다. 도산은 1908년 9월에 대성학교를 창립한 때부터 '애국가'를 누구보다 사랑하고 열심히 부르고 널리 보급하였다. 1907년 신민회를 창립하고 전국에 연설을 하며 돌아다닐 때부터 도산은 무궁화를 나라의 상징으로 널리 알리고 '애국가'를 부르고 보급했다. "도산 안창호 선생이 맹렬히 민족운동, 즉 국수운동을 일으킬 때에 조선을 무궁화에 비겨 웅변을 토할 때마다 '우리 무궁화 동산은 … ' 하고는 주먹이 깨질 듯이 책상을 두드리고 연단이 부서질 듯 발을 굴렀습니다."(〈동아일보〉 1925. 10.21.)

도산이 한국에서 민족운동을 맹렬히 일으켰던 때는 1907~1910년이었다. 1908년 6월에 발행된 윤치호 '역술 찬미가'에 '애국가'가 수록되어 있으므로 그 시기 이전에 '애국가'가 지어진 것은 분명하다. '애국가'가 오랜 세월에 걸쳐서 은밀하게 민중 사이에 스며들 듯 알려지고 보급되었다면 '애국가'의 작사자가 누구인지 잊어버릴 수도 있었을 것이다. 그러나 현행 '애국가'는 생겨난 즉시 알려졌고 널리 보급되었다. 한일합병 이전이기 때문에 아직 일제의 탄압도 가혹하지 않았다. 그러므로 '애국가'의 작사자가 의도적으로 자신의 이름을 숨기지 않았다면 '애국가'의 작사자는 숨겨질 수 없었다. '애국가'의 문학적 완성도를 볼 때 우연히 생겨났다고 볼 수도 없다. 이름 없는 사람이 지었다고 해도 도산은 반드시 '애국가' 작사자를 알려고 했을 것이고 또 알 수도 있었을 것이다. 도산처럼 세심하고 꼼꼼한 사람이 '애국가'가 누구의 작품인지도 모르고 그냥 부르고 알리기만 했을 리가 없다. 또한 '애국가' 작사자가 안창호와 윤치호 외에 따로 있었다면 자기가 지은 노래를 그렇게 많은 국민이 사랑하며 부르는데 자기가 작사자임을 밝히지 못할 이유가 없을 것이다. 그가 가족이나 친구에게 자기가 '애국가'의 작사자임을 한 번이라도 알렸다면 이 사실은 은폐될 수 없었을 것이다.

당시 안창호가 '애국가'를 열렬히 부르고 보급했던 대성학교와 청년학우회는 안창호가 설립한 기관이다. 그런데 '애국가'의 또 다른 작사자로 주장되는 윤치호가 바로 대성학교의 교장이며 청년학우회의 회장이었다. 이 시기 안창호와 윤치호의 긴밀하고 특별한 관계를 생각하면 안창호와 윤치호는 '애국가'의 작사자가 누구인지 모를 수가 없었다고 생각된다. 만일 제삼자가 '애국가' 작사자였다면 숨길 수도 없었고 또 숨길 이유도 없었을 것이다. '애국가' 작사는 두 사람 사이에서 이루어진 것이 분명하다. 그리고 어떤 이유와 필요에서 '애국가' 작사에 관해서 두 사람은 비밀을 지키기로 약속이 있었던 것 같다. 적어도 두 사람은 '애국가' 작사자가 누구인지 모를 수가 없었을 터인데 두 사람 다 1945년 해방되기까지 '애국가' 작사자에 대하여 말하지 않았다. 안창호와 윤치호, 두 사람에게는 '애국가'의 작사자를 알면서 그것을 밝히고 싶지 않았고 숨겨야 할 어떤 이유와 까닭이 있었을 것이다. 그러므로 그들은 '애국가' 작사자를 잘 알면서도 안창호가 죽고 해방이 될 때까지 3~40년 동안 '애국가' 작사자에 대해서 침묵을 지켰다고 여겨진다. 오늘 '애국가' 작사자를 모르게 된 이유와 까닭은 안창호와 윤치호의 특별한 관계와 당시의 특수한 상황에서 찾아야 할 것이다.

'애국가' 작사자에 대해 비밀을 지켜야 했던 이유

안창호와 윤치호가 '애국가' 작사자에 대한 비밀을 지켜야 했던 이유는 윤치호에게 있는 것이 아니라 안창호에게 있었던 것으로 보인다. 만일 윤치호가 '애국가'를 작사했다면 윤치호나 안창호가 그것을 비밀로 해야 할 이유가 없었다. 윤치호는 당대 최고의 지식인 명망가였고 정치문화의 주류세력이었던 기호파의 중심인물이었다. 또한 적어도 한일합병이 이루어지기 전까지는 '애국가'

를 작사한 것이 위험한 일은 아니었을 것이다. 그러므로 윤치호는 자신이 역술한 '찬미가'에 '애국가' 가사를 수록했다. 더욱이 안창호로서는 윤치호가 '애국가'를 지었다는 사실을 숨겨야 할 이유가 전혀 없었을 것이다.

반면에 안창호가 '애국가'를 지었다면 안창호로서는 자신이 작사자임을 숨겨야 할 필요와 이유가 여러 가지로 있었다. 안창호는 자기가 지은 '애국가'를 자기가 부르고 보급하는 것이 난처했을 것이다. 또한 안창호가 속한 서북세력은 정치, 문화적으로 한국사회를 주도했던 기호세력과 경쟁과 대결 관계 속에 있었다. 서북세력은 500년 조선왕조 동안 기호세력으로부터 당한 차별과 억압과 소외를 생각하며 기호세력에 대한 저항감과 분노가 컸고, 기호세력은 기독교와 서양문화를 먼저 받아들이고 힘차게 일어서는 서북세력에 대한 견제심리와 경쟁심이 강력했다. 안창호 자신은 이러한 지역감정과 대결에서 벗어나기 위해 평생 노력했지만 언제나 기호세력의 견제와 비판의 대상이 되었다. 독립운동의 중심과 선봉에 있었던 안창호는 많은 사람의 지지와 후원을 받는 동시에 '야심가', '지방열의 화신'이라는 끊임없는 음해와 비방에 시달렸다. 특히 평안도 출신으로서 평안도 청년들의 열렬한 존경과 지지를 받았던 안창호는 기호세력의 강력한 견제와 저항에 직면했다. 당시 기호세력의 중심인물이며 명망가였던 윤치호를 앞세울 필요가 안창호에게는 있었다. 이런 상황에서 안창호는 자기가 '애국가' 작사자로 밝혀지면 '애국가'를 보급하는데 큰 장애가 있을 것으로 판단했다. 그리고 '애국가'가 이름 없이 민중 속으로 스며들기를 바랐기 때문에 '애국가' 작사자를 모름과 어둠 속에 남겨두려고 했을 것이다.

안창호는 1919년에서 1921년까지 2년 동안 상해 임시정부를 조직하고 이끌었다. 임시정부에서는 조회 때마다 '애국가'를 1절에서 4절까지 열심히 불렀다고 한다. 그러나 이 시기야말로 안창호가 정치적 경쟁자들로부터 집중적인 견제와 비난을 한 몸에 받을 때였다. 안창호는 이 시기에 가장 열렬히 '애국가'를 불렀지만 자기가 '애국가' 작사자라는 것을 꼭꼭 숨겨야 할 때였다. 따라서 안창호와 가까이 지냈던 김구도 '애국가'를 열심히 부르면서도 애국가 작사자가 누구인지는 밝히지 않았다. 김구는 해방 후에 새 '애국가'가 필요하다는 주장에 대하여는 3·1운동과 임시정부 이래 독립운동가들이 이 애국가를 부르며 독립운동을 했다면서 '애국가'를 존중하고 지지하면서도 '애국가'의 작사자에 대하여는 모호하게 말했다. 1945년 10월18일 임시정부 주석 명으로 중국 충칭의 음악월간사가 펴낸 〈한중영문중국판 한국애국가(韓中英文中國版 韓國愛國歌)〉에서 김구가 애국가의 고사(故事)를 간략하게 밝혔다. "이 애국가는 50년 전에 한 한국애국지사의 수필(手筆)로 창작된 것인데 이미 그 이름을 알지 못하게[佚名] 되었다" 라고 했다. 김구의 이런 발언은 '애국가' 작사자에 대한 단서를 주기보다는 '애국가' 작사자를 둘러싼 모호함과 모름의 어둠을 드러낼 뿐이다. 50년 전이라면 1890년대인데 이때는 현행 '애국가'가 나오지 않았을 때다.

최근에 문화운동가 임진택은 〈프레시안〉에 연재한 ⑥"애국가 작사자 논쟁 - 안창호인가 윤치호인가?"에서 애국가 작사자에 대한 김구의 언급이 안창호를 애국가 작사자로 시사하는 것이라고 논증하였다. 김구와 안창호의 긴밀한 관계를 생각하면서 임진택은 김구의 언급에서 '50여 년 전'은 정확한 연도가 아니라 '오래전 어느 시점'을 나타내는 말이며 '일명'(佚名)은 '이름을 잊어버린'(失名)이 아니라 '이름을 숨긴 것'을 뜻한다고 봄으로써 김구의 언급이 안창호 작사설을 시사한다고 주장하였다.[4] 나도 임진택의 이런 해석에 동의한다. 상해 임시정부에서 안창호와 가까이 지내면서 안창호(서북세력)에 대한 이승만(기호세력)의 반감과 적대적 태도를 누구보다 잘 알았던 김구는 안창호가 애국가 작사자임이 알려지면 애국가의 위상이 손상될 것으로 염려했을 것이다. 해방 후에도 애국가는 숨겨져야 했던 것이다.

'애국가' 작사자는 누구일까?

이처럼 복잡하고 특별한 상황에 있었기 때문에 안창호는 '애국가' 작사자에 대해서 모호하고 엇갈리며 상반된 태도를 취하였다. 안창호와 가까웠던 수많은 사람들의 증언과 전문은 안창호가 '애국가'를 지었다고 주장한다. 그러나 대성학교 교원을 지낸 채필근은 안창호에게서 윤치호가 '애국가'를 지었다는 말을 들었다고 한다. 또한 이광수 등의 증언에 따르면 안창호는 "선생님이 '애국가'를 지었지요?" 하는 물음에 대하여 빙그레 웃기만 했다. 또 도산에게서 '애국가'를 자신이 지었다고 분명히 말하는 것을 들었다는 이들도 많다.[5] 도산이 '애국가'를 지어놓고 윤치호가 지은 것으로 하자고 했다는 이야기도 전해진다.[6]

안창호가 '애국가' 작사자가 아니었다면 안창호의 이러한 모호한 태도는 이해하기 어렵다. 더욱이 윤치호가 '애국가' 작사자

---

4) 임진택 "애국가 작사자 논쟁 – 안창호인가 윤치호인가? [애국가에 무슨 일이 일어났나?] ⑥" (〈프레시안〉 2020. 4.3)

5) 도산이 '애국가'를 지었다는 증언들에 대해서는 다음에 자세히 다루려고 한다. 안창호 작사설을 내세우는 '주요인사의 핵심 증언록과 저서, 논문'에 대해서는 안용환 『독립과 건국을 이룩한 안창호 애국가 작사』 청미디어 2016. 82~5쪽. 그밖에 152쪽 이하, 169쪽 이하, 285~6쪽 참조. 오동춘, 안용환 공저 『애국가와 안창호』 흥사단 100주년기념도서 청미디어 2013. 84~112쪽, 249~322쪽.

6) 주요한 편저 『안도산전서』 흥사단 2015. 120~121쪽.

였다면 안창호가 윤치호를 제쳐 놓고 자신이 '애국가' 작사자인 체 한 것은 부정직할 뿐 아니라 불의하고 부도덕한 짓이다. 대성학교 시절에 안창호는 거짓이 나라를 망하게 한 원수라며 "죽더라도 거짓이 없으라.", "농담으로라도 거짓을 말아라. 꿈에라도 성실을 잃었거든 통회(痛悔)하라"고 학생들에게 가르쳤다.[7] 어떤 학생이 결석계를 내는데 자기 도장이 없었던지 남의 도장을 찍고 손으로 비벼서 모호하게 만들어서 제출했다. 이것을 알게 된 도산은 대성학교의 정신에 어그러진 것이라면서 그 학생에게 무기정학이라는 중징계를 내렸다.[8] 이렇게 절대 정직을 가르치고 행동한 도산이 자기가 짓지 않은 '애국가'를 자기가 지은 것처럼 말하고 행동했다는 것은 생각하기 어려운 일이다. 특히 자신에게는 엄격하고 준엄했던 안창호가 자신의 '애국가' 작사설에 대해서 진실과 다르게 모호하고 이중적이고 상반된 말을 하고 거짓된 태도를 보였다는 것은 생각하기 어려운 일이다. 더욱이 자신의 스승이며 존경하는 선배인 윤치호가 지은 '애국가'를 가로채려 했다는 것은 상상할 수도 없는 일이다.

'애국가' 작사자로 추정되는 두 사람인 안창호와 윤치호는 '애국가' 작사자에 대해서 침묵하거나 모호하고 이중적인 태도를 취했다. 그래서 '애국가' 작사자는 모름과 혼란의 어둠에 싸이게 되었다. '애국가' 작사자에 대한 이러한 침묵과 혼란은 그 시대상황과 배경에 비추어 보면 안창호가 '애국가'를 작사했다는 결론으로 이끈다. '애국가' 작사자에 얽힌 비밀과 어둠은 안창호가 작사했다고 볼 때 비로소 밝혀지고 풀린다. 윤치호가 작사했다면 굳이 작사자를 숨겨야 할 까닭이 없었기 때문이다.

---

7) 주요한 편저 『안도산전서』 홍사단 2015. 106~7쪽
8) 주요한 편저 『안도산전서』 107쪽

1896년 독립협회와 〈독립신문〉을 중심으로 '애국가'를 지어 부르는 운동이 일어난 이래 생겨난 '애국가'들을 살펴보면 1907년 이전에 현행 '애국가'는 나오지 않았다. 미국에서 활동하던 안창호는 1905년 을사늑약이 이루어진 후 나라를 구할 큰 뜻과 계획을 가지고 1907년 2월 20일에 서울에 도착했다. 그는 잠자는 민족을 깨워 일으키기 위해서 '애국가'가 꼭 필요하다고 생각했다. 한국에 들어오기 전에 도쿄에 잠시 머물렀던 안창호는 『서유견문』을 쓴 유길준을 만나서 '애국가'를 지어달라고 부탁했으나 유길준은 노래 지을 재주가 없다며 사양하였다.[9] 귀국 한 이후 얼마 지나지 않은 시점에 안창호는 윤치호가 지은 '무궁화가'를 바탕으로 '애국가' 가사를 지었을 것으로 판단된다. 안창호가 지은 '애국가' 가사는 윤치호가 지은 '무궁화가'의 가사와 글자 수가 꼭 같다. 그리고 '무궁화가'의 후렴을 그대로 가져왔을 뿐 아니라 곡조도 '올드랭 사인'으로 같았다. 따라서 '무궁화가'와 현행 '애국가'의 외형적 연속성이 두드러진다. 안창호는 자기가 '애국가'의 작사자임을 밝히기 어려웠으므로 자기를 숨기고 윤치호를 앞세웠다고 생각된다. 윤치호가 지은 '무궁화가'와 '애국가'의 형식적 연속성과 유사성이 있으므로 안창호는 윤치호가 '애국가'의 작사에 참여한 것으로 인정하고 존중했을 것이다. 따라서 안창호는 윤치호를 '애국가'의 작사자로 내세울 수도 있었고 자기가 '애국가'의 작사자임을 숨기기도 했지만 어떤 경우에는 자기가 '애국가' 작사자임을 부정하지 않았고 또 어떤 경우에는 자기가 '애국가' 작사자임을 시인하기도 했다고 생각한다. 이에 대해서는 다음에 자세히 다루려고 한다.

---

9) 주요한 편저 『안도산전서』(서울: 홍사단, 2015) 82쪽.

2. 증언과 문헌에 대한 문헌 비판적 접근

그 동안 안창호 설을 내세우는 안용환과 흥사단에 속한 인물들은 '무궁화가'와 '애국가'를 모두 안창호가 지은 것으로 주장하였다. 반면에 윤치호 설을 내세우는 김연갑, 신동립 그리고 윤치호 후손들은 '무궁화가'와 '애국가'를 모두 윤치호가 지었다고 주장한다. 안창호 설이 주로 증언에 의존한다면 윤치호 설은 주로 문헌자료에 근거한다.[10] 양쪽 다 자기들의 주장을 절대화하고 비타협적으로 완고한 논리와 논거를 내세우므로 대화와 토론의 여지가 별로 없다. 주관적인 증언들과 근거가 약한 문헌자료들을 교조적으로 주장하고 내세우는 것은 '애국가' 작사자를 불확실한 모름과 혼란의 어둠에서 벗어나게 할 수 없다.

증언과 문헌의 대결

현재 안창호 작사설과 윤치호 작사설의 싸움은 기본적으로 증언과 문헌의 대결이라고 할 수 있다. 안창호가 '애국가'를 지었다는 설은 널리 세간에 퍼져 있었고 안창호 설을 주장하는 증언과 전문(傳聞)들은 많이 제시되었다. 그러나 안창호가 '애국가'를 지었다는 설은 그 증언과 전문들은 많지만 실증적인 역사적 사실과 문헌적 증거를 가지고 있지 못하다. 이에 반해 윤치호가 '애국가'를 지었다는 설은 증언과 전문은 부족하지만 제법 많은 문헌자료와 증거를 가지고 있다.

---

10) 안창호 설과 윤치호 설을 주장하는 문헌에 대해서는 대표적으로 참고문헌에 나오는 오동춘, 안용환, 김연갑, 신동립, 윤경남의 저서들을 참고하라.

어째서 안창호 작사설에는 증언과 전언이 많고 윤치호 작사설에는 문헌증거가 많을까? 안창호는 자신이 '애국가' 작사자임을 숨겨야 할 이유와 필요가 있었기 때문에 자신이 '애국가' 작사자임을 드러내지 않으려 했다. 그러나 그것이 절대적인 비밀은 아니었기 때문에 아주 가까운 사람들이나 '애국가'를 지을 때 관련된 사람들 사이에서 조금씩 그 비밀이 노출되기 시작했다고 생각된다. 처음에 이 증언들은 흩어져 있었고 잊고 있었으나 점차 기억을 되살리고 수집되고 종합되는 과정을 거쳤을 것이다.

안창호가 '애국가'를 지었다는 수많은 증언들 속에는 역사적, 인간적 진정성이 담겨져 있다고 여겨지므로 모두 날조된 것으로 무시하기는 어려워 보인다. 그러나 안창호와 윤치호 두 진영으로 나뉘어서 치열한 논쟁을 벌이고 있는 상황에서 안창호를 추종하는 사람들의 증언과 전언은 윤치호 설을 주장하는 사람들을 납득시키거나 승복시키기 어렵다. 인간의 기억은 매우 불확실하고 그 기억의 전달과정에서도 착오와 변경이 얼마든지 일어날 수 있다. 게다가 안창호를 추종하는 인간들의 주관적 열정과 충성심이 개입되었다고 여겨질 수 있으므로 증언과 전언들만 가지고는 윤치호 설을 주장하는 사람들을 납득시킬 수 없다. 그러면 논쟁은 계속되고 '애국가' 작사자가 누구인지 확정하는 일은 어려워진다.

윤치호는 '애국가' 작사 운동을 벌였던 독립협회 회장이었고 1896년(또는 1897년)에 나온 무궁화 노래를 지은 인물로 알려져 있었다. 무궁화 노래의 가사는 다음과 같다. 1. 성자신손 오백년은 우리황실이요, 산고수려 동반도는 우리본국일세. 2. 애국하는 열심의기 북악같이 높고 충군하는 일편단심 동해같이 깊어. 3. 삼천만인 오직 한 맘 나라 사랑하여 사농공상 귀천없이 직분만 다하세. 4. 우리나라 우리황제 황천이 도우사 군민동락 만만세에 태평

독립하세.[11](현대 맞춤법에 따라 표기)

무궁화 노래의 후렴이 현행 '애국가'의 후렴과 같기 때문에 무궁화 노래를 지은 윤치호가 작사자 이름 없이 널리 불리는 '애국가'의 작사자로 쉽게 생각되었을 것이다. 더욱이 1908년에 윤치호 '역술 찬미가'가 간행되었고 이 찬미가에 무궁화 노래와 현행 '애국가'가 작사자 이름 없이 함께 수록되었다. '무궁화가'와 '애국가'는 그 내용과 정신은 전혀 다르지만 후렴이 같을 뿐 아니라 곡조도 같고 글자 수도 같으므로 형식상의 연속성과 유사성을 가지고 있다. 이때문에 사람들은 자연스럽게 윤치호를 '애국가'의 작사자라고 생각하게 되었고, 후에 나온 찬미가나 애국 창가집들은 '애국가'의 작사자를 윤치호로 표기하게 되었을 것이다. 윤치호가 1945년 해방될 때까지 침묵했기 때문에 윤치호와 관련된 이런 문헌자료들은 막연한 풍문과 추측들에 근거해서 만들어진 것으로 보인다.

문헌자료가 가진 증거능력의 한계

문헌 비평의 관점에서

윤치호가 '애국가'를 지었다는 설도 결정적인 실증적, 역사적 사실을 가지고 있지 못하며 문헌적 증거자료들도 확실한 입증자료로 받아들여지지 못하고 있다. 윤치호가 '애국가'를 지었다고 주장하는 김연갑이 제시하는 문헌증거들은 다음과 같다.

1908년 찬미가 윤치호 역술

11) 〈대한매일신보〉 1907. 10.30.

1910년 〈신한민보〉 '국민가' '윤티호' 작사 표기
1914년 미국 '태평양잡지' 윤치호 작사로 기술
1931년 한석원 편저 '세계명작가곡집' 윤치호 표기
1909년 이기재 소장 창가집, 윤치호 작사로 표기
1920년대 김종만 소장 필사 가사집, '윤선생 치호'로 표기
1910년 일본유학생회 '윤치호 작 새 '애국가'' 기록
1911년 '105인사건' 관련 경기도 경무보고서에서 '윤치호 구작(舊作)'
1914년 조선총독부 정무총감 보고 제143호에 '윤치호 작'.[12)]

일반적으로 사람들은 문헌적, 서지학적 증거자료를 맹신하는 경향이 있다. 그러나 이러한 문헌적, 서지학적 증거자료들은 '애국가' 작사자를 확정하는 증거능력이 크지 않다. 고대와 중세에는 작자가 자신의 이름을 밝히지 않고 저명한 인물을 작자로 내세우는 경우가 많았다. 따라서 어떤 인물이 어느 문헌의 저자라고 기록되고 알려졌어도 그 인물이 그 문헌의 저자가 아닌 경우가 많다. 현대문헌학은 문헌의 저자, 저작시기 내용과 형식을 철저하게 비판하고 검토하는 문헌비평(literary criticism)이다. 이런 문헌비평이 가장 발달하고 전문화된 분야는 성서학이다. 성서학에서는 문헌비평이 역사비평, 자료비평, 양식비평, 전승비평, 편집비평으로 세분화되었으며, 기억과 구전(口傳)에 의한 오랜 전승과정을 비판적으로 연구하고 검토하는 방법이 발달하였다. 현대문헌학에서는 문헌자료를 문헌에 기록되어 있다는 사실만으로 무비판적으로 받아들이지 않는다. 조금이라도 합리적 비판과 의혹의 여지가

12) "'애국가'는 절대 도산 안창호의 작품일 수 없다"(뉴시스, 2018-03-31)에서 인용. 그밖에 윤치호 작사설의 근거로 내세우는 증언과 자료들에 대해서는 金煉甲 著『愛國歌 作詞者 研究』集文堂 1998. 156~195쪽 참조.

있다면 철저히 비판하고 검토해서 합리적 비판과 검토를 통과한 사실만을 진실로 인정하고 받아들인다.

성서의 창세기부터 신명기까지 5개의 문서를 모세5경이라고 하여 모세가 지은 것으로 고대로부터 알려져 왔다. 그러나 이미 수백 년 전부터 이 문서들은 모세가 지은 것이 아니라는 것을 학자들뿐 아니라 상식적 인간이라면 누구나 알게 되었다. 신약성서의 마태복음서, 마가복음서, 누가복음서, 요한복음서도 모두 마태, 마가, 누가, 요한이 직접 쓴 게 아니라 후대에 다른 사람이나 집단이 복음서들에 그들의 이름을 붙인 것이다. 고대의 문헌 특히 경전과 같은 문헌들은 오랜 구전과정을 거쳐 그리고 오랜 문서 편집과정을 거쳐서 최종 형태의 문서로 확정된 것이다. 따라서 오랜 구전과정과 편집과정에서 내용과 문맥은 상황과 필요에 따라 수정되거나 변경되고 첨가되거나 삭제되었다. 현대문헌학은 기억과 구전에 의한 전달과정에 대해서도 비판적이고 과학적으로 연구할 수 있게 되었다.

윤치호의 '역술 찬미가'에 대하여

윤치호 작사설을 증명하는 것으로 제시되는 문서들에 대해서도 문헌학적인 비판적 검토와 의혹을 제기할 필요가 있다. 윤치호 설을 위해 제시되는 문헌들은 현대문헌학의 철저한 검증과 비판을 통과하기 어렵다. 윤치호 작사설을 위해 제시되는 가장 중요한 문헌자료는 1908년 6월 25일 발행된 윤치호 '역술(譯述) 찬미가'다. 그러나 역술(譯述)이란 말이 저자임을 뜻하지 않을 뿐 아니라 '애국가'의 작사자가 윤치호라는 표시도 없다. 공자도 '술이부작'(述而不作)이라고 하여 서술한다는 의미를 지닌 술(述)과 새로 지어낸다는 의미를 지닌 작(作)을 분명하게 구별하였다. '역술'

이란 말 자체는 '번역과 서술'을 뜻하고 '번역'에 가장 가까운 말이다. 다만 19세기 말과 20세기 초 한국에서 학문연구와 업적이 쌓이지 않았으므로 특히 새 문명과 학문을 소개하는 책에서는 외국의 저서를 번역하고 자기 생각과 설명을 덧붙이는 경우가 많았다. 따라서 순수하고 완전한 번역이 아니므로 '번역'이란 말도 쓰지 못하고 '저술'이나 '저서'라는 말도 쓸 수 없으므로 두루뭉술하게 '역술'이란 말을 쓰게 된 것이다. '역술'한 책을 쓴 사람의 생각이나 느낌, 설명을 붙였으므로 '창작의 요소'도 들어가게 되었던 것이다. 흔히 '역술'이란 말을 썼을 때는 '원작'이 있어야 하고 그 원작을 번역한 번역자의 설명이나 생각을 덧붙였다고 보아야 한다. 그러나 당시에도 시(詩)나 가요, 소설은 번역한 것이 아니면 당연히 저술로 표기할 수 있었다. '역술 찬미가'에 실린 애국가요 3편은 한국인의 창작물이 분명하다. 이것은 '역술'의 대상이 아니다. 그러나 '역술 찬미가'가 외국 찬송가 12편과 한국 애국가요 3편을 함께 싣고 '역술'이란 모호한 표현을 썼기 때문에 혼란의 여지가 생긴 것이다.

그러므로 이 문서는 윤치호가 '애국가'의 작사자가 아니라는 증거가 되지도 않지만 '애국가'의 작사자라는 확실한 증거도 되지 못한다. 그리고 설사 윤치호가 찬미가를 역술한 것이 아니라 저술한 것이라고 썼다고 해도 더 나아가서 윤치호가 자신이 현행 '애국가'의 작사자라고 썼다고 해도 그것이 윤치호가 정말 '애국가'의 작사자임을 100% 증명하는 것은 아니다. 그것은 다만 윤치호가 '그때 자기가 찬미가의 저자이며 '애국가'의 작사자라고 썼다'는 것만을 증명하는 것이다. 물론 안창호나 다른 어떤 사람이 '애국가' 작사자라고 주장되는 일이 없고 윤치호만이 '애국가' 작사자로 주장되고 그렇게 여겨진다면 그것은 윤치호가 '애국가'를 작사했다는 결정적인 증거가 될 것이다. 만일 안창호가 진정한 '애국가' 작사자인데 어떤 필요와 이유가 있어서 윤치호를 '애국가' 작사자로 내세우기로 하고 윤치호도 그것을 받아들였다고 추정하고 가정한다면, 윤치호가 '애국가'의 작사자라고 밝히고 그렇게 문헌에 썼다고 해도 그것이 윤치호의 '애국가' 작사설을 증명해주지는 못한다.

오히려 '역술 찬미가'에 수록된 세 편의 애국가요들 '한국', '무궁화가', '애국가'에 윤치호가 붙인 명칭들에서 그리고 윤치호가 이 가요들을 배치한 방식에서 '애국가'는 윤치호 작이 아니라 안창호 작이라는 단서를 찾을 수 있다. 윤치호는 '역술 찬미가'에서 '한국'(조선의 노래)을 1장에 배치할 뿐 아니라 'KOREA'(국가)라고 대문자로 표기함으로써 가장 중요하게 여겼다. 이 노래는 '무궁화가'보다 더 황실과 대한제국에 대한 충성을 강조한 노래다. 이에 반해 '무궁화가'는 '애국가'(Patriotic Hymn)이란 이름으로 10장에 배치하고 현행 '애국가'는 '애국가'(Patriotic Hymn)란 이름으로 14장에 배치했다. 그에게는 황실찬미가인 '한국'이 가장 중요했고 '무궁화가'와 현행 '애국가'는 여러 '애국가'들 가운데 하나로 여겨졌음을 알 수 있다. '무궁화가'를 현행 '애국가'와 마찬가지로 '애국가'로 지칭함으로써 '무궁화가'가 첫 번째 '애국가'임을 밝히고 '무궁화가' 다음에 현행 '애국가'가 나온 것을 시사했다.[13] '한국', '무궁화가', '애국가'의 이러한 배치는 윤치호가 현행 '애국가'를 가장 중요한 노래로 보지는 않았음을 의미한다. 그에게 '애국가'는 '한국', '무궁화가' 다음에 세 번째로 중요한 노래였다. 그에게는 '한국'이 가장 중요한 노래였고 그 다음에 '무궁화가'가 중요했고 현행 '애국가'는 '무궁화가'를 이어서 만든 '애국가'에 지나

---

13) 신동립 '애국가, 계관시인 윤치호 작사, 서재필 증언 최초 발굴' 『좌옹 윤치호 평전』 410~411쪽.

지 않았다. ‘역술 찬미가’를 발간할 때 윤치호는 ‘한국’을 가장 중요하게 불러야 할 노래로 생각했고 그 다음에 ‘무궁화가’를 중요하게 부르고 마지막으로 ‘애국가’를 불러야 한다고 생각했던 것이다. 현행 ‘애국가’에 대한 윤치호의 이런 태도는 현행 ‘애국가’를 가장 중시하고 앞세운 안창호의 태도와 구별되며 윤치호가 ‘애국가’를 짓지 않았음을 시사한다. 새로운 ‘애국가’가 필요하다는 절박하고 절실한 심정을 가지고 현행 ‘애국가’를 새로 지은 사람이라면 윤치호처럼 ‘한국’, ‘무궁화가’ 다음에 ‘애국가’를 배치하지는 않았을 것이다. 안창호에게는 ‘한국’, ‘무궁화가’는 더 이상 부르기 어려운 낡은 노래이며 ‘애국가’는 온 민족이 함께 간절하고 사무치게 불러야 할 노래였다.

다른 문헌자료들의 증거능력

‘애국가’ 작사자로 주장되는 안창호와 윤치호가 1945년 전에 자신이 ‘애국가’ 작사자라는 것을 공개적으로 명확히 밝히지 않았기 때문에 그리고 안창호와 윤치호에게서 나오는 증언과 전문들이 어긋나고 혼란스럽기 때문에 증언들과 마찬가지로 문헌증거들도 결정적인 증명력을 갖지 못한다. 1907~1910년과 같은 특수하고 혼란스러운 격변기에 나온 2~3차의 문헌자료들은 증언들보다도 증거능력이 약하다고 볼 수 있다. 연락과 소통이 잘 이루어지지 못하고 정보가 부족한 그 시대에는 더욱 그런 문헌들의 증거능력은 허약한 것일 수 있다. 연락과 소통이 잘 되는 오늘날에도 인터넷에는 거짓 뉴스와 왜곡된 정보가 넘쳐나고 있다. 문헌적, 서지학적 증거들을 무시하자는 것이 아니라 그런 증거들을 절대화하고 맹신하는 것은 옳지 않다는 것이다.

그런 문헌들이 윤치호 작사설을 증명하려면 그 문헌을 만든 사람들이 윤치호가 '애국가'를 작사했다는 사실을 어디서 누구에게서 어떻게 알게 되었는지를 밝혀야 하고 그 사실을 알려준 사람이나 출처는 윤치호가 작사했다는 사실을 어떻게 알게 되었는지를 따져 물어서 윤치호에게까지 소급해서 확인해야 한다. 그러나 윤치호가 '애국가' 작사자에 대해서 오랜 세월 침묵을 지켰기 때문에 윤치호가 '애국가'의 작사자라고 표기한 문헌들의 편집자들이 어떻게 윤치호가 '애국가'의 작사자라고 생각하게 되었는지를 밝히기는 거의 불가능하다. 그리고 윤치호가 자기가 작사했다는 말을 했다고 해도 윤치호가 진실을 말했는지 검증하고 확인해야 한다. 그러므로 윤치호 작사설을 위해 제시되는 이런 문헌증거들은 모두 어떤 풍문이나 그럴 것이라고 여겨지는 불확실한 정보나 판단들에 근거한 간접 증거들에 지나지 않는다.

윤치호 설을 주장하는 쪽에서 중요하게 제시하는 문헌적 증거는 미국 대한인국민회에서 발행한 〈신한민보〉(1910.9.21.)에 현행 '애국가'를 '국민가'라는 제목으로 '윤티호 작사'로 소개한 것이다. 윤치호와 관련이 없었던 〈신한일보〉 편집자들이 전문이나 풍문에 근거해서 윤치호 작으로 소개한 것일 뿐 이것 역시 윤치호 설을 증명하는 자료가 될 수 없다. 대한인국민회 창립 15주년을 위해 〈신한민보〉 1924년 1월 31일자에 수록된 '애국가'와 안익태가 작곡한 '애국가' 악보와 함께 '애국가' 가사 1~2절을 제시한 〈신한민보〉1936년 3월 26일자의 '애국가'에는 윤치호를 작사자로 제시하지 않고 있다.[14] 이 사실은 윤치호가 '애국가' 작사자가 아니라는 것을 〈신한민보〉 편집자들이 나중에야 알게 된 것을 시사한다.

위에서 '1909년 이기재 소장 창가집, 윤치호 작사로 표기'는 김연갑이 잘못 제시한 것이다. 이명화의 '애국가 작사자 연구'에 따

14) 유동식, "윤치호와 안익태", 윤경남 편저 『좌옹 윤치호 평전』(서울: 신앙과 지성사, 2017) 514쪽.

르면 이 창가집에서 '애국가'는 '이상준 작 윤치오(윤치호) 후렴 작' 으로 되어 있다. 또한 1955년 6월 21일 〈조선일보〉에 따르면 윤치호는 이돈의에게 '애국가' 작사자를 이상준이라고 말하였다.[15] 따라서 이 창가집은 윤치호 작사설을 부정할 뿐 아니라 윤치호가 후렴만을 지었다는 것을 증명하는 문헌이 될 수 있다. 1910년 일본유학생회 '윤치호 작 새 애국가 기록'이란 것도 잘못된 정보에 근거한 것이다. 도쿄 한국연구원 원장을 지낸 최서면에 따르면 일본 유학생 가운데 한 사람이 서대문의 독립문 낙성식에 참여했다가 돌아와서 "윤치호가 만들었다는 애국가를 불렀는데 옛날 것과 달리 바람직한 노래라고 생각한다. 이제부터 민영환 작시의 '애국가'를 부르지 말고 윤치호 애국가로 부르자"고 말한 내용이 일본 유학생회 학회지에 실려 있다. 최서면은 이 사실을 밝히면서 윤치호가 '애국가' 작사자라고 주장했다.[16] 그러나 일본 유학생이 참여했다는 독립문 낙성식은 1896년에 있었고 이때에 부른 윤치호의 노래는 현행 '애국가'가 아니라 '한국'(Korea) 또는 '무궁화가' 였다. 이것이 잘못 알려져 1910년까지 '애국가'를 윤치호 작으로 알고 불렀을 것으로 생각된다.

그밖에도 '애국가'를 윤치호 작으로 표기한 1909년 이후의 여러 문헌자료들이 제시되고 있지만 이런 자료들도 1908년의 윤치호 '역술 찬미가'에 근거하거나 풍문에 근거해서 윤치호 작으로 표기했다고 볼 수 있다. 따라서 이런 자료들 역시 결정적인 증거자료로 인정하기 어렵다. 1945년 9월에 윤치호는 딸의 요청을 받고 '애국가' 가사를 써 주면서 끝에 '일구영칠년 윤치호 작'(一九0七年

---

15) 이명화, "愛國歌 형성에 관한 연구", 『실학사상연구』 10/11권 무악실학회 1999. 653쪽과 각주 24 참조. 이상준은 안창호의 '거국가'에 곡을 붙여서 1910년 5월 12일자 〈대한매일신보〉에 발표하였다.

16) 최서면, "일본에서 부른 애국가", 『좌옹 윤치호 평전』 448~9쪽.

尹致昊 作)이라고 기록한 문서를 남겼다. 그런데 이 문서에서 본래 '애국가' 4절에서 '님군을 섬기며'로 된 것을 '충성을 다하여'로 쓴 것이 눈에 띈다.[17] '충성을 다하여'는 안창호가 임시정부 시절에 고쳐 넣은 것이다.[18] 만일 윤치호가 자기가 '애국가'를 지은 것을 증거로 남기려고 썼다면 자기가 본래 지은 대로 썼어야 한다. 이런 사실은 윤치호 작사설에 빈틈이 있음을 의미하며 윤치호가 자신이 '애국가' 작사자라는 것을 확실하게 주장하는 것은 아니라고 생각하게 한다. 그리고 윤치호가 그 동안 자기가 '애국가' 작사자라는 것을 밝히지 않다가 해방 후에 갑자기 그런 기록을 남긴 것에 대해서는 그 진정성을 인정하기 어렵다.

윤치호는 겁이 많은 사람으로서 물리적이고 신체적인 위협 앞에서는 굴복하는 사람이었다. 일제의 군사적 지배에 곧바로 굴복하고 순응했을 뿐 아니라 105인사건 때에는 고문에 못 이겨 거짓 자백을 했다가 판사 앞에서 번복하기를 세 차례나 하였다.[19] 고문에 대한 윤치호의 이러한 태도는 안창호나 이승훈이 고문을 당하고 옥고를 치르면서도 당당한 기개를 드러내며 더욱 강해져서 나온 것과는 대조된다.

또한 해방이 되자 친일파의 거두였던 윤치호와 그 가족들은 생존의 위협을 느꼈다. 길거리에서 학생들이 윤치호에게 휴지와 돌을 던지기도 하고 자객이 습격하여 목숨의 위협을 느끼기도 했다.[20] 윤치호는 개인 재산과 가정을 매우 중시하던 소시민적 인간이었다. 갑자기 해방이 이루어져서 윤치호 자신뿐 아니라 가

17) 안용환 『독립과 건국을 이룩한 안창호 애국가 작사』 청미디어. 2016. 265쪽. 윤경남 편저, 『좌옹 윤치호 평전』 신앙과 지성사. 2017. 412쪽.

18) 주요한 편저 『안도산전서』 122쪽.

19) 『좌옹 윤치호 평전』 302~3쪽.

20) 坪江仙二《改正增補朝鮮民族獨立運動史》(高麗書林, 1986) 410쪽

족 전체가 생존의 위협을 받게 되었을 때 윤치호는 자신과 가족을 구하기 위해 자신이 '애국가'를 작사했다고 주장했을 개연성이 높다.

해방 후에 친일파였던 김활란이 윤치호를 찾아갔을 때 윤치호가 "애국가를 내가 지었다고 말하지 마시오. 내가 지은 줄 알면 나를 친일파로 모는 저 사람들이 부르지 않겠다고 말할지 모르니까"라고 말했다고 김동길이 전하였다.[21] 이 말도 윤치호가 "내가 '애국가'를 지었다"고 분명하게 말한 것이 아니라 '그렇게 말하면' 사람들이 '애국가'를 부르지 않게 될 것을 말한 것뿐이다. 또한 이런 발언들은 친일파를 정당화하고 옹호하기에 적합한 말이어서 신뢰하기 어렵다. 독립협회를 발족할 때 윤치호가 '애국가'를 지었다는 시대착오적인 생각을 가졌던 이승만도 "윤치호 작사로 밝혀지면 친일을 험 삼아 '애국가'를 고치자고 할 터이니 그대로 미상으로 하라"[22]고 지시했다는 친일 시인 서정주의 전언도 김활란의 전언과 비슷한 것이다. 이승만은 평생 안창호를 적대적 경쟁자로 여기고 안창호를 음해하고 비난하는데 앞장섰던 인물이다. 이승만이 1904년에 미국에 가서 환영하는 동포들과 밤새도록 현행 '애국가'를 불렀다는 주장도 착각이거나 잘못된 기억에 근거한 것이다. 1904년에는 아직 '애국가'가 나오지 않았을 때였다. 역시 친일파였던 백낙준이 윤치호에게 '애국가' 작사자가 누구인지 물었더니 윤치호는 말없이 그의 '역술 찬미가'에 자신의 이름을 써서 보냈다고 한다. 윤치호의 이런 행동은 매우 모호하여 '애국가' 작사자에 대한 확실한 증명이 될 수 없다.

1945년 이전에 윤치호는 떳떳하게 자신이 '애국가' 작사자임을

21) 김동길, "애국가는 누가 지었나?", 『좌옹 윤치호 평전』 418~9쪽.
22) 신동립 『애국가 작사자의 비밀』 지상사 2015. 101쪽.

밝히지 못했다. '애국가'가 독립운동가들뿐 아니라 일반 국민들 사이에 그렇게 널리 불리고 있는데도 윤치호는 이에 대하여 아무런 언급도 하지 않았다. '애국가'에 대해서 자신의 특별한 감정과 생각을 한 번도 밝힌 적이 없는 윤치호가 '애국가' 작사자라면 이것은 너무나 기이하고 이해하기 어려운 일이다. 3·1독립운동 때 온 국민이 일어나서 '애국가'를 부르며 시위했는데 윤치호는 그의 일기에서 독립운동자들과 3·1만세운동을 비난하는 글을 쓰면서도 '애국가'에 대해서 아무 느낌이나 생각을 밝히지 않고 있다. 윤치호는 60여 년 동안 매일 자신의 주변 사건들과 관계들에 대해서 자신의 심경을 자세히 일기에 기록하였는데 어디서도 '애국가'에 대한 언급을 하지 않았다. 따라서 해방 후 친일파들과 그 가족들이 생존의 위기를 맞은 상황에서 윤치호와 친일 인사들이 윤치호를 '애국가' 작사자로 내세우는 것은 설득력도 떨어지고 신빙성도 없어 보인다.

3. 공통된 증언들의 핵심과 결론: 윤치호의 '무궁화가'를 바탕으로 안창호가 '애국가'를 지었다

문헌과 증언의 한계를 넘어서

'애국가' 작사자에 대한 증언과 문헌증거들은 서로 어긋나고 상반되기도 하며 뒤얽혀서 혼란스럽기도 하다. 이런 상황에서 단순한 증언과 전언, 2차적이고 간접적인 문헌증거들은 힘을 잃는다. 안창호가 '애국가'를 작사했다는 증언과 전언을 아무리 많이 모아도 윤치호가 '애국가'를 작사했다며 내세우는 여러 가지 문헌자료들을 극복하고 '애국가' 작사자에 얽힌 의혹과 모름의 어둠을 밝혀낼 수 없다. 또한 2차적이고 간접적인 문헌자료들도 안창호가 '애국가'를 작사했다는 저 많은 증언들과 전문(傳聞)들을 잠재우고 의혹과 모름의 어둠을 뚫고 '애국가' 작사자의 진실을 밝혀낼 수 없다. 증언과 문헌자료만 의지해서 연구했기 때문에 60년 이상 많은 학자들과 관계자들이 연구하고 토론해도 명확한 결론에 이르지 못했다. 단순히 증언과 문헌자료만 가지고 논의해서는 '애국가' 작사자가 누구인지 알 수 없다. 또한 새로운 문헌자료가 나올 가능성도 없다. 국사편찬위원회의 한 위원이 이미 1955년에 이런 사정을 밝혔다. "당시 왜적의 혹심한 민족탄압에 기인한 것으로 그 이름을 의식적으로 감추고 36년이라는 암흑시대를 거치는 동안 당시의 지사들이 모두 작고한 오늘에 있어서는 아무런 문헌을 얻지 못할 뿐더러 남아 있을 리도 없는 이 이상 찾아낼 도리가 없다."[23] 여기서 '왜적의 혹심한 민족탄압' 때문에 '그 이름을 의식적으로 감추었다'는 판단은 정확한 역사적 판단으로 여겨지지는 않는다. 그러나 '애국가' 작사자에 관한 새로운 문헌을 얻을 수도 없고 그런 문헌이 남아 있을 리도 없다는 판단은 정당하다. 그리고 새로운 문헌자료가 나온다고 해도 기존의 문헌자료들이 가진 한계를 벗어나기 어렵다.

안창호와 윤치호가 '애국가' 작사자를 숨기려고 했다면 이들의 주변에서 흘러나오는 증언과 전언들은 그릇된 것이거나 불확실한 것일 수 있다. 따라서 어떤 하나의 증언을 절대화할 수 없다. 자신이 '애국가' 작사자임을 숨기려 했던 안창호는 윤치호를 대성학교 교장으로 모시고 '애국가'의 작사자로 윤치호를 내세울 필요가 있었다. 그러므로 윤치호가 '애국가' 작사자라는 말을 안창호에게 직접 들었다는 증언도 나올 수 있었다. 대성학교 교사였던

23) '국사편찬위원회의 김문철 위원 인터뷰' 〈동아일보〉 1955년 5월 14일.

채필근은 안창호로부터 윤치호가 '애국가'를 지었다는 말을 들었다고 말했다. "그때 내가 도산선생에게 애국가는 본교 명예교장 윤치호 선생이 작사하였습니다'라는 말씀을 직접 들었습니다." 상해 임시정부 시절에 도산을 만나 존경하고 따랐던 김인서는 이런 증언을 듣고 안타깝지만 '애국가' 작사자는 윤치호라는 결론을 내린다. 그는 도산이 '애국가' 작사자에 대해서 모호한 태도와 말을 남겼다는 주장을 받아들일 수 없다고 보았다. 도산처럼 정직하고 공명정대한 인물이 '애국가' 작사자 문제처럼 중요한 일에 대해서 그렇게 모호하고 어정쩡한 태도를 취했을 리가 없다는 것이다. 그러면서 김인서는 친일을 했던 윤치호가 '애국가' 작사자라는 사실에 상처를 받았으나 도산이 '애국가'를 보급하고 전해준 사실에 위안을 얻으려고 했다. "필자도 윤씨 작이란 기록을 볼 때 절의감(節義感)에 상처를 받으나 역사는 고칠 수 없다. '애국가'도 작사자가 불행실절하였으나 국존 도산선생의 품에서 기르고 도산선생의 목소리로 전하여 '애국가'로의 대의명분을 잃지 아니하였다."[24] 김인서는 도산이 '애국가'를 부르고 보급한 것을 인정하면서도 채필근의 증언과 문헌기록들에 근거해서 윤치호가 '애국가'가의 작사자임을 받아들였다. 그러나 그는 안창호가 '애국가'의 작사자로 나설 수 없었던 역사적 사회적 상황과 처지를 이해하지 못했다.

증언들과 문헌자료들이 가리키는 방향

'애국가' 작사자에 대한 증언들과 문헌자료들은 상반되고 엇갈린 것처럼 보인다. 그러나 '애국가' 작사자들에 대한 엇갈린 증

24) 把守軍(김인서), '愛國歌의 作詞者', 〈信仰生活〉 제14권(1955) 2호. 26~7쪽.

언들을 종합해보면 공통점이 있고 그 공통점은 '애국가' 작사자가 누구인지 알 수 있는 실마리를 알려준다. 안창호 작사설과 윤치호 작사설 가운데 서로 공통되는 중요한 주장들이 있다. 대성학교 교원으로 있었던 김동원에 따르면 "성자신손 오백년은 우리 황실이요, 산고수려 동반도는 우리 본국일세"라는 가사가 윤씨의 원작인데 나중에 도산이 "동해물과 백두산이"로 고쳤다.[25] 여러 가지 주장과 증언 가운데 이 설이 가장 사실에 가까운 것 같다. 신용하도 김동원의 증언이 "다른 자료와의 교차검증에서 재확인되면 가장 합리적 증언이라고 생각한다"[26]고 하였다.

다른 증언들과 교차검증을 통해 김동원의 설이 진실하다는 것을 확인해 보자. 윤치호의 사촌동생 윤치영이 주장하는 내용도 김동원의 설을 뒷받침하는 것 같다. 윤치영은 '애국가' 가사의 앞부분은 최병헌 목사가 짓고, 후렴구는 윤치호가 지었다고 했다.[27] 윤치영과 가까이 지내던 김병섭이 윤치영의 증언을 듣고 최병헌의 외증손 김지영에게 말해주었고 김지영은 그 말을 녹취하였다. 그 녹취내용에 따르면 윤치영이 윤치호 '역술 찬미가'를 김병섭에게 선물로 주면서 이렇게 말했다. "애국가 4절까지의 본문은 최목사의 '불변가'를 옮긴 것이고, 후렴은 윤치호 작으로 알고 있다. 당시 윤치호는 최 목사의 정동감리교회를 다녔고 두 사람은 친동기(의형제)같이 지냈다." 김병섭의 이러한 증언은 증언의 내용과 상황이 매우 구체적이므로 윤치영이 그런 진술을 했다는 사실을 부인하기 어렵다. 김병섭은 모교의 졸업식이 있던 날 1984년 2월 14일 오후 3시경 윤치영과 만나서 윤치호 '역술 찬미가'를

25) '애국가 작사자는 누구' 주요한, 〈경향신문〉 1955.4.19. 주요한 편저『安島山全書』(서울: 흥사단, 2015 증보) 554쪽.
26) 신용하 '애국가 작사는 누구의 작품인가' 〈대한민국학술원통신〉 제297호 2018년 4월 1일.
27) "작사자 규명과정에서 철저히 소외됐다" 〈일요시사〉 기획특집 제 214 호 2005년 11월 22일,

선물로 받으며 그러한 증언을 들었다고 하였다.

그러나 윤치호 작사설을 주장하는 김연갑은 윤치영 댁을 방문하여 윤치호가 '애국가'를 작사한 것이 분명하다는 말을 윤치영에게서 들었다면서 김병섭의 증언이 지닌 효력을 부정하였다. "1986년과 1990년 2차에 걸쳐 윤치영 댁을 방문, 인터뷰한 바 윤치호가 작사한 것이 분명하다고 했으니 김장로와 윤치영 중 한 분이 잘못된 주장을 한 것이 되니 증거로서의 가치가 없다."[28] 김연갑이 윤치영을 방문하여 '윤치호가 ('애국가'를) 작사한 것이 분명하다'는 윤치영의 진술을 들었다는 사실도 부정하기 어렵다.

김병섭과 김연갑에게 상반된 증언을 남긴 윤치영의 증언은 어떤 의미가 있을까? 최병헌 작사설에 대한 윤치영의 증언이 나온 이후 김연갑은 윤치영을 두 차례 만나 윤치호 작사설을 확인했다고 하면서도 김병섭의 전언에 대한 윤치호의 반박이나 해명을 전하고 있지는 않다. 김병섭이 윤치영의 증언을 날조했다고는 생각하기 어렵다. 윤치영은 윤치호의 사촌동생일 뿐 아니라 윤치호와 흥업구락부 활동을 함께 했던 가까운 사이였다.[29] 윤치호를 잘 알았던 윤치영은 '애국가'의 후렴만 윤치호가 지었고 1~4절 가사는 다른 사람이 지었다는 심증을 가지고 있다가 최병헌이 그 가사를 지었다고 추정하고 그러한 주관적 심증과 확신을 갖게 되었을 것이다.

일제의 식민통치 말기에 윤치호와 함께 친일의 길을 걸은 윤치영은 이승만의 열성적인 추종자였다. 그는 이승만과 안창호의 적대적 경쟁관계를 누구보다 잘 알고 있었다. 안창호와 서북세력에

28) 같은 글.
29) 흥업구락부 사건으로 윤치영이 구속되었을 때 윤치호는 그의 석방을 위해 애를 쓰기도 했다. 『윤치호 일기』 1938. 5.29, 9.3.

대한 적대감과 견제심리를 이승만 및 기호세력과 공유했던 윤치영은 안창호가 '애국가' 가사를 지었다고 생각하고 싶지 않았을 것이다. 그리하여 '불변가'를 지었다고 알려진 최병헌이 '애국가' 가사를 지었다는 심증을 가지고 있다가 김연갑으로부터 '애국가' 작사자에 대한 연구와 논의 상황을 자세히 듣고서 안창호 작사설과 윤치호 작사설 가운데 윤치호 작사설을 내세우는 김연갑의 주장에 동의하고 지지를 표시했을 것이다. 만일 윤치영이 최병헌의 '불변가'가 '애국가' 가사와 같다는 것을 문헌으로 확인하여 알고 있었다면 결코 김연갑의 주장에 동의하지 않았을 것이다.

최병헌이 '애국가'를 지었다는 윤치영의 주장은 신빙성이 없다. 최병헌은 학문적 깊이와 문장력을 가진 학자였으나 그의 심정과 행보는 '애국가'의 정서와는 거리가 멀었다. 안창호가 민중과 함께 '애국가'를 열렬히 불렀던 1908년 2월 6일에서 3월 10일까지 그는 의병들을 회유하는 선유(宣諭)활동을 벌였고 "백성들의 미개함이여!" 하면서 민중을 낮추어 보았다.[30] 1909년부터는 정치적 발언을 삼갔고 1910년 한일합병 이후에는 친일의 길로 들어섰다. 1913년 이후에는 심령천국만을 강조하고 1919년에는 3·1운동에 반대했다. 최병헌이 '애국가'를 작사했다는 가족들의 주장도 모호하다. 그가 지은 '불변가'가 '애국가'의 원형이라고도 하고 '애국가'가 틀림없다고도 한다. 그 '불변가'를 집에서 부르고 가까운 지인들에게 나누어 주었다는데 '불변가'는 남아 있지도 않다.[31] 최병헌이 '애국가'를 지었다는 주장은 가족들의 불확실한 기억에 의존할 뿐 아무런 문헌적 증거도 다른 증언들도 없다. '불변가'가

---

30) 최병헌 『충청남도 선유문안』(忠淸南道宣諭文案) (13). 「기독교사상」 2018년 10월호. 대한기독교서회. 73~4쪽.

31) 조헌정, "동양의 하늘과 서양의 하늘은 같다", 조선교회의 뿌리를 찾아서(2). 『에큐메니안』 2018.7.11. (www.ecumenian.com/news/article)

현행 '애국가'였다면 당시의 상황에서 숨겨지기 어려웠을 것이다.

윤치영이 나중에 김연갑을 만나서 자신의 증언내용을 번복하고 윤치호가 '애국가'를 작사했다고 말했다지만 그가 '애국가' 윤치호 작사설에 대한 확신을 가졌다고는 생각할 수 없다. 그는 확증 없이 최병헌 작사설을 주장했다가, 확신 없이 윤치호 작사설에 동조한 것으로 여겨진다. 1955년 문교부와 국사편찬위원회가 '애국가' 작사자 조사활동'을 벌일 때 이승만의 최측근이며 이병도의 매제였던 윤치영은 이미 '안창호 설'을 배제하고 '윤치호 설'과 '최병헌 설'을 내세우는 작업에 깊이 개입했었다. 그는 처음부터 윤치호가 '애국가' 가사를 짓지 않았다는 심증을 가지고 있었으므로 최병헌 설을 내세웠던 것이다. '애국가' 작사자에 대한 논의가 안창호와 윤치호 가운데 어느 한쪽을 선택하는 형편에 있음을 김연갑에게서 들은 윤치영은 윤치호 설을 내세우는 김연갑의 주장에 소극적으로 동의했을 것으로 생각된다. 그는 이미 누구보다 윤치호 설과 최병헌 설을 잘 알고 있었고 개인적으로는 최병헌 설을 지지했다고 판단된다. 그러므로 1984년에 그는 김병섭에게 최병헌 설을 주장했던 것이다. 최병헌 설에 대한 실증적 증거나 확신이 없었던 윤치영은 김연갑을 만나서는 윤치호 설에 동조했던 것으로 보인다. '애국가' 작사자에 대한 윤치영의 이러한 엇갈리고 상반된 주장에서 주목할 것은 윤치호가 '애국가'의 후렴만을 지었다는 생각을 윤치영이 오랫동안 진지하게 가지고 있었다는 사실이다. 김동원과 윤치영의 증언에서 공통적인 것은 윤치호가 '애국가'의 후렴구만을 지었다는 것이다.

윤치호가 '애국가'의 후렴만을 지었다는 증언과 문헌자료는 다른 데서도 확인된다. 강릉 동진(東進) 학교에서 사용된 노래집(이기재 소장)은 1915년에 필사된 것으로 알려졌는데 이 노래집에는 현행 '애국가'가 "이상준 작 윤치오(윤치호 인용자) 후렴 작"으로 수록되어 있다. 〈조선일보〉에 따르면 " … 이씨(이돈의)는 전에 윤치오(윤치호)를 만난 일이 있는데, 그때 윤치오(호)는 '애국가'는 이상준 씨가 지었다고 답변하였다고 증언"(〈조선일보〉 1955. 6.21.)하였다. 이상준은 대성학교 음악교사로서 안창호와 가까운 사이였다.[32] 이 노래집의 기록과 〈조선일보〉의 증언도 윤치호가 '애국가'의 후렴만을 지었다는 사실을 확인해 준다.

그러나 이상준이 '애국가'를 지었다는 기록과 증언은 받아들이기 어렵다. 강릉 동진학교의 노래집에 이상준이 '애국가'의 작사자로 나온 것은 어떻게 이해해야 할까? 같은 자료를 인용하면서 김연갑은 "이상준 작 윤치호 후렴 작"을 "이상준 작곡 · 윤치호 작"으로 제시했다.[33] 그러나 1935년에 안익태가 '애국가'를 작곡할 때까지 '애국가'는 '올드랭 사인' 곡조로 불렀다. 이상준이 '애국가'를 작곡했다는 김연갑의 언급은 명백하게 잘못된 것이다. 대성학교가 폐교된 후에 '애국가'의 후렴은 윤치호가 지은 것을 알 수 있었지만 '애국가'의 작사자는 알 수 없었던 사람이 '애국가'를 열심히 부르고 보급했던 대성학교의 음악교사 이상준이 '애국가' 가사를 지었을 것으로 추정하고 그를 '애국가' 작사자로 기록했을 것으로 생각된다. 이렇게 추정한 사람은 안창호가 '애국가' 작사자였다면 당연히 안창호가 '애국가' 작사자로 알려졌을 터인데 그렇지 않은 것으로 미루어보아서 안창호는 '애국가' 작사자가 아니라고 생각하고 대성학교 음악교사인 이상준을 '애국가' 작사자로 생각하게 되었을 것이다. 그러나 '애국가'는 대성학교 설립 전에 지어진 것이므로 이상준이 대성학교 음악교사였다는 사실이

---

32) 이명화, "愛國歌 형성에 관한 연구", 『실학사상연구』 10/11권 무악실학회 1999. 653쪽과 각주 24 참조. 이상준은 안창호의 '거국가'에 곡을 붙여서 1910년 5월 12일자 〈대한매일신보〉에 발표하였다.

33) 金煉甲 著 『愛國歌 作詞者 研究』 集文堂 1998. 47쪽.

그가 '애국가' 작사자라는 근거가 될 수 없다.

이상준이 '애국가'를 지었다는 윤치호의 증언은 사실 여부를 더 이상 확인할 수 없다. 윤치호가 '애국가' 작사자는 이상준이라고 말했다는 이돈의 씨의 전언이 사실이라고 해도 그것은 안창호가 '애국가' 작사자임을 밝힐 수 없었던 윤치호가 대성학교 음악교사인 이상준을 내세웠거나 이상준이 '애국가' 작사자라는 주장을 승인해 준 것에 지나지 않을 것이다. 이상준이 '애국가' 작사자라는 주장은 다른 어떤 증언이나 문헌적 근거를 가지고 있지 않다. 이상준이 대성학교 음악교사였다는 사실에서 그가 '애국가' 작사자라는 잘못된 추정이 나온 것으로 보인다. "이상준이 애국가 작사자냐?"란 물음에 윤치호가 긍정으로 답했다는 사실은 윤치호가 '애국가'의 진실을 밝힌 것이 아니라 '애국가' 작사자의 진실에 대해서 그가 굳게 침묵했다는 사실을 증명해준다. 그리고 윤치호의 입으로 이상준이 '애국가' 작사자라고 말했거나 승인했고, 이것을 진지하게 받아들인다면 이것은 윤치호 자신이 자기가 '애국가' 작사자가 아님을 밝힌 것이 된다. 이상준이 '애국가'를 지었다는 주장은 받아들이기 어렵지만 윤치호가 '애국가'의 후렴만을 지었다는 생각이 여기서도 전제되고 있다. 윤치호가 '애국가'의 후렴만을 지었다는 것은 '애국가' 작사자의 역사적 진실을 드러내는 중요한 단서라고 생각된다.

안창호가 가장 신뢰하고 사랑한 안태국이 전해준 '애국가' 작사자의 진실

주요한이 쓴 『안도산전서』에도 이것을 뒷받침하는 이야기가 나온다. 대성학교 교원이었던 안태국은 안창호가 가장 사랑하고 신뢰했던 동지였다. 그가 그의 사위 홍재형에게 전해 준 이야기도 윤치호가 후렴구만을 지었다는 사실을 확인해준다는 점에서 김동원과 윤치영의 주장과 같다. 그 사연을 길게 인용해 본다.

안태국의 사위인 홍재형이 장인에게 전해들은 대로 기억하는 바에 의하면 다음과 같다. 본래 '애국가' 가사의 첫 절이, "성자신손 오백년은 우리 황실이요, 산고수려 동반도는 우리 조국일세"라고 되어 있었는데, 대성학교 대리교장으로 있는 도산이 서울서 내려온 교장 윤치호를 보고, "이 가사가 적당하지 아니하므로, 고쳐서 부름이 좋겠으니, 교장께서 새로이 한 절을 지어 보시라"고 청하였다. 윤교장은 "미쳐 좋은 생각이 아니 나니, 도산이 생각한 바가 있는가?" 하매, 도산이 책상 서랍에서 미리 써 놓았던 것을 꺼내어 보인 것이, "동해물과 백두산이 마르고 닳도록 하나님이 보우하사 우리나라 만세"라는 첫 절이었다. 윤치호는 즉석에서 그것이 매우 잘 되었다고 찬성하였고 도산은 "그러면 이것을 윤교장이 지은 것으로 발표합시다"고 하여 그 뒤부터 대성학교에서 새 가사로 부르게 되고, 나중에 전국적으로 퍼져 나갔다.[34]

윤치호가 지은 '무궁화가' "성자신손 오백년은~"을 고쳐서 안창호가 현행 '애국가' "동해물과 백두산이~"를 지었다는 안태국의 증언은 무게가 있다고 생각한다. 그는 안창호가 가장 신뢰하고 사랑했던 동지였다. 1920년에 안태국이 갑자기 죽었을 때 안창호가 했던 추도사는 안태국이 어떤 사람이었는지 알려준다. "명예 · 지위 · 권력 이 모든 것에 조금도 거리낌없이 오직 성충을 다하여 20년을 종시 여일하게 위국 분투하시는 안선생의 성격과 열성은 내 입으로 다 말할 수 없소. 나 보는 한인 중에는 진실로

34) 주요한 편저『安島山全書』(서울: 흥사단, 2015 증보) 120~121쪽.

유일한 애국자요, 선생의 옥중 생활과 적의 악형이 선생의 그 좋던 얼굴과 체격을 손하게 하고 이제 또 돌아가시게까지 한 것이오. … (도산은 목이 메어 말을 끝맺지 못하였다.)" 그 다음 해 추도회 때 안창호는 말하였다. "누가 나더러 묻기를, 네가 믿는 사람 중에 가장 믿던 이와, 네가 사랑하던 이 중에 가장 사랑하던 이가 누구인가 하면 나는 안태국 선생이라 하겠나이다 ... 남아 있는 우리들은 선생과 같이 변함이 없고 간사함이 없는 애국자의 생활을 끝까지 지어 나가기를 바라나이다."[35] 안태국과 같은 진실한 사람에게서 안창호가 '애국가' 작사자라는 증언이 나왔다는 것은 매우 뜻 깊은 일이다.

안태국은 기억력이 비상한 사람이었다. 그는 일제가 신민회의 뿌리를 뽑기 위해 날조한 105인사건의 공소사실이 허위임을 법정에서 밝혀낸 사람이다. 일제는 신민회원들 60명이 1910년 12월 27~8일에 평안북도 선천역에서 일본 총독을 암살하려 했다고 날조하였다. 이에 대해서 안태국은 세 가지 반박증거를 제시하였다. 첫째, 같은 해 12월 26일에 만기 출소하는 유동열을 환영하기 위해 양기탁, 이승훈 등과 함께 서울 명월관에서 식사하고 요리값 27원의 영수증을 받았다. 둘째, 이튿날 이승훈이 평양으로 내려가므로 평양에 사는 윤성운에게 이승훈을 마중 나가라고 전보를 쳤다. 셋째, 정주에서 27일 아침 6시에 60명이 기차를 타고 선천으로 갔다 하니 그만한 인원이 기차를 탔는가 철도국 서기를 불러 기차표를 조사해라. 안태국이 주장한대로 증거가 확보되고 공소사실이 허구임이 밝혀졌다.[36] 안태국의 기억력은 매우 명석했고 재판장과 맞서는 안태국의 언행에서 드러난 기개와 기상이 하

35) 주요한 편저 『安島山全書』 (서울: 흥사단, 2015 증보) 276~7쪽.
36) 주요한 편저 『安島山全書』 (서울: 흥사단, 2015 증보) 210쪽.

늘을 찔렀다.

홍재형이 전해준 안태국의 이야기는 다소 복잡하고 문제가 있으나 그 내용은 기본적으로 김동원이나 윤치영의 증언과 일치한다. 홍재형이 전해 준 이야기의 상황이 대성학교에서 일어난 것으로 설정된 것은 논란의 여지가 있다. '애국가'가 지어진 것은 1907년이고 '애국가'가 수록된 찬미가가 발행된 것은 1908년 6월이며 대성학교가 설립된 것은 1908년 9월이므로 시기가 맞지 않다. 홍재형의 전언이 시기와 상황설정에 문제가 있기는 하지만 그 내용은 김동원과 윤치영의 주장과 일치하므로 진실을 담고 있다고 생각된다. 증언이나 전언 과정에서 시기와 상황설정은 윤색되거나 변경될 수 있다. 인간의 기억은 불확실하여 얼마든지 착오를 일으키거나 변경·수정될 수 있다. 신약의 복음서들이나 구약5경과 같은 성경 문서들의 전승과정에서도 이런 윤색과 변경은 자주 일어나는 일이다. 구약5경의 경우에는 수백 년 동안 기억과 암기에 의한 구전(口傳) 과정을 거쳐서 마지막에 문서화되었고 신약 복음서들의 경우에도 수십 년 구전 과정을 거쳐서 문서로 만들어진 것이다. 문서로 만들어지는 과정에서도 편집, 수정의 과정을 거치는데 그 과정에서 내용과 상황이 수정, 변경되고 첨가, 삭제되는 일이 얼마든지 일어난다. 따라서 증언과 전언들은 상황과 필요에 따라 내용이 편집, 수정되기도 하고 내용을 중심으로 상황과 맥락이 변경되거나 새롭게 설정되기도 한다. 그렇다고 해서 문서의 내용들이 모두 왜곡되거나 날조되었다고 보지는 않는다. 오히려 문헌의 양식과 전승·편집과정을 합리적 추정과 비평에 의해 역사적, 문학적으로 연구함으로써 문서의 기본적이고 핵심적인 내용을 참되고 옳은 것으로 확정하게 되는 것이다.

따라서 홍재형이 전한 안태국의 증언은 시기와 상황설정에 문제가 있지만 윤치호의 무궁화 노래 후렴에다 안창호가 "동해물과 백두산이 마르고 닳도록 … ” 하는 가사를 지었다는 핵심 내용은 신빙성 있게 받아들여질 수 있다. 물론 이 이야기를 주요한이나 홍재형이 완전히 지어낸 것이라고 의심할 수도 있다. 그 경우에 안태국의 이야기는 날조된 것이 되겠지만 꼭 그렇게 의심해야 할 근거와 이유가 있는 것은 아니다. 만일 홍재형이 날조했다면 그의 장인을 거짓말쟁이로 만든 것이다. 그가 거짓말을 지어내어 그의 장인의 인격과 평판을 욕되게 하지는 않았을 것이다. 또한 안태국이 거짓말을 지어내지는 않았을 것이다. 안태국은 평양출신으로서 신민회의 핵심인사였으며 대성학교 교원이었다.[37] 그는 안창호와 가장 가까운 인물이었고 신민회의 주요 사업이었던 대성학교와 청년학우회의 사정에 대해서 누구보다 잘 알 수 있는 사람이었다. 안창호가 말했듯이 “변함이 없고 간사함이 없는” 안태국이 ‘없는 이야기’를 지어낼 사람으로는 여겨지지 않는다. 그는 안창호와 윤치호의 관계와 일에 대해서 누구보다 잘 알 수 있는 처지에 있었다. ‘애국가’ 작사에 관한 안태국의 증언에는 진실이 담겨 있다.

안태국의 증언에 대한 합리적 추론

안태국의 증언과 그 증언이 전해지면서 변경되는 과정을 추론해 보자. 안태국은 신민회의 평안남도 책임자로서 안창호의 가까운 동지였고 대성학교 교사였다. 따라서 안창호와 관련된 일에 대해서는 가장 깊이 잘 아는 인물이었다. 그는 안창호와 윤치호가 ‘애국가’에 관해서 이야기하는 현장에 함께 있었거나 나중에 안창호로부터 ‘애국가’ 관련 이야기를 들었을 것이다. 신민회 회

37) 주요한 편저『安島山全書』(서울: 홍사단, 2015 증보) 100쪽.

원들은 거의 독립협회의 청년회원들이었으므로 독립협회와 만민공동회 시절에는 윤치호의 가르침과 지도를 받은 사람들이었다. 따라서 안창호가 윤치호와 의논하고 도움을 구한 것은 당연한 일이었다. 당시 윤치호는 독립전쟁이나 독립투쟁에는 관심이 없었고 다만 국민계몽과 교육에는 관심이 깊었다. 안창호는 윤치호를 신민회의 일원으로 끌어들이지는 않았으나 국민교육운동에는 서로 협력할 수 있다고 생각했을 것이다. 한국에서 나라를 구하기 위한 교육독립운동을 시작하기 전에 1907년 상반기의 어느 시점에 안창호는 윤치호를 만났을 것이다.

국민교육운동을 위해서 새로운 '애국가'가 필요하다고 생각한 안창호는 무궁화 노래를 지었던 윤치호에게 황실찬미가인 무궁화 노래의 가사가 적당하지 않으니 고쳐서 부르자고 제안했을 것이다. 윤치호는 좋은 생각이 있으면 말해보라고 했고, 안창호는 자기가 지어놓은 '애국가' 가사를 제시했고, 윤치호가 좋다고 동의했을 것이다. '애국가' 작사자로 자기 이름을 내세우는 데 곤란을 느꼈던 안창호는 그때까지 '애국가'로서 가장 유명했던 윤치호의 무궁화 노래를 개작한 것이므로 윤치호가 지은 것으로 하자고 제안했을 수 있다. 이에 대해서 윤치호는 특별히 반대하지 않고 양해했을 것으로 보인다. '애국가'와 관련된 안창호와 윤치호의 만남은 대성학교가 세워진 1908년 9월 이전에, 그보다 현행 '애국가'를 수록한 윤치호의 '역술 찬미가'가 발행된 1908년 6월 이전에 그리고 도산이 한국에 도착한 1907년의 2월 20일 이후에 어쩌면 윤치호의 집에서 이루어졌을 것이다. 어쩌면 윤치호의 집에서 이루어졌을 것이다. 아니면 1907년 도산이 한국에 온 지 얼마 지나지 않아서 현행 '애국가'를 지었으나 1908년 9월 대성학교를 세우고 윤치호를 교장으로 모신 다음에 대성학교에서 윤치호를 만나 '애국가'에 관한 의논을 했을 것이다. 안창호와 윤치호의 만남에 안태국이 참여했을 수도 있다.

대성학교 시절에 또는 그보다 더 그럴 듯한 것은 대성학교가 폐쇄된 이후 어느 시기에 안태국은 그의 사위 홍재형에게 '애국가'에 얽힌 이야기를 들려주었을 것이다. 홍재형은 이 이야기를 기억했다가 나중에 다른 사람들에게 전했을 것이다. 인간의 기억은 부정확할 뿐 아니라 수정 변경되기가 쉽다. 뇌 과학자들에 따르면 인간은 컴퓨터처럼 기억을 여러 가지 범주로 분류해서 저장했다가 나중에 그 기억을 끌어내어 사용한다. 이 과정에서 기억은 변경되고 수정되기 쉽다. 홍재형은 '애국가' 관련 이야기를 '대성학교'라는 범주에 저장해 놓았을 가능성이 높다. 안창호, 윤치호, 안태국이 모두 대성학교의 인물이었고, 대성학교에서 '애국가'를 가장 열렬히 불렀기 때문이다. 안창호에 의해서 1909년 8월에 설립된 청년학우회 회장은 윤치호, 총무는 안태국이었으므로 세 사람은 긴밀한 관계에 있었다. 안태국은 누구보다도 안창호와 윤치호의 관계를 깊이 알고 있었을 것이다. 안창호, 윤치호, 안태국이 모두 대성학교와 관련되어 있으므로 홍재형은 '애국가'에 얽힌 이야기를 대성학교와 관련해서 기억했다가 다른 사람에게 전달할 때 대성학교와 관련지어서 전달했을 가능성이 있다. 따라서 '애국가'에 관한 이야기가 본래의 상황과 문맥을 벗어나서 대성학교의 상황과 문맥에서 전해졌다고 생각된다.

안태국의 증언에 대한 새김

안태국의 증언에서 확인할 수 있는 것은 현행 '애국가'는 윤치호의 '무궁화가'를 고친 것이라는 사실이다. 윤치호의 '무궁화가'

가 그때까지 '애국가'로 널리 불러지고 있었으므로[38] '무궁화가'를 고쳐서 새 '애국가'를 만들자는 안창호의 제안과 주장은 윤치호의 작품에 대한 도전과 비판이 될 수 있었다. '무궁화가'는 1910년 이후에도 '애국가'로 사랑받으며 불러졌다. 한국에서 망명한 안창호가 1911년 미국으로 돌아갔을 때 안창호를 환영하는 행사에서도 '무궁화가'를 불렀다.[39] 그러나 황실 찬미가였던 '무궁화가'의 한계는 분명했다. 새로운 민족독립운동을 일으키기 위해서는 국민을 주인과 주체로 깨워 일으키는 새로운 '애국가'가 필요했으므로 안창호는 새로운 '애국가'를 만들었던 것이다.

처음에 안창호는 새 '애국가'의 1~4절을 다 제시하지 않고 1절만을 제시한 것으로 보인다. 새 '애국가'의 가사를 윤치호에게 제시하는 일이 안창호에게는 조심스러운 일이었을 것이다. 안창호가 '애국가' 1절만을 제시했다면 '무궁화가'의 후렴을 그대로 쓰는 새로운 '애국가'를 안창호의 작품이라고만 할 수도 없었다. 이처럼 '무궁화가'가 '애국가'로서 존중되고 있는 상황에서 '무궁화가'의 후렴과 안창호의 새로운 1절이 결합하여 새로 태어난 '애국가'는 윤치호와 안창호가 공동으로 저작한 것이라고 할 수 있었다. 당시에는 오늘처럼 저작권 문제를 심각하게 생각하지 않을 때였다. 안창호는 기호세력의 견제를 받지 않고 새 '애국가'를 널리 보급하기 위해서 자신이 '애국가' 작사자임을 밝히지 않으려고 했었다. 그리고 새로운 '애국가'가 윤치호의 '무궁화가'를 고친 것이므로 기꺼이 그리고 자연스럽게 윤치호를 '애국가'의 작사자로 내세울 수 있었던 것이다. 이제까지 '애국가'('무궁화가')의 작사자로

38) 이명화, "愛國歌 형성에 관한 연구", 『실학사상연구』 10/11권 무악실학회 1999. 646쪽 이하 참조.

39) 안용환 『독립과 건국을 이룩한 안창호 '애국가' 작사』 청미디어 2016. 80쪽.

윤치호가 널리 알려져 있었으므로 안창호는 윤치호가 새 '애국가'를 지은 것으로 하자는 제안을 자연스럽게 할 수 있었을 것이다.

그러나 윤치호도 정직과 진실을 앞세운 인물이었다. 자신을 새 '애국가'의 작사자로 하자는 안창호의 의도와 취지를 충분히 이해했지만 윤치호가 자신이 새 '애국가'를 지었다고 주장하는 것은 정직과 신의의 원칙에 어긋나는 일이었다. 따라서 안창호도 윤치호도 자연스럽게 '애국가' 작사자에 대해서 오랜 세월 침묵을 지켰다. 윤치호가 '애국가' 작사자에 대한 비밀을 오랜 세월 지킨 것은 안창호에 대한 그의 사랑과 신의의 표시였다고 생각한다. 해방 후에 윤치호가 자신이 '애국가' 작사자라고 말했다는 주장과 증언들이 여러 가지로 나왔지만 그 주장과 증언들을 자세히 살펴보면 윤치호가 자기가 '애국가' 작사자라고 명확하게 주장한 적은 한 번도 없었다. 윤치호는 "내가 '애국가'를 지었다고 말하지 마시오. 내가 '애국가'를 지었다고 말하면 … "이라거나, 그의 '역술 찬미가'에 자기 이름을 써 보냈을 뿐이다. 그는 매우 모호하게 에둘러서 자신이 '애국가' 작사자와 관련이 있음을 간접적으로 언급했을 뿐이다. 해방 후 친일파를 정죄하고 처단하려는 절박하고 특수한 상황에서 그가 딸에게 현행 '애국가' 가사를 써 줄 때 임시정부 시절에 도산이 수정한 표현 '충성을 다하여' 그대로 쓰고 '일구영칠년 윤치호 작'(一九0七年 尹致昊 作)이라고 표기한 것도 자기가 '애국가' 작사자라는 것을 확실하게 증명하려는 것보다 자기가 '애국가'와 '애국가' 작사자와 깊은 관계가 있음을 말하려고 했던 것으로 여겨진다. 왜 이렇게 윤치호는 '애국가' 작사자에 대해서 모호하게 이야기했을까? 만일 윤치호가 자신이 '애국가'를 지었다고 명확하게 말한다면 거짓말을 한 것이 된다. 그러나 자기가 '애국가'를 짓지 않았다고 딱 잘라서 말해도 '애국가'의 후렴을 자기가 지었을 뿐 아니라 '무궁화가'를 개작하여 '애국가'가 나왔다는 진실에 어긋나게 된다. 그렇다고 안창호가 1~4절을 새로 지었다는 것을 사실대로 말하면 안창호와 서로 다짐한 약속과 신의에 어긋나게 된다. 그래서 윤치호는 '애국가' 작사에 대해서 모호하게 말할 수밖에 없었다. 윤치호가 이런 자세로 일관했기 때문에 윤치호의 곁에서 그와 가까이 지냈던 그의 사촌 동생 윤치영도 윤치호가 '애국가'의 후렴만을 지었다는 심증과 확신을 갖게 되었다고 생각된다.

새로운 연구방법의 요청: 역사사회·심리철학·인문학적 연구

1955년에 이승만 및 친일파 학자들과 국사편찬위원회가 안창호 설을 배척하고 최병헌, 윤치호 설로 몰아갔다는 사실을 밝혀낸 다음에 '애국가'가 작사되던 시기의 상황으로 돌아가서 '애국가' 작사자를 모르게 된 사회 역사적 상황을 살펴보고 윤치호와 안창호의 사회 역사적 처지를 따져보았다. 또한 '애국가' 작사자를 증명하기 위해 제시되는 2~3차 문헌자료들을 문헌 비판적으로 평가하고 증언과 전언을 종합적이고 입체적으로 봄으로써 '애국가' 작사자의 진실에 다가갔다고 생각한다. 이정도만으로도 안창호가 '애국가' 작사자라는 진실을 어느 정도 이미 드러냈다고 생각한다.

그러나 증언과 문헌자료에 관한 이런 연구와 접근만으로는 '애국가' 작사자에 대한 확실한 결론에 이를 수 없다. 1955년 국사편찬위원회의 '애국가' 작사자 규명활동 이후 지금까지 '애국가' 작사자에 대한 증언이나 간접적이거나 의심스러운 문헌증거를 가지고는 '애국가' 작사자가 누구인지를 확정하는 결론에 이르지 못하였다. 안창호가 작사했다는 증언과 전문들도 확실한 결정능력을 갖지 못하고 윤치호가 작사했다는 문헌자료들도 확고한 증거능력을 갖지 못했다.

'애국가' 작사와 관련해서 안창호와 윤치호 사이에는 모호함과 의혹, 이중적 엇갈림과 혼란의 어둠이 짙게 깔려 있다. 이런 의혹과 혼란을 밝히고 해명하지 못하는 문헌적 자료들은 오히려 '애국가' 작사자에 관한 진실을 호도하고 왜곡할 수 있다. 2차적이고 간접적인 문헌자료들은 '애국가' 작사자에 얽힌 엇갈림과 혼란에 근거해서 생겨난 것일 수 있기 때문이다. 이런 문헌자료들은 '애국가' 작사자의 엇갈림과 혼란을 반영하는 것일 뿐이며 그 진상을 드러내지 못한다.

'애국가' 작사자에 대한 증언과 문헌자료를 제쳐두고 '애국가' 작사자의 진실을 밝힐 수 있는 보다 새롭고 진전된 연구방법은 없는 것일까? 나는 역사 · 사회 · 철학 · 인문학적 연구가 '애국가' 작사자에 관한 의혹과 혼란의 어둠을 밝히는 중요한 연구방법이 될 수 있다고 생각한다.

첫째, 역사 · 사회적 연구는 '애국가'가 만들어지고 불러지고 보급되었던 역사와 사회의 통시적(通時的)이고 공시적(共時的)인, 전체적이고 심층적인 종합적 관점에서 '애국가' 작사와 작사자를 연구함으로써 '애국가' 작사자가 누구인지를 밝혀내는 것이다. '애국가'가 만들어지고 불러졌던 그 시대와 사회 속으로 깊이 들어가서 안창호와 윤치호 그리고 '애국가'의 관계를 심층적이고 전체적으로 파악하면 '애국가' 작사자를 확정하는데 큰 도움이 될 것이다.

둘째, 철학적 연구는 정신과 신념의 정체성과 일관성, 통일성을 밝히는 것이다. '애국가'에 나타난 정신과 사상의 정체성과 일관성을 연구하고, 안창호와 윤치호의 정신과 신념의 정체성과 일관성을 비교 연구하면 누가 '애국가'의 작사자인지 밝혀질 것이다. 안창호와 윤치호처럼 애국독립운동가와 친일협력자로서 그 시대를 정형적으로 대표하는 인물들은 정신과 신념의 정체성과 일관성을 확연하게 드러낸다. 이들의 서로 다른 심리·사상적 성격과 지향을 '애국가'의 정신과 사상에 비추어보면 누가 '애국가'의 작사자인지 알 수 있을 것이다.

셋째, 인문학적 연구는 사람(人)과 글(文)을 함께 연구하는 것이다. 인문(人文)이란 사람과 글이 일치함을 뜻한다. 글은 사람이 짓는 것이므로 글 속에 사람이 반영되고 또 사람 속에 글이 반영된다. 어떤 사람이 지은 글에는 그 사람의 정신과 사상뿐 아니라 문학적 표현과 문체, 시상(詩想)과 내용의 특징이 반영되기 마련이다. 윤치호가 지은 노래들과 시들을 현행 '애국가'와 비교해보고, 안창호가 지은 노래들을 '애국가'와 비교해보면 누가 '애국가' 작사자인지 판단하는데 도움이 될 것이다.

이제 '애국가' 가사의 기본 정서와 뜻에 비추어 안창호와 윤치호를 역사·사회, 심리철학, 인문학의 세 차원에서 비교 연구함으로써 '애국가' 작사자를 밝혀내려고 한다. 첫째, 1905년 을사늑약이 이루어지고 1910년 한일합병이 일어날 때까지 안창호와 윤치호는 민족의 독립에 대하여, 일제의 침략에 대하여 그리고 민중에 대하여 어떤 심정과 지향을 가지고 살았는지 살펴보려고 한다. 그리고 누가 '애국가'의 정신과 신념을 삶과 정신 속에서 말과 행동으로 실천해갔는지를 살핌으로써 누가 '애국가'의 주인인지를 드러내려 한다. 둘째, 안창호와 윤치호의 신념과 가치, 심리와 사유의 철학적 구조와 지향을 비교 연구함으로써 누가 '애국가'의 신념과 지향에 일치하는지를 밝히려 한다. 셋째, 윤치호와 안창호가 지은 노래들을 현행 '애국가'와 인문학적으로 비교 분석함으로써 누가 '애국가'의 작사자인지를 밝히려고 한다. 특히 윤치호가 지은 '무궁화가'와 현행 '애국가'의 정서와 신념, 지향과 언어를 분석함으로써 '애국가' 작사자의 진실에 다가가려고 한다.

3장

역사의 상황에 비추어 본 '애국가' 작사자의 진실

현행 '애국가'는 을사늑약이 이루어지고 한일합병이 일어날 때까지 나라의 독립을 잃고 식민지가 되는 절박하고 절실한 상황에서 간절하고 절실한 필요와 요청으로 만들어진 것이고 절절하고 사무친 심정과 염원을 가지고 불렀던 노래다. 이런 시대상황에서 만들어진 '애국가'는 그 당시의 시대 사회적 상황과 긴밀히 결합되어 있다. 그 당시에 나라의 독립을 잃는 것에 대해서 그리고 일제의 침략과 지배에 대해서 안창호와 윤치호가 어떤 심정과 태도를 가졌는지 살펴보면 '애국가' 작사자가 누구인지 알 수 있을 것이다.

1. 1907~1910년의 시대 상황에 비추어 본 '애국가'와 작사자의 정신과 의지

나라를 잃은 절박한 시대상황에서 생겨난 '애국가'의 정신과 과제

현행 '애국가'가 만들어진 1907년은 을사늑약과 한일합병 중간 시점이었다. 이 시기에 한국은 망하고 일제의 식민지가 되도록 결정된 것으로 보였다. 1906년 2월에는 일제의 통감부가 설치되어서 실질적으로 한국을 통치하였다. 한국의 경제는 일본에 더욱 예속되어 갔고 친일 대신들은 고종 황제보다 일제의 통감부에 충성하고 협력하였다. 청일전쟁과 러일전쟁에서 승리한 일제가 한국을 정복하고 지배하는 것을 저지할 세력은 국제적으로나 국내적으로 없었다. 4천년 동안 역사와 문화를 이어온 한국민족은 바람 앞의 등불처럼 위태로운 처지에 있었다.

한국의 독립을 지킬 수 있는 한 가지 남은 길은 한국민족이 깨어 일어나서 한 맘으로 단합하여 일제의 침략에 맞서는 것밖에 없었다. 이런 절박한 상황에서 한국민족의 애국심을 깨워 일으키고 한국민족을 단합시키기 위해서 '애국가'가 만들어졌으며[1], 한국 민족은 이 '애국가'를 간절하고 사무치게 불렀다. 약소한 한국민족이 강대한 일제의 침략에 맞서려면 어떠한 현실적 상황과 조건에도 흔들리지 않는 강인한 신념과 초월적 의지가 필요했다. 현행 '애국가'는 이런 절박하고 절실한 필요와 요청으로 생겨난 것이다. '애국가' 가사에는 현실적으로 불리한 조건과 나쁜 상황을 견디고 이겨내는 초월적 신념과 의지가 담겨 있어야 했다. 실제로 현행 '애국가'에는 이런 내용들이 절절하고 확고하게 담겨 있다. '무궁화가'에서 가져온 후렴 "무궁화 삼천리 화려강산 대한사람 대한으로 길이 보전하세"는 이런 초월적 신념과 강인한 의지를 담고 있지 않다. 후렴은 나라 땅과 한국민족에 대한 긍지를 갖게 하는 서사적이고 문학적인 아름다운 표현이지만 절박하고 초월적인 신념과 의지를 드러내지 않는다. 그러나 1~4절의 가사는 내용과 분위기가 전혀 다르다. 1절, "동해물과 백두산이 마르고 닳도록 … 우리나라 만세"는 외적 조건과 객관적 상황을 초월하여 나라의 독립을 지키려는 간절하고 사무친 심정과 의지를 표현한다. "동해물과 백두산이 마르고 닳도록"은 현실의 상황과 조건을 초월한 간절하고 사무친 심정과 강인한 의지를 이를 데 없이 절절하고 절박하게 나타낸다. 2절, "남산 위에 저 소나무 철갑을 두른 듯 바람 이슬 불변함은 우리 기상일세"도 바람, 이슬과 같은 환경의 변화와 작용에도 변함없는 확고한 의지와 강인한 정신을 노래한다. 3절, "가을하늘 공활한데 구름 없이 높고, 밝은 달은 우

1) 1930년 10월경 샌프란시스코에서 황사성 목사는 안창호가 "대한 민족의 단결을 촉구하기" 위해서 '애국가'를 작사했다고 안익태에게 말하였다. 김경래『안익태 그 영광과 슬픔』 개정판 안익태기념재단 2006. 68쪽.

리 가슴 일편단심일세"에서는 땅의 물질적 현실과 조건을 초월한 높고 깨끗한 가을하늘, 밝은 달과 '우리 가슴 일편단심'을 일치시킴으로써 나라를 지키려는 초월적이고 흔들림 없는 고결한 심정과 높은 뜻을 강조하였다. 4절, "이 기상과 이 맘으로 임군을 섬기며 괴로우나 즐거우나 나라 사랑하세."는 역시 현실적 형편과 조건의 좋고 나쁨에 좌우되지 않는 한결같은 심정과 자세로 나라를 사랑하고 지키자는 주장을 담고 있다.

이처럼 절박하고 간절한 '애국가' 가사를 생각하면 '애국가'가 작사자 한 사람의 감정을 달래고 표현하기 위해 지은 노래가 아닌 것은 분명하다. 한국민족이 함께 부르고 온 겨레가 한 맘이 되어서 나라를 사랑하고 지키도록 이끌려는 뚜렷한 의도와 목적을 가지고 이 노래는 만들어졌다. 실제로 이 노래는 만들어지고 부르기 시작한 이래 한국민족의 가슴속에 깊이 스며들었고 한국독립운동의 중심과 선봉에서 한국민족을 이끌었다. '애국가'는 나라 잃은 한민족의 슬픈 가슴을 깊이 사로잡았다. 1907년 YMCA의 한 모임을 정탐하고 기록한 통감부의 비밀 문건은 '애국가'에 대한 한 조선인의 고백을 이렇게 기록하고 있다. "애국가, 이 창가는 비애(悲哀)다. 그 뜻은 우리나라 삼천리강토와 5백년 종사를 천주(天主)에 빌어 독립을 빨리 회복해 주십사고 노래하는 것으로서 듣기에도 눈물이 나도록…(중략)…기도하고 폐회하였다."[2)]

'애국가'에 담긴 절절하고 절박하며 간절하고 사무친 감정과 신념을 지닌 사람이 아니면 결코 이런 시기에 이런 '애국가'를 지으려 하지도 않았고 지을 수도 없었을 것이다. '애국가'는 한국 민중을 독립운동의 중심과 주체로 일으켜 세우려는 노래이므로 한국

2) 「기밀서류철갑 사법계 수록 청년회 상황보고」(통감부) 金煉甲 著『愛國歌 作詞者 硏究』集文堂 1998. 169쪽.

민족과 민중에 대한 깊은 신뢰와 사랑을 전제한다. '애국가'가 전제한 한국 민중은 동해물과 백두산이 마르고 닳도록 나라를 사랑하는 사람들이고 바람과 이슬에도 변함없는 소나무 같은 높은 절개와 기상을 가진 사람들이며, 높고 깨끗한 가을 하늘과 밝은 달 같은 신념과 의지를 가진 이들이고 괴로우나 즐거우나 한결같은 맘으로 나라를 사랑하는 이들이다. 이 노래를 지은 사람은 한국 민중에 대한 깊은 신뢰와 사랑과 존경을 가진 사람임이 틀림없다. 이 노래를 지은 사람은 어떤 어려운 현실과 조건이라도 굴복하지 않고 뚫고 나아가는 높은 기개와 강인한 의지를 가진 사람임이 분명하다.

이러한 '애국가'의 정신과 신념, 정서와 지향을 기준으로 안창호와 윤치호가 어떤 신념과 지향을 가지고 그 시기를 살았는지 살펴보면 둘 중에 누가 '애국가' 작사자인지 쉽게 알 수 있을 것이다. '애국가'를 지은 1907년 전후의 시기에 한민족(민중)과 일제의 침략에 대해 안창호와 윤치호가 보여준 상반된 입장과 태도를 따져보면 누가 '애국가' 작사자인지 확연히 드러날 것이다.

일제의 침략과 한국민족에 대한 윤치호의 생각과 행동

당대 한국 최고의 부자 집안에 태어났으며 높은 관리를 지냈고 일본과 미국에서 오래 유학한 윤치호는 '애국가'가 만들어졌던 1907년경 최고 지식인 명망가였으며 지배 엘리트였다. 그는 기억력이 비상했고 문학적 감수성과 표현력이 뛰어난 사람이었으나 현실의 힘(돈과 권력)을 중시하고 높이 평가하였다. 그는 가족과 돈을 중시하고 겁이 많은 소시민적 인간이었다. "내게 꼭 필요한 것은 조선에서 사랑하는 내 아버님, 어머님, 아내와 아이들에

둘러싸여 지내는 조용하고 안락한 가정을 갖는 일이다."[3] 당당한 관복을 입고도 그 관복을 지나치게 수치스럽게 여기는 윤치호에게서 깊은 문화적 열등감이 보인다. "나의 초라한 조선인 복장을 보고 각 나라 대표들이 빈정대거나 우습게보지는 않았을 것 아닌가! … 아주 흉측스런 도깨비가 두루마기를 입은 것처럼 어색한 느낌이 들어서였다."[4]

윤치호는 문명부강과 개화를 조국이나 민족보다 중시하였다. 그가 "서구문명의 원리에서 본 조선은 단순히 빈곤하고 약한 나라가 아니라 '명예롭게 생각할 어떠한 가치도 없는' 암흑의 나라이며 더욱이 유교에 얽매어서 문명의 원리에로 회심하기를 굳게 거부하는 반가치의 '덩어리'였다."[5] 더 나아가서 그는 "조선의 근원적 열등성을 깊이 수치스러워하며 경멸과 증오를 품고 나아가 이 불명예의 나라를 조국으로 하여 태어난 자신의 생을 '우환'으로 원망했다."[6] 그는 문명개화에 앞장 선 일본을 찬미하고 부러워했다. "만일 내가 살 곳을 마음대로 선택할 수 있다면 일본이 바로 그 나라일 것이다. … 오 축복받은 일본이여! 동양의 파라다이스여! 세계의 정원이여!"[7]

윤치호는 개화되지 못한 조선의 독립보다는 문명국들에게 예속되어서라도 문명개화를 이루는 것이 낫다고 생각했다. 청일전쟁

---

3) 1896년 10월 1일의 윤치호 일기. Yun, Chi-ho, Yun Chi-ho's Diary, 국사편찬위원회 1971~1989.[이하 『윤치호 일기』로 표기]. 윤경남 역술, 『민영환과 윤치호 러시아에 가다』 신앙과 지성사 2014. 262쪽. 윤치호의 가문과 어린 시절에 대해서는 유영렬, 『개화기의 윤치호 연구』 (서울: 한길사, 1985) 15쪽 이하 그리고 부유한 집안에 대해서는 윤경로, 『105인사건과 신민회 운동』 일지사 1990. 93쪽 참조.

4) 『윤치호 일기』 1896. 5.24.

5) 양현혜 『윤치호와 김교신』 한울, 1994. 41쪽. 『윤치호 일기』 1890.2.7., 1902.12.31.

6) 양현혜 『윤치호와 김교신』 한울, 1994. 42쪽. 『윤치호 일기』 1890.5.4., 1891.2.2., 1892.3.5., 1892.9.13.

7) 『윤치호 일기』 1893. 11.1.

에 즈음하여 이렇게 썼다. "나는 조선에 대한 청국의 극악무도함을 너무도 증오하므로 다른 나라의 지배는 나에게는 비교적 견딜 만 하다."[8] 상해유학시기까지는 국왕과 개화엘리트의 제휴에 의한 정치개혁에 역점을 두었다.[9] 러일전쟁(1905) 후에 윤치호는 민족역사 비관론에 의한 민족패배주의에 바탕을 두고 문명국 지배하의 개혁을 생각했다. 왕조, 정부대신, 민중의 개혁의지와 능력을 부인함으로써 현실을 비관적으로 인식했으며 가까운 장래에는 독립과 선정(善政)을 기대할 수 없다고 하여 미래를 절망적으로 인식했다. 민족의 과거, 현재, 미래에 대한 윤치호의 총체적 역사비관론은 민족패배주의에 이르렀다. 민족패배주의에 빠진 윤치호는 문명국 지배하의 개혁을 구상하게 했고 결국 일제의 식민통치를 긍정하게 되었던 것으로 보인다.[10] 그러므로 윤치호에게는 조선의 독립을 위해 일제와 맞설 강인한 투쟁의지도 없었고, 푸른 하늘의 높은 기개, 푸른 솔의 굳은 절개도 없었다.

윤치호는 1905년 을사늑약이 체결되자 그것을 운명으로 받아들였다. "그 조약은 … (이하 중략) … 지난 수년 동안에 일어났던 일련의 사건들의 불가피한 결과였다. 나는 한국의 모든 고난을 만든 운명의 여신(the Author and Finisher) 외에 아무도 비난하지 않는다."[11] 그는 을사늑약을 과거 사건들의 결과로서 또는 불가항력적인 현실로 받아들였다. 그는 문명국의 부강한 힘에 맞서 싸우는 것을 어리석고 쓸모없는 짓으로 여겼다. 따라서 문명한 강대국의 침략과 지배를 당하는 것은 약소국과 무력한 민중의 죄악이고

8) 『윤치호 일기』 1894. 7.31.
9) 『윤치호 일기』 1890. 5.18.
10) 유영렬 『개화기의 윤치호 연구』 (서울: 한길사, 1985) 231쪽.
11) 『윤치호 일기』 1905. 11.18. 유영렬, 『개화기의 윤치호 연구』 (서울: 한길사, 1985) 160쪽.

책임이라고 여겼다.[12)]

윤치호는 한국 민중을 불신하고 멸시했다. 오랜 세월 중국과 조선 왕조의 지배에 예속되어 종속적 습성을 체화한 민중은 무지하고 게으른 집단이며 공공성이 결여된 존재로서 개혁의 주체가 될 수 없다고 보았다. 민중을 불신하고 무시하는 윤치호의 관점은 독립협회와 만민공동회를 이끌 때에도 변함없이 유지되었다. 만민공동회를 통해서 민중의 개혁적 의지와 힘이 분출할 때도 민중을 불신했을 뿐 아니라 민중의 소란과 폭동으로 정부의 탄압과 분쇄가 초래할 것을 걱정했다.[13)] 따라서 윤치호는 독립협회운동이 실패했을 때나 을사늑약이 이루어졌을 때 무지하고 무능한 민중을 탓하고 민중에게 책임을 돌렸다. 조선의 민중은 "보다 좋은 정부를 가질 자격이 없다"면서 독립협회운동의 좌절을 민중의 어리석음 탓으로 돌리고 윤치호는 4년간 지방관으로 지냈다.[14)] 3·1운동 때 '애국가'를 부르며 독립만세를 외치는 민중을 그는 '알량한 거지들'이라 부르며 독립운동을 하는 민중에 대한 혐오감을 드러냈다. "만세를 외치는 알량한 거지들이 조선에 독립을 가져다 줄 수는 없을 것이다. 설령 독립이 이루어지더라도 무지와 가난에 찌든 대중에겐 독립을 유지해 나갈만한 능력이 없다는 것이 사실이다."[15)]

지배세력에 순응하며 민중을 불신하고 멸시했던 윤치호는 무지하고 무능한 민중을 계몽하고 가르칠 의지는 있었으나 민중과 함께 조선의 독립을 지키고 일제의 침략에 맞서 조선의 독립을 쟁취

12) 『윤치호 일기』 1889. 5.25. 1890. 2.14. 그밖에 1889. 12.23, 1891. 11.27. 1919. 6.1. 1928. 8.10 참조.

13) 『윤치호 일기』 1898. 3.10, 5.1,2.

14) 『윤치호 일기』 1899. 1.7,16,21, 2.2,3,10, 1898. 11.6, 1899. 1,1,24, 2.1,2,10.

15) 『윤치호 일기』 1920.8.14.

할 생각은 하지 못했다. "윤치호는 을사보호조약 이후 자신의 행동강령에서 정치적 독립요구를 삭제하였다."[16] 그가 지은 '무궁화가'와 '한국'(Korea)의 가사는 조선의 신민과 민중에게 임금을 사랑하고 국가에 충성할 것을 가르칠 뿐이다. 그 노래들에서는 민중과 자신을 동일시하고 민중과 함께 공감하고 공명하는 윤치호 자신의 감정과 의지가 조금도 드러나지 않는다. 윤치호는 민중 밖에서 민중을 비판하고 계몽하려 했다. 민중을 깨워 일으켜 나라의 독립을 지키려는 '애국가'의 절실하고 절박하며 사무친 감정과 정서가 윤치호에게는 없었다. 일제의 지배와 정복에 굴복하고 순응했던 윤치호에게는 현실적 조건과 상황을 극복하고 초월하여 나라의 독립을 지키려는 '애국가'의 강인하고 간절한 신념과 의지가 없었다.

일제의 침략과 한국민족에 대한 안창호의 생각과 행동

평안도 가난한 평민의 아들이었던 안창호는 민중의 한 사람으로서 민주정신과 새로운 문명을 주체적으로 배우고 익혔다. 독립협회와 만민공동회에서 대중 연설을 함으로써 안창호는 민중을 주체로 깨워 일으켰고 민중과 하나로 되는 놀라운 체험을 하였다. 서북 독립협회가 평양 쾌재정에서 개최한 관민공동회에서 21세의 안창호는 관리들의 불의와 무능을 고발하고 폭로하는 연설을 통해 높은 기개와 기상을 드러냈으며 민중과 높은 관리가 하나 되어 함께 박수치며 환호하게 만들었다. 또한 서울 종로의 만민공동회에서도 불의한 고관들을 통렬하게 비판하는 연설을

16) 쿤 데 괴스테르, '윤치호의 친일협력에 대한 재평가', 윤경남 편저 『좌옹 윤치호 평전』 173쪽.

통해서 청중의 환호와 열정을 이끌어내었다. 그는 이때 이미 독립 운동을 하려면 목숨을 걸고 해야 한다고 주장하였다. “총칼이 가슴에 들어와도 물러서지 않을 용기가 있어야 … 지금부터 목숨을 내놓을 결심으로 모이자.”[17)]

안창호는 가난한 민중으로 태어나 민중과 더불어 하나가 되어 독립운동을 펼쳐갔다. 그는 한국민족(민중) 속에서 한없는 힘을 발견하고 민중을 믿고 신뢰하며 민중 속으로 들어가 민중과 함께 일어나 서로 주체로서 더불어 사는 민주공화의 세계를 열어갔다. 민중 속에서 민중의 한 사람으로 살아온 안창호는 미국유학을 중단하고 미국의 한인노동자들을 교육하고 조직하여 1905년에 공립협회(共立協會)를 세웠다. 공립협회의 강령은 민중이 서로 ‘보호하고 단합함’에 있었다. 안창호는 민이 서로 보호하고 단합하는 것이 ‘문명부강의 뿌리와 씨’라고 말했다.[18)] 민이 사랑으로 서로 보호하고 단합하는 것이 문명부강의 뿌리와 씨라고 본 안창호는 문명부강을 ‘칼’로 파악한 윤치호와는 전혀 다른 문명관을 가지고 있음을 알 수 있다. 안창호가 민을 문명의 뿌리와 토대로 본 것은 그가 민을 문명과 국가의 중심과 주체로 보았음을 의미한다. 1906년 말에 안창호는 미국에서 몇몇 동지들과 함께 ‘대한신민회 취지서’를 썼다. 이 취지서에는 망해가는 나라를 건지려는 안창호의 절절하고 사무친 심정과 의지가 담겨 있다. “나는 나의 한 몸을 돌아보지 않고 이 나라를 새롭게 하는 것을 목적한다. 나는 내 집안을 돌아보지 않고 우리 인민을 새롭게 하는 것을 책임으로 한다. … 눈물이 막 쏟아지고 몸속의 피가 용약한다. … 잠

17) 주요한 편저『安島山全書』 홍사단 2015. 36~8, 55~6쪽.
18) 안창호, ‘공립협회 1주년 기념 연설’『安島山全書』 581~2쪽.

을 잊고 밥을 먹지 않으며 … 심장을 토하고 피를 말려서 … "[19]
이 글귀는 망해가는 조국의 위태로운 현실을 얼마나 절박하고 사무치게 안창호가 생각했는지 보여준다. 인민을 새롭게 하기 위해서 자신을 희생하고 헌신하겠다는 안창호의 간절한 의지와 신념은 민중에 대한 깊은 신뢰와 사랑에서 비롯된 것이다.

기울어가는 나라를 구하기 위해 자신을 희생하고 헌신할 굳은 결심을 한 안창호는 1907년 2월에 한국에 돌아왔다. 그는 망해가는 나라를 일으켜 세우기 위해서 신민회라는 비밀독립운동조직을 만들고 국민교육운동을 강력히 추진하였다. 나라의 주권을 잃고 일제의 지배를 받게 된 것을 결코 용납할 수 없었던 도산은 일본과 전쟁을 해서 나라의 주권을 다시 찾아야 한다고 보았다. 그는 한국에 돌아와서 청년학생들에게 연설하면서 독립전쟁을 준비하고 선포할 것을 역설하였다.[20] 도산은 자신이 조직한 비밀독립운동단체인 신민회를 통해 구체적으로 개전 준비를 하고 실행하였다. 신민회의 많은 회원들이 만주로 가서 신흥무관학교를 만들면서 독립군을 조직했다.

1907~1910년 사이에 민중을 깨워 일으켜 민족의 단합과 통일을 이룸으로써 민족의 독립을 지키기 위해서 안창호는 혀가 닳고 몸과 맘이 마르고 닳도록 헌신하였다. 그는 이 시기에 전국을 돌아다니며 강연을 하느라고 목이 쉬었고 결국 목에 병이 들었다. "경향 각지에서 계속해 장시간의 연설을 하였으므로 아무리 건전한 성대라도 결국 난치(難治)의 고장이 생겨서 목병이 되고야 말았다. 오동짓달 추운 날에도 잠시라도 말씀하게 되면 전신을 땀으로 목욕하고 눈을 감고 한동안 고민하는 것이 통례였다. 그래

---

19) 안창호, '대한신민회취지서', 『安島山全書』 1068~1070쪽.
20) 안창호, '삼선평 연설', 『安島山全書』 583~5쪽.

서 지우들과 학생들이 목을 쓰시지 말도록 간곡히 권했으나 들으려고 하지 않았다."[21] 안창호는 쾌재정에서 연설을 한 21세 때부터 61세에 죽기까지 어떤 시련과 유혹, 역경과 실패에도 좌절하거나 흔들림 없이 높은 기개와 기상을 보이며 한결 같은 신념과 의지를 가지고 민족의 독립과 통일을 위해 몸과 맘이 마르고 닳도록 희생하고 헌신하였다.

누가 '애국가'의 작사자인가?

윤치호는 미국과 일본 같은 문명국가들을 찬양하고 부러워했으며 문명화되지 못한 한국을 부끄럽게 생각하고 한국민족에 대해서 깊은 열등감을 가지고 있었다. 그는 을사늑약 이후 일본의 지배와 통치를 현실로 받아들였다. 윤치호는 '애국가'가 말하는 높은 기상과 일편단심을 가진 사람이 아니었다. 그는 또한 그러한 높은 기상과 일편단심을 가진 숭고하고 위대한 존재로 한국민중을 생각하지 못했다. 철갑을 두른 소나무처럼 바람서리에도 변함없는 높은 기상이 '우리 기상'이고 가을하늘 밝은 달이 '우리 가슴 일편단심'이라고 한국 민중과 함께 노래할 생각을 윤치호가 간절하게 가지고 있었을 것이라고는 생각되지 않는다. 일제의 지배를 현실적으로 승인하고 받아들였으며 민중을 불신하고 낮추어보았던 윤치호가 이러한 '애국가'를 부르는 것을 반대하지는 않았지만 이런 '애국가'를 지었다고는 결코 생각할 수 없다.

을사늑약 이전부터 그리고 그 이후 죽기까지 한국과 한국민족에 대해서 안창호가 품은 심정과 신념은 '애국가'의 심정과 신념

21) 박현환 편저 『속편 도산 안창호』 도산기념사업회간행 1954. 242쪽. 『安島山全書』 84쪽에서 재인용.

그대로였다. 안창호는 일제의 침략과 지배에 맞서 한국의 독립을 지키고 통일된 나라를 세우기 위해서 혼신을 다해서 희생하고 헌신하였다. 그는 늘 '애국가'를 부르는 심정과 신념으로 생각하고 말하고 행동하였다. 그의 삶과 정신, 말과 행동 속에는 언제나 '애국가'가 살아 있었다. 그는 민중을 신뢰하고 사랑하고 존경했으며 민중 속으로 들어가 민중과 함께 일어나려고 했다. 한국민족의 독립과 통일을 위해 동해물과 백두산이 마르고 닳도록 자신을 희생하고 헌신한 사람이 바로 안창호였다. 그는 평생 철갑을 두른 소나무처럼 높은 기상을 가지고 살았고 가을하늘 밝은 달처럼 뚜렷하고 흔들림 없는 일편단심을 가지고 살았으며 괴로우나 즐거우나 한결같이 나라를 사랑하였다. 안창호와 '애국가'는 뗄 수 없는 하나였다. 안창호의 삶과 정신에 비추어볼 때 '애국가'는 안창호가 지었다는 확신을 갖게 된다. 1930년 10월 샌프란시스코의 황사선 목사는 안익태를 만나 안창호가 작사한 '애국가'를 알려주면서 '애국가' 가사는 "대한민족의 단결을 촉구하기 위한 것"이었다고 말하였다.[22)]

2. 윤치호와 안창호의 애국심은 어떻게 다른가?

윤치호의 애국심과 충성심

윤치호가 '애국가'의 작사자인지 확인하려면 그의 애국심과 충성심을 살펴 볼 필요가 있다. 윤치호는 애국자였는가? 그는 황제

22) 김경래 『안익태 그 영광과 슬픔』 안익태기념재단 2006 개정판 68쪽. 오동춘 안용환 『애국가와 안창호』 196쪽.

와 국가에 충성하는 충신이었는가? 황제와 국가에 대한 윤치호의 생각은 시기에 따라 달라졌다. 상해유학기까지 윤치호는 국왕의 선정(善政)의욕에 대한 신뢰를 바탕으로 국왕과 개화 엘리트들의 제휴에 의한 국왕 중심의 정치개혁에 역점을 두었다.[23] 그러나 미국 유학을 통해 서구의 근대학문을 습득하고 자유 민권에 기초한 미국 민주주의를 체험한 후 그의 개혁론은 자주 개혁론, 내부혁명론, 선진국 지배하의 개혁론 등으로 다양화했다.[24] 그의 개혁론은 개화 엘리트와 민중의 제휴에 의한 체제 변혁적 성격을 갖게 되었다.[25] "상해유학기의 국왕에 대한 신뢰를 바탕으로 한 전통적 존왕의식(尊王意識)은 미국유학기에서 독립협회 활동기를 거쳐 1900년대에 이르는 사이에 국왕퇴위, 왕조철폐 등 전통체제변혁의 당위의식에로 전환된 것이다."[26]

그러나 독립협회와 만민공동회 시기에는 윤치호가 애국심을 강조하고 황제와 국가에 대한 충성심을 강조했다. 조선인에게 필요한 것은 "그의 힘을 북돋우고 그의 애국적 행동을 고무할 수 있는 강한 영향력"이라 하고 "우리는 인민 속에 강한 애국적 의견을 창출하고 선도하기를 원한다"고 하여 국민에 대한 애국심의 고취를 크게 강조했다.[27] 그는 서구적 근대교육을 통하여 서양인화 하는 탈국적화 현상을 신랄하게 비판했다.[28] 윤치호가 연설이나 신문 논설을 통하여 강조한 국민교육은 국사와 국문 그리고 조선

---

23) 박정신, '윤치호연구', 〈백산학보〉제23호(백산학회, 1977), 356쪽 참조.

24) 『윤치호 일기』 1890. 5.18, "T.H. Yun's Letter to Dr. Young J. Allen" January 24, 1891. The Young John Allen Papers. Library Emory University 참조.

25) 유영렬 『개화기의 윤치호 연구』(서울: 한길사, 1985) 186쪽.

26) 유영렬 『개화기의 윤치호 연구』 188쪽.

27) 『윤치호 일기』 1894. 11.27, 1898. 2.20.

28) 『윤치호 일기』 1895. 1.6. 1893. 11.17.

의 인물과 사정에 관한 주체적이고 애국적인 교육이었다.[29] 윤치호는 한때 순국문일기를 쓰기도 했으며 국문법 통일에 깊은 관심을 가지고 〈독립신문〉 1897년 5월 27일자 잡보에서 국문 아래아 、字의 사용제한론을 주장하기도 했다. 그는 조선에 관한 교육은 "조선인에게 조선이 자기 나라인 줄을 알게 하는 근본"이며 국민으로 하여금 국가에 대한 소속감과 자부심을 고취할 수 있다고 믿었던 것이다.[30] 윤치호가 의도하는 애국교육은 서구적 근대문명을 적극 수용하면서도 조선인으로서 의식을 가지게 하는 국적 있는 교육 곧 조선인화 교육이었다.[31]

윤치호에 따르면 애국심은 언어와 풍속과 종교가 같고, 하해(河海) 산악(山嶽) 지계(地界)가 분리되어 있어 자연히 동일한 감정이 흥기하는 것이다. 그는 애국심을 일정한 토지 내에서 역사와 전통을 공유하는 국민의 일체감에서 발생되는 자연스러운 감정으로 인식하였다. 그는 애국심을 하늘이 준 본성(天賦之性)이라고 했다. 그는 또 애국이란 국가의 공익과 동포의 권리를 추구하는 것이라고 했다.[32] 그는 국민계몽을 중시했다. 그는 약육강식의 국제사회에 있어서 조선의 존망은 문명화의 여부에 달렸다고 믿었다. "일국의 흥망성쇠는 그 인민의 지각과 기상에 달린 것"이며 "당금 아국(我國)의 급무(急務)는 국민의 지식견문을 넓히고 도덕 신의를 가르치며, 애국지심을 기르는 데 있다."[33]

1895년 청일전쟁과 1905년 러일전쟁 사이 10년 동안은 강대국들의 일시적 세력균형과 상호견제로 잠시 한국민족이 현실적으

29) '윤치호 연설' 〈독립신문〉 1897. 8.17. 8, 26. 『윤치호 일기』 1900. 12.18, 1902. 11.22.
30) '윤치호 연설' 〈독립신문〉 1897. 8.17.
31) 유영렬 『개화기의 윤치호 연구』 235쪽.
32) 윤치호, '나라 ᄉᆞ랑ᄒᆞᄂᆞᆫ 론' 〈독립신문〉 1898년 12월 17일자 논설 참조.
33) 『윤치호 일기』 1893. 4.8, 1889. 3.30. 참조.

로 독립의 꿈을 꾸며 독립의 의지와 열망을 분출시킬 수 있을 때였다. 이 시기에 윤치호는 애국심을 강조하며 애국계몽운동에 앞장서고 애국가요들을 지었다. 이 시기에 그는 황제를 찬양하기도 하고 황제에게 기대를 걸기도 했다. 윤치호는 군주의 실질적 통치를 인정할 뿐 아니라 전제군권의 강화를 지지했다. 조선의 민중을 무지하고 게으르고 무능한 존재로 불신하고 멸시했을 뿐 아니라 관리들도 부패하고 무능한 위선자들이라고 보았던 그는 강한 권력을 가진 계몽군주만이 문명개화를 이룰 수 있다고 보았다. 조선의 국왕이 강한 권력을 가진 계몽군주가 되지 못할 경우에는 외국의 강한 군주가 강권으로 문명개화를 이룰 수 있다고도 생각했다. 그는 러시아의 대표적 계몽군주였던 피터 대제를 그리워했다. "조선의 관리들은 가련한 노예이다. 그들은 결코 사리(私利)보다 공익(公益)을 좋아할 수 없다. 애국심이란 그들에게는 알려져 있지 않은 용어이다. 그들은 나라가 어지러울 때는 겁쟁이이고 평화로울 때는 이리이며 어느 때나 위선자이다. 조선정부를 개혁할 수 있는 유일한 길은 자체의 힘이나 아니면 외국의 힘에 의한 명령밖에 없다. … 아, 피터 대제여."[34]

민중을 불신했던 그는 현실적으로 군주제를 지지하고 군주주권을 인정하고 황제를 찬양했다. "무식한 세계에서는 군주국이 도리어 민주국보다 견고함은 고금사기와 구미의 정형을 보아도 알지라."[35] "우리나라는 단군 이래 전제 정치하는 나라이라. 구미 각국 중에 인민공화정치니 민주정치 한다는 나라의 정형과는 대단히 다르니 … 우리는 모두 대한 백성이니 … 우리나라 전제정치

34) 『윤치호 일기』 1894. 8.25.
35) 윤치호, '하의원은 급치 안타'. 〈독립신문〉 1898. 7.27 논설

하시는 대 황제폐하를 만세무강하시도록 갈충 보호하여 … "[36]
"외국인에게 의부(依附)치 말고 관민이 동심합력하여 전제황권을 공고(鞏固)케 할 사(事)."[37]

그러나 애국심에 대한 윤치호의 강조는 1900년 이전에 주로 나타나고 을사늑약이 이루어진 1905년 11월 이후에는 확인되지 않는다. 그의 '역술 찬미가'에 '무궁화가'와 '애국가'를 수록하고 있지만 직접 애국심을 강조한 글이나 언행은 발견되지 않았다. 그가 설사 애국심을 강조했다고 해도 그것은 일제에 맞서 싸우는 데까지 나아가지는 못했다. 만일 그의 애국심이 을사늑약 이후에도 남아 있었다면 그것은 일제의 통치 속에서 허용되는 애국심이었다. 독립협회 활동 이전부터 윤치호는 외국 문명국가의 힘으로 조선의 문명개화를 이룰 수 있다고 생각했으며 을사늑약이 이루어지자 쉽게 일제의 통치에 굴복하고 순응하였다. 윤치호의 조선인화하는 애국교육과 외국 지배하 개혁론은 서로 모순되는 이론이지만 그의 현실상황주의의 논리 속에서는 공존이 가능했다.[38] 철저히 현실상황론에 매몰된 그는 민중을 역사와 국가의 주인과 주체로 보지 못했다. 다만 문명개화와 문명부강을 이루기 위해서 조국과 황제에게 충성과 희생을 바치는 민중이 필요했을 뿐이다.

고종황제와 조국에 대한 가혹한 비판과 절망

현실 상황에 따라 윤치호는 황제에 대한 애국심을 강조했지만 황제에 대한 신랄한 비판을 퍼붇기도 했다. 윤치호는 독립협회운

36) '윤치호의 연설' 〈독립신문〉 1898. 10.29.
37) 고종실록 광무2년 10월 30일조. 황성신문 광무2년 11월 1일자 별보.
38) 유영렬 『개화기의 윤치호 연구』 235쪽.

동 이전과 이후 그리고 독립협회 시기에도 고종황제와 조선정부에 대한 가혹한 비판을 서슴지 않았다. 문명부강을 최고의 우월한 가치로 보고 미개한 한국과 한국민족을 열등하고 수치스러운 것으로 생각한 윤치호는 조선왕조에 대해서 지극히 부정적이고 비관적으로 평가했다. 5년간의 미국유학을 마치고 상해 체재 중에 그는 조선왕조 때 다음과 같이 말했다. "조선정부의 조직은 이기주의란 말로 표현되고 그렇게 구성되어 있다. 현 조선왕조는 모든 국가의 모든 역사 중에서 최악의 것이다."[39] "수치스러운 조선역사에 대하여 더 알면 알수록 현 왕조 하에서는 개혁의 희망이 없음을 확신케 된다. 정부는 500여 년간 국가의 향상을 위하여 아무 것도 한 일이 없다."[40] "결국 부패한 그리고 부패하고 있는 소수독재정치로부터 조선인민을 구하는 유일한 방법은 현 정부와 낡은 왕조를 완전히 철폐하는 것이다. 철저히 썩은 정부를 미봉하는 것은 소용없는 일이다."[41] 귀국 후 독립협회 활동시기에 윤치호는 국왕에 대하여 직접적인 비판을 가하였다. 그는 국왕은 믿을 수 없고 겁이 많으며 이기적인 존재로 아무 일도 해낼 수 없는 악인이라고 규정했다.[42] "왕은 이 나라를 빨리 처분하기로 결심한 듯하다. 하늘은 이 나라를 찰즈 1세의 악화된 재판인 절대통치하에 둠으로써 이 나라의 수많은 죄악을 심판했다."[43] "황제로부터 인민을 속이고 억압하지 못하게 하는 유일한 방법은 그로부터 그렇게 하는 권력을 박탈하는 것"[44]이라고 하여 민권을 탄압

39) 『윤치호 일기』 1894.1,1.
40) 『윤치호 일기』 1894. 10, 8.
41) 『윤치호 일기』 1894. 9,12.
42) 『윤치호 일기』 1898. 3,28.
43) 『윤치호 일기』 1898. 11,3.
44) 『윤치호 일기』 1898. 11,16.

하는 군권은 박탈되어야 한다고 강조했다.[45)]

일제의 침략이 가시화되던 러일전쟁 즈음에는 황제에 대한 윤치호의 비판은 더욱 가혹하고 신랄해졌다. "황제는 남의 가옥과 토지를 약탈하는데 그 전 생애를 보내왔다"[46)]고 하여 황제를 인민의 약탈자로 간주했다. "황제의 실정이 국가를 파멸과 치욕으로 몰아넣었다"[47)]고 하여 황제를 국가파멸의 책임자로 규정했다.[48)] 국민들이 일인보다 황제를 더 증오한다. "만일 저주가 한 인간을 죽일 수 있다면 저 사악한 황제는 진작 죽어서 지옥의 가장 밑바닥에 갔을 것이다."[49)] 그는 황제를 "조선의 최악의 적"[50)]이라 규정하고 황제의 "전적인 퇴위"[51)]만이 인민을 구하는 길이라고 했다. 또한 황제뿐 아니라 인민을 압제하고 불의와 죄악을 범하는 개인이나 국가는 신의 심판을 받아야 한다고 하여 조선왕조의 멸망을 당연한 것으로 생각했다.[52)] 황제와 조선왕조에 대한 윤치호의 이런 비판들을 보면 윤치호는 적어도 미국유학 이후에는 황제에 대해서 굳은 충성심을 가진 사람은 아니었다.

윤치호의 애국교육운동이 가진 한계

1900년 12월 30일의 일기에서 윤치호는 조선의 장래에 대해 두 가지 장기적인 전망을 내리고 있다. 그는 먼저 조선의 장래를 비

---

45) 유영렬『개화기의 윤치호 연구』187쪽.
46)『윤치호 일기』1904. 8,6.
47)『윤치호 일기』1904, 5,6.
48) 유영렬『개화기의 윤치호 연구』187쪽.
49)『윤치호 일기』1904, 9,30. 1905, 4,20.
50)『윤치호 일기』1904. 4,26.
51)『윤치호 일기』1904. 12,29.
52)『윤치호 일기』1900. 12,25. "T.H. Yun's Letter to Dr. Young J. Allen", October 21, 1902. The Young John Allen Papers. Library Emory University.

관적으로 전망했다. 양반체제, 유교주의, 경제빈곤 전제정치 등이 역성 혁명적 왕조교체에 의해 악순환을 되풀이하여 사회의 정체와 지리멸렬의 상태가 지속될 것으로 비관적으로 보았다. 역성 혁명적 왕조교체가 되풀이할 것이라는 윤치호의 전망은 잘못된 것이었다. 조선역사와 민중의 역량을 부정했기 때문에 윤치호는 이런 그릇된 전망을 하였다. 그는 또한 장기적으로 조선의 장래에 대해서 낙관적인 전망을 하였다. 그는 한국의 변화는 내부의 힘에 의해서가 아니면 외부의 영향력에 의해서라도 반드시 이루어져야 한다고 했다. 서기 2000년까지는 한국이 내부나 혹은 외국의 지배하에서 혁신되고 2100년에는 한국에 근대사회가 이루어지리라 전망했다. 200년 후에나 생활수준의 향상과 자연환경의 개선, 공로(公路), 학교 등의 근대시설과 국방력의 완비 그리고 동의에 의한 납세 곧 동의에 의한 정치가 가능해지는 의회민주주의와 근대화가 실현될 것으로 전망한 것이다.[53)]

윤치호가 이처럼 한국의 근대화를 비관적으로 전망하고 먼 미래의 일로 생각한 것은 한국 민중이 무지하고 무력하다고 보고 한국 민중을 불신하고 낮추어 보았기 때문이다. 100~200년 후에나 근대국가가 성립할 것이라고 예상한 윤치호가 국가멸망의 위기를 절박하게 느끼고 민족을 깨워 일으켜 독립과 통일을 이루려는 절실하고 사무친 심정을 가졌을 것으로 생각되지는 않는다. 문명개화와 문명부강을 최고의 가치로 생각하고 힘의 지배를 당연하게 생각했던 윤치호에게는 그가 내세운 충군애국정신도 문명개화를 이루기 위한 임시적인 수단에 지나지 않았다. 조국도 조국의 황제도 조국의 민족도 윤치호에게는 결정적이고 절대적인 것이 아니었다. 그는 문명개화와 부강을 이루지 못하는 고종 황제

53) 『윤치호 일기』 1900, 12.30. 유열렬 『개화기의 윤치호 연구』 188~189쪽.

를 신랄하게 비난했고 조국의 멸망을 당연하게 받아들였다.[54)]

독립협회와 만민공동회를 이끌던 시기에 윤치호는 '무궁화가'를 지었다. 이때가 윤치호로서 민족의 독립과 국민계몽에 가장 열정과 신념을 가지고 활동을 했던 시기였다. 그러나 이 시기 이전과 이후에 또는 이 시기 동안에도 황제와 조선에 대해서 신랄하고 가혹한 비판을 서슴지 않았던 윤치호를 생각하면 윤치호가 굳은 충성심을 가진 애국자라고는 결코 생각할 수 없다. 결국 윤치호 자신은 충성심과 애국심을 가지고 있지 않으면서 문명개화를 이루기 위한 방편으로 국민에게 충성심과 애국심을 강조하고 권면하는 애국가요를 지었던 것이다.

윤치호는 조선황제와 왕조와 정부로부터 조선인민을 구분했다. 조선왕조가 멸망해도 그는 조선인민을 교육하여 개화된 실력 있는 인민으로 만들려는 노력을 계속했다. 따라서 나라의 주권을 빼앗긴 을사늑약 이후에도 윤치호는 국민교육운동을 헌신적으로 이어나갔지만 그의 국민교육운동은 두 가지 분명한 한계를 가지고 있었다. 첫째 한계는 일제의 통치를 인정하고 그 통치의 틀 안에서 교육을 하려고 했다는 것이며, 둘째 한계는 더 근본적인 것인데 민중에 대한 불신과 멸시 속에서 국민교육을 했다는 것이다. '애국가'를 지은 1907년경에는 윤치호가 민족의 독립에 대한 열정과 민중에 대한 신뢰가 사라졌을 때였다. 그가 대한자강회 회장으로서 국민교육과 식산운동을 일으켜 장래 독립을 준비하려 했으나 대한자강회는 일제 통감부가 통치하는 법적 질서의 테두리 안에서 활동했으며, 일제의 식민 지배를 위해 일한 일본인을 고문으로 두고 활동했다. 따라서 일제의 통치에 순응하는 '대한자강회'의 활동은 그 한계가 분명했고 '대한자강'의 취지는

54) 『윤치호 일기』 1896. 2,25. 1899. 3,7. 1904. 5,6. 7,31. 1905. 1,29.

자기모순에 빠졌으며 1년 남짓 활동하다 해체를 당하고 말았다. 을사늑약 이후 윤치호의 애국교육운동은 철저히 현실 상황과 조건의 제약 속에서 이루어졌다.

윤치호와 안창호의 서로 다른 애국심과 국가관 : 국가는 어디 있는가?

윤치호의 애국심은 안창호의 애국심과 분명히 구별된다. 윤치호의 애국심은 자연환경과 사회환경에 의해 형성된 자연스러운 감정이다. 그것은 강과 바다, 산과 들에 의해 형성된 것이며 역사와 전통을 공유하는 국민의 자연스러운 감정이다. 그가 애국심을 하늘이 준 본성이라고 한 것도 자연적으로 타고난 감정으로 본 것이다. 또한 애국심을 국가의 공익과 동포의 이익을 추구하는 것이라고 한 것도 애국심을 사회적 환경과 조건에 의존한 것으로 이해한 것이다. 이러한 애국심은 자연환경과 사회환경이 바뀌면 얼마든지 바뀔 수 있다. 애국심의 토대와 근거가 되는 산과 들과 바다를 빼앗기면 애국심도 사라지고 국가의 공익과 동포의 이익을 추구할 수 없게 되면 애국심의 근거와 목적을 잃게 된다. 하늘이 준 본성으로서의 자연적인 애국심도 자연환경과 사회환경이 사라지거나 파괴되면 함께 사라지거나 파괴된다.

국가를 유기체적인 한 몸 생명체로 파악하여 개인의 '나'와 나라의 전체를 일치시킨 안창호의 애국심은 자연환경이나 사회환경에 근거하지 않고 '나'의 생명과 정신 속에 근거와 토대를 두고 있다. 나라를 사랑하는 것은 곧 내 몸을 사랑하는 것이고 나를 사랑하는 것이 곧 나라를 사랑하는 것이다. 그러므로 그는 '대한신민회 취지서'에서 망해가는 나라를 구하기 위하여 "(나의) 심장을 토하고 피를 말려서" 헌신하려고 결단하였고 실제로 몸과 맘이 마르고 닳도록 평생 희생하고 헌신하였다. 애국심을 자연환경과 사회환경에 근거하는 것으로 보았던 윤치호는 일제의 침략으로 나라 땅을 빼앗기고 사회환경이 달라졌을 때 그의 애국심도 뿌리와 토대를 잃었다. 그러나 애국심을 자신의 생명과 정신 속에 근거한 것으로 본 안창호는 일제가 나라 땅을 빼앗고 사회환경과 조건을 바꾸었을 때 더욱 치열하고 간절한 애국심을 가지고 나라를 위해 헌신할 수 있었다. 나라가 그 자신과 민족의 생명과 정신 속에 살아 있었기 때문이다.

우리 힘을 길러서 우리 힘으로 개화를 해야 한다고 생각했지만 조국과 민중에 대해서 절망하고 체념했기 때문에 윤치호는 문명부강한 외국의 힘에 의지해서라도 문명개화를 이루어야 한다고 보았다. 우리 힘으로 개화를 해야 한다는 생각과 조국과 민중에 대한 절망과 체념은 서로 모순된다. 더 나아가서 문명부강한 외국의 힘에 의지해서라도 문명개화를 이루어야 한다는 윤치호의 생각은 우리 힘으로 개화를 해야 한다는 그의 생각을 완전히 부정하는 것이다. 진실과 정직, 실력양성과 자립을 강조한 윤치호가 한쪽에 있고, 고종과 전제왕조에 대해서 애국충군을 강조하는 윤치호가 다른 쪽에 있으며, 갑자기 고종과 전제왕조를 타파하자는 혁명적인 주장을 하는 또 다른 윤치호가 있는 셈이다. 이처럼 상호 모순되는 감정과 생각이 윤치호의 정신과 사상 속에 가득 차 있다. 사상과 감정의 이런 모순과 갈등이 윤치호에게 공존하고 조화를 이룰 수 있었던 것은 그가 그의 내면과 현실을 분리하고 현실에 대해 절충하고 타협하면서 현실에 순응했기 때문이다.

윤치호는 칼의 힘이 현실을 지배한다고 보았다.[55] 인간의 정신과 얼이 현실을 지배하고 결정한다고 생각하지 않았다. 따라

---

55) 양현혜 『윤치호와 김교신-근대 조선에 있어서 민족적 아이덴티티와 기독교』 79~80쪽.

서 현실을 지배하는 칼의 힘에 맞추어 살고 일해야 한다고 생각한 것이다. 현실의 힘에 순응하고 절충적이고 타협적이었던 윤치호는 모호하고 두루뭉술한 현실주의적 인생관과 처신으로 일관했다. 윤치호의 삶과 사상을 살펴보면 그의 내면과 현실은 분리되어 있다. 내면의 관념과 감정은 매우 명확하고 급진적이고 비판적인데, 현실세계에서는 매우 온건하고 자제되어 있으며 절충적이며 타협적이다. 그의 일기를 살펴보면 머릿속에서는 칼같이 예리하고 가차 없이 비판하고 분석하지만[56] 현실에서는 언제나 타협적이고 절충적이며 순응적이다. 합리적이면서 온건하고 신중하며 타협적인 윤치호의 대인관계와 사회관계는 그를 중심에 서게 하고 지도자가 되게 하였다. 그러나 그는 자신도 현실을 변혁하는 명확한 주체로서 행동하지 못했지만 남도 주체로 인정하지 못했다.

윤치호의 사상과 행동도 현실적 제약과 한계를 가졌다. 그는 자유시민사상을 가졌지만 충군애국을 강조한 '무궁화가'를 지었다. '무궁화가'는 시적으로 아름답고 풍부하지만 윤치호 자신의 절실한 심정과 신념을 담은 것은 아니었다. 그 노래에는 절실하고 사무친 심정이 없다. 그가 1919년 고종의 장례식 때 상복을 입은 사람들을 조롱하고 고종의 정치적 실수들을 비난한 것은 황실에 대한 충성심이나 절개가 없었다는 것을 보여준다. 민중에 대한 신뢰와 존중이 없었던 윤치호의 자유시민사상도 그 한계가 분명했다. 그의 민주사상과 이론은 관념 속에 살아 있을 뿐 현실화하지 못했다. 그는 젊은 시절부터 한국민족과 민중의 더러움과 무지를 수치스럽게 여겼다. 그는 후에 50이 넘은 나이에도 3·1독립

56) 윤경남 역술 『민영환과 윤치호 러시아에 가다』 신앙과 지성사 2014. 29~31,60,119~120,139~140쪽.

운동이 일어날 때 만세운동을 하는 민중을 '알량한 거지들'로 비하하고 한국 민중은 무지하고 무능하므로 자치능력이 없다고 보았다.

윤치호에게 국가는 현실을 지배하는 지배 권력이었다. 대한제국이 망하고 일본이 한국을 정복한 후에 한국의 현실적 국가는 일본이었다. 따라서 그가 일본에 협력하고 충성을 다짐한 것은 당연했다. 해방 후 윤치호는 '한 노인의 명상록'이라는 글 2편을 이승만과 미군정의 하지(Gen. Hodge) 중장에게 보냈다. 이 글에서 그는 조선인들은 중국이나 만주보다도 민주주의를 위한 준비가 되어 있지 않다면서 공산주의를 경계했으며, "현재와 앞으로 다가올 창창한 미래를 위해 조선에 필요한 것은 자비로운 온정주의밖에 없습니다"고 하였다. 또한 그는 해방은 독립운동가들에 의해서 이루어진 것이 아니라 연합군에 의해서 선물로 주어진 것이며 일본 국가의 지배 아래 살 때는 일본 신민으로 사는 것이 당연하고 불가피했음을 주장하며 친일행위를 정당화하고 옹호하였다.[57] 현실 상황주의자 윤치호에게는 국가에 대한 굳은 충성심과 애국심이 없었다. 해방 후에 쓴 글에서도 그는 조선 민중을 낮추어보았다. 민중을 무시한 지배 엘리트였던 그에게는 나라의 독립과 민족(민중)의 단합을 이루려는 절박하고 사무친 심정이 없었다. 그에게 가장 중요한 것은 문명개화와 문명부강을 이루는 것이며 현실을 지배하는 권력이었다. 현실의 상황과 조건이 그의 말과 행동을 지배하고 결정했다. 현실의 상황과 조건에 순응하고 굴복하는 윤치호의 정신과 사상은 현실의 상황과 조건을 극복하고 초월하여 나라를 사랑하자는 '애국가'의 정신과 상반된다.

안창호는 역사와 사회의 과학적 인과관계가 성립한다고 보았

57) 윤경남 편저『좌옹 윤치호 평전』319~322.

지만 그 인과관계를 만들고 결정하는 것은 인간이라고 생각했다. 건전한 인격을 형성하고 그 인격체들이 단결하고 단합하면 현실의 인과관계를 바꿀 수 있다고 보았던 것이다. 안창호는 국가를 현실의 지배 권력체제로 보지 않았다. 그에게 문명과 국가의 토대는 민중이었다. 민이 서로 보호하고 단합함이 문명부강의 뿌리와 씨라고 하고 국가와 민을 동일시한 안창호에게 국가는 현실적 지배 권력이 아니라 민중의 심정과 의지, 관계와 협동 속에 살아 있는 유기체적 생명체였다.[58] 국가는 민중의 심정과 삶 속에 그리고 민중의 서로 보호하고 단합하는 관계와 협동 속에 살아 있는 것이었다. 그러므로 그에게는 대한제국이 망하고 황제가 사라져도 한국 민중이 살아 있는 한 민중의 심정과 의지 속에, 민중의 하나인 '나'의 심정과 의지 속에 살아 있는 것이었다. 따라서 안창호는 현실을 지배하는 권력체제가 무너진다고 해도 민중 속에 그리고 '나'의 속에 살아 있는 국가정신과 의지를 살려내면 얼마든지 국가를 다시 세울 수 있다고 생각하였다. 내면과 현실, 안과 밖의 일치와 통합을 추구한 안창호는 나라의 주권과 독립을 일본에게 빼앗길 위기를 맞았을 때 누구보다 절실하고 사무치게 애국독립운동을 벌일 수 있었다. 그에게 나라를 사랑하는 것은 곧 민을 사랑하는 것이며 민을 사랑하는 것은 곧 나를 사랑하는 것이었다. 나와 민과 나라가 하나였다.[59]

'애국가'를 지은 해에 안창호는 비밀독립단체로 신민회를 조직하고 전국을 돌아다니며 애국독립을 고취하는 연설을 하였다. 그는 한국이 국제적으로 위태로운 지경에 있음을 경고하고 정부 당국자가 부패하고 국민이 무기력함을 한탄하였으며 우리 민족의

58) 안창호 '삼선평 연설' 주요한 편저『안도산전서』 홍사단 2015. 584~5쪽.
59) 같은 글.

결함을 지적하기도 했다. "지금 깨달아 스스로 고치고 스스로 힘쓰지 않으면 망국을 누가 막으랴 하고 (안창호의) 눈물과 소리가 섞이어 흐를 때는 만장이 느껴 울었다. 그는 뒤이어서 우리 민족의 본연의 우미성(優美性)과 선인의 공적을 칭양하여 우리가 하려고만 하면 반드시 우리나라를 태산반석 위에 세우고 문화와 부강이 구비된 조국을 이룰 수 있다는 것으로 만장 청중으로 하여금 서슴지 않고, '대한 독립 만세'를 고창하게 하였다."[60]

3. 친일파와 애국자의 깊은 신뢰와 우정

안창호와 윤치호는 조선왕조가 망하고 식민지가 되는 한국근현대의 험난한 격동기를 살았던 중요한 인물들이다. 1894년에 동학농민전쟁이 혁명을 위한 준비와 훈련 없이 일어났다가 장엄하게 실패한 후에 곧이어 1896년에 독립협회와 만민공동회가 생겨나서 민족의 자주독립을 위해서 민족을 깨워 일으키는 애국계몽운동이 활발하게 일어났다. 윤치호와 안창호는 독립협회와 만민공동회에서 선배와 후배로 또는 스승과 제자로 만나서 관계를 평생 이어갔다.

윤치호와 안창호의 동지적 결속

1907~1910년경 당대 최고의 지성인으로서 가장 신망이 높은 명망가였던 윤치호는 공개 정치단체였던 대한자강회 회장이었다. 대한자강회가 해체된 후 그는 안창호가 조직한 비밀독립운동단

60) 이광수 『도산 안창호』 하서 2007. 23쪽.

체인 신민회에 가입하지 않았으나[61] 안창호의 요청으로 신민회의 주요 사업이었던 대성학교와 청년학우회 대표를 맡았다. 신민회는 윤치호가 회장으로서 이끌었던 독립협회의 청년회원들을 중심으로 조직된 단체였다. 신민회 회원들은 윤치호의 '아이들'이라고 보아도 좋을 것이다. 그래서 안창호는 윤치호를 대성학교 교장과 청년학우회 회장으로 모셨던 것이다. 안창호는 윤치호를 대성학교 교장에 모시기 전에 먼저 윤치호로 하여금 대성학교 학생들에게 강연을 하게 하였다. 대성학교 400명 학생들이 질서 있게 움직이고 열심히 강연을 듣는 것을 보고 윤치호는 "우리나라 사람도 바로 지도하고 훈련하면 저렇게 훌륭한 사람이 될 수 있구나" 하고 감탄하였다고 한다. 그 당시 공동생활에 서툴고 질서 없는 생활만을 보아온 윤치호에게는 정신이 번쩍 들도록 새로운 광경이었던 것이다. 이로 인하여 윤치호는 교장으로 취임할 것을 승낙한 것이라고 한다.[62] 훗날 안창호는 청년학우회에 관여할 때 윤치호의 태도에 대해서 이렇게 말했다. "윤치호씨에게 말함에 씨는 울면서 '몸을 바치겠노라' 하고 학생 하나를 평양에 파견하여 청년학우회의 해가는 일을 견습케 하였소. 그리하여 윤씨는 발기위원장이 되고 남방으로 최남선, 북방으로 최광옥 제씨를 경(經)하여 300 이상의 청년이 들어왔소. 청년학우회 회원은 결단코 돈 내는데 기약 어기지 아니하고 모이는데 시간 어기지 아니하였소."[63] 안창호의 이런 증언으로 미루어 볼 때 윤치호와 안창호가 얼마나 깊이 서로 결합되어 있었는지를 알 수 있다.

그러나 한일병합이 이루어지고 안창호가 망명한 후 1911년에

61) '도산 선생 신문기', (1932년 9월 5일 경성지방법원 심문) 『안도산전서』1054.
62) 주요한 편저 『안도산전서』 (서울: 흥사단, 2015 증보) 105쪽.
63) 안창호, '흥사단 제7회 원동대회에서 대회장 연설', 『안도산전서』682.

윤치호는 일본경찰이 주로 신민회원들을 체포 구금했던 105인사건의 최고 책임자로서 가혹한 고문을 당하며 1912년 2월에서 1915년 2월까지 3년 동안 옥고를 치러야 했다. 윤치호는 1905년 을사늑약이 이루어진 후에는 독립이 사라졌다고 보고 일본의 지배를 현실로 받아들였다. 윤치호는 독립운동이나 독립전쟁은 무모하고 쓸모없는 짓이라고 판단하고 있었다. 그러므로 그는 비밀독립운동단체인 신민회에 동조하지 않았고 가입하지 않았다. 다만 안창호의 요청으로 신민회의 공개사업인 대성학교와 청년학우회의 대표로 활동하게 되었던 것이다. 105인사건은 신민회 조직과 활동을 파괴하기 위해 일제가 날조한 사건이다. 윤치호는 신민회에 가입하지 않았음에도 105인사건의 최고 책임자로서 최고형을 받고 옥고를 치러야 했다. 옥고를 치르는 과정에서 윤치호는 일제에 굴복하고 전향하여 가석방되었다. 윤치호로서는 안창호 때문에 본의 아니게 옥고를 치러야 했다. 그러나 윤치호가 이 일로 안창호를 원망하거나 비난한 적이 한 번도 없다는 것은 주목할 만한 사실이다.

서로 다른 길

한일합병 전후로 윤치호와 안창호는 서로 다른 길을 걸었다. 윤치호는 청년학우회에 뜨거운 열정을 가지고 참여했으면서도 일제의 통치에 순응하고 협력하는 자세를 취했다. 1909년 2월 안창호 등이 결성한 청년학우회 회장에 추대된 윤치호는 그 해 11월 이토 히로부미[伊藤博文] 장례식에 맞춰 장충단에서 개최한 관민추도회 준비위원을 맡았다. 1911년 9월 아버지 윤웅렬이 사망하자 12월 남작 작위를 습작했다. 1912년 2월 일제가 날조한 이른바 '105인사건'의 주모자로 검거되어 1913년 10월 징역 6년형이 확정됨에 따라 1913년 11월 남작 작위를 박탈당하고 옥고를 치르다가 1915년 2월 '일본천황'의 특사로 석방되었다. 출옥 이후 1916년 4월부터 조선중앙기독교청년회(YMCA) 총무에 선출되었다. 1916년 11월 대정(大正)친목회 평의원, 1917년 세브란스의학전문학교 이사, 1918년 연희전문학교 이사로 위촉되었다. 1919년 1월 최남선이 3·1운동 참여를 권유했으나 침묵으로 거부했고, 7월 친일단체 경성교풍회(京城矯風會) 회장에 추대되었다. 1920년 1월 조선중앙기독교청년회 총무를 사퇴하였지만 6월에 회장으로 선출되었다. 1921년 7월 임시조선인산업대회 발기인 및 위원, 9월 범태평양협회 조선지회 부회장에 선출되었다. 1922년 11월 송도고등보통학교 교장에 취임해 1925년 11월까지 재임했다. 1923년 1월 기독교서적 출판사인 조선기독교창문사를 창립하고 취체역을 맡았다. 1924년 4월 일선융화를 표방하는 동민회(同民會)에 가입했다.

나라가 망해가고 식민지가 되는 과정에서 나라의 자주독립과 민족의 통일을 위한 운동에 안창호는 누구보다 더 순수하고 치열하고 흔들림 없이 헌신하고 희생하였다. 그는 조선왕조에서 소외와 차별을 받던 평안도 가난한 농민의 아들로 태어났다. 어려서 한학과 유교경전을 배우고, 17세 때 서울 선교사 학교에서 기독교정신과 과학을 배웠다. 유교를 통해 몸과 맘, 말과 행동을 바르게 하는 법을 익혔다. 기독교에서 모든 책임과 잘못을 자기에게 돌리고 자기를 변화시키고 겸허하게 섬기는 심정과 자세를 배웠다. 과학을 배움으로써 그는 모든 일에는 원인과 결과가 있으며 좋은 원인을 만들면 좋은 결과에 이른다는 합리적이고 적극적인 생각을 갖게 되었다. 그는 독립협회와 만민공동회에 참여하여 민주정신과 원리를 배우고 민중을 깨워 일으켜 민족의 독립과 통일을 이루는 운동에 앞장섰다.

독립협회와 만민공동회를 이끈 서재필과 윤치호는 양반가문의 자제였고 관직을 가졌고 미국에서 유학한 지식인 명망가였다. 이들은 오만한 지식인 엘리트로서 서구문명을 목표와 표준으로 삼고 한국 민중을 불신하고 멸시했다. 이들은 민중 계몽에 힘썼지만 민중의 무지와 무기력, 게으름과 더러움을 혐오하였다. 안창호는 서재필과 윤치호에게서 민주주의와 민주적 토론법을 배우고, 서구문명의 이념과 원리를 배웠다. 그러나 이들과는 달리 안창호는 민중을 깊이 신뢰하고 사랑하고 존중하였다. 그가 맨 처음 평양의 쾌재정에서 청중 앞에 섰을 때 그의 나이는 만 20세가 되지 못했다. 그 자신이 가난한 평민의 아들이었고 내세울 권위와 명망이 없었다. 그의 고향인 평양에서 연설할 때 청중은 그의 부모나 친척과도 같은 고향의 어른들이었다. 그가 높은 관리들과 어른들인 청중 앞에서 사회 권력층의 불의와 부정, 억압과 착취를 비판하고 위기에 빠진 나라를 구하고 정의로운 사회를 이루어가자고 외쳤을 때, 청중은 발을 구르고 손뼉을 치고 환호하였으며 관리들도 함께 박수를 쳤다. 그는 연설을 통해서 부모와 같은 청중과 하나로 되는 감격을 체험하였고 민중에게 엄청난 힘과 지혜가 숨어 있음을 확인하였다.

안창호와 윤치호 사이에 사상적 공통점도 뚜렷이 드러난다. 둘 다 냉혹한 힘의 지배를 인정하고 민족의 자강과 실력양성을 추구했으며, 철저한 준비와 점진주의를 강조했다. 실업교육을 강조하고 정직과 신뢰를 중시했다. 유교의 공리공담을 비판하고 노동과 실행을 강조했다. 또한 민중의 무지와 무력함, 게으름과 더러움을 현실적으로 인정했다.[64] 그러나 안창호와 윤치호의 실천과 지향은 전혀 달랐다. 윤치호는 조선 민중을 타자화, 대상화하고 멸시

64) 이에 대해서는 '4장 안창호와 윤치호의 심리 철학적 비교'를 참조하라.

했으나, 안창호는 민중을 신뢰하고 사랑하고 존중했으며, 민중의 한 사람으로서 민중과 더불어 주체로 일어섰다. 안창호는 민중 속으로 들어가 민중의 얼과 혼을 깨우며 무지와 게으름, 더러움을 씻어내어, 민중으로 하여금 민주(民主)가 되게 하고 나라의 자주독립과 통일에 이르려 했다.

윤치호는 현실 타협적이고 냉정하고 비판적이었다. 동해물과 백두산이 마르고 닳도록 나라를 사랑하는 절실하고 사무친 정신과 심정이 그에게는 없었다. 지극히 가정적이고 소시민적이었던 윤치호는 결코 혁명가, 독립운동의 지사가 될 수 없었다. 을사늑약 후 조국의 독립을 포기하고 윤치호는 일제의 지배권력 아래서 계몽교육과 실력양성 추구했으나 안창호는 독립전쟁을 추구했다. 1906년의 신민회 취지서에 보면 안창호는 나라 잃은 격정을 가지고 헌신했다. 목숨을 바치고 피를 말려서 혀가 닳도록 나라를 위해 자신을 희생하고 헌신하려는 안창호의 간절한 심정은 동해물과 백두산이 닳는 것보다 더 사무쳤다.[65] 윤치호는 나라 잃은 슬픔이 크지 않았다. 부패하고 무능한 조선왕조와 보수정부보다 문명개화한 일본통치가 낫다고까지 생각했다. 안창호는 '애국가'가 꼭 필요하다고 보았다. 윤치호는 독립을 잃은 것을 당연하다고 보았으므로 '애국가'가 절실하게 필요하지 않았다.

안창호는 미국의 한인노동자들 속으로 들어가 공립협회를 세우고, 민중노동자들의 무지와 게으름과 더러움을 깨끗이 씻고, 민중과 함께 일어서서 더불어 사는 민주공화의 세계를 열었다. 안창호는 공립협회, 신민회, 임시정부를 통해서 한결같이 민중을 주체와 주인으로 대접하고 일으켜 세웠으며 민주공화정과 독립전

65) 도산의 말년을 지켰던 애제자 장리욱은 "혀가 닳도록"이란 말을 거듭 쓰면서 도산의 연설과 대화에 관해 설명했다. 장리욱 『도산의 인격과 생애』 155, 159~160, 161쪽.

쟁을 추구했다. 안창호의 기본 철학과 사상은 한 사람 한 사람의 주체를 깨워 일으켜 세워서 민족 전체의 통일에 이르려 하는데 있었다. 건전한 인격을 세우고 공고한 단결을 이루어서 민족의 독립과 통일에 이르고 세계의 정의와 평화에 이르는 대공(大公)의 사상과 정신은 모두 '애국가'의 정신과 꼭 일치한다. 안창호는 '애국가'의 정신으로 민족의 길을 열고 일제의 벽을 무너트렸다.

애국자와 친일파의 사귐

한일합병 후 두 사람은 서로 다른 길을 걸었지만 두 사람 사이의 인연과 관계는 매우 깊었고 특별했다. 따라서 서로 존중하고 아끼는 마음은 변함없이 가지고 있었다. 1915년에 105인사건으로 옥고를 치르고 나온 윤치호가 일제에 협력하기로 했다는 소문을 듣고 많은 이들이 실망하고 비난을 할 때 안창호는 단호하게 말했다. "그가 조선을 사랑하고 조선을 위하여 일하려 하는 지(志)와 성(誠)을 나는 굳게 믿노라." 그런가 하면 윤치호는 1932년 7월 15일 안창호가 경성지방법원에 송치되는 상황에서 보석금을 내어주며 이를 시기하는 이들이 있음을 알고 일기에 이렇게 썼다. "내가 안창호와 이광수 같은 서북파 지도자들과 진솔한 우정을 나누고 있는 데 대해 기분이 상한 것 같다. 그러나 사적인 우정과 정치적 당파심은 엄연히 별개의 문제다."[66] 1932년에 안창호가 상해에서 체포되어 왔을 때 윤치호는 안창호의 석방을 위해 애를 썼고 1937년에 수양동우회 사건으로 다시 구속되었을 때도 안창호의 석방을 위해 노력했다. 윤치호의 일기에는 이런 사실이

---

66) 김연갑, "SBS, '애국가'작사자 그것이 알고 싶나 … 심각한 5대 문제 토론하자." 〈뉴시스〉 2014-07-17 수정 2016-12-28.

기록되어 있다. "이광수가 찾아와 안창호를 취조하는 다나카 경무과장에게 부탁해달라고 했다." "다나카 경무과장을 찾아가 안창호의 건강이 나쁘니 석방한 상태로 조사해달라고 부탁했다."[67] 검사국으로 넘어가기 전에 수사 책임자였던 삼륜 경부는 안창호를 차에 태워서 남산에 올라 서울의 밤을 구경시켰고 윤치호의 집을 찾아가 안창호와 윤치호의 만남이 이루어졌다.[68] 윤치호는 형무소로 이감된 안창호를 만났다. "안창호가 형무소로 이감되었다. 이광수의 요청을 받고 오후에 면회했다. 신흥우, 유억겸, 김활란은 내가 서북계와 우정을 나누는 것을 싫어하는데 볼썽사납다."[69]

윤치호의 일기에 나타난 안창호에 대한 다른 여러 언급들은 그가 안창호를 어떻게 생각했는지 알려준다. 윤치호는 안창호를 민족의 지도자로 높이 평가하고 인정했다. 안창호가 단식을 하며 간디처럼 국민에게 호소하면 어떨까 하는 생각도 하였다. "예배시간에 인도의 간디가 동맹 단식을 주장했다는 소리를 듣고 '우리의 안창호 같은 지도자가 40일간 단식을 선언하고 추종자들에게 일본에 소극적으로 저항하라고 했다면 어떨까?'"[70] 윤치호는 기호인들과 서북인들의 적대적 관계를 잘 알고 있었고 기호인들이 안창호를 미워하고 적대시하고 있음을 알고 있었다. 기호파 인사들이 윤치호가 안창호의 석방운동에 나서는 것을 비판하고 서북파에 맞서 기호파의 조직을 만들자고 했을 때 거절한 것은 안창호를 신뢰하고 지도자로서 높이 평가했기 때문이었다. "안창호가 기호인을 박멸해야 한다고 주장했다면서 신흥우와 여운형이 서

67) 『윤치호 일기』 1932. 7.11,12. 윤경남 편저, 『좌옹 윤치호 평전』 신앙과 지성사. 2017. 896~7.
68) 『안도산전서』460~461.
69) 『윤치호 일기』 1932. 7.15. 『좌옹 윤치호 평전』 897.
70) 『윤치호 일기』 1933. 9.11. 『좌옹 윤치호 평전』 906.

북파에 대항하는 조직체를 만들자고 하는 것을 만류했다."[71] "심사숙고 한 끝에 여운형에게 다음과 같이 말했다. '서북인은 오랫동안 억압받아왔다. 그들은 신분상 이질감이 없어 응집력이 있으며, 교육받았다. 기독교계, 산업계 지도자가 많다. 흥사단의 안창호 같은 지도자를 배출시켰다. 일본인보다 기호파를 더 미워하기 때문에 일본 당국은 이를 이용하여 분열을 조장할 것이다'라고 말했다."(계속) "'그렇다면 기호인은 무엇을 해야 하나? 기호인은 응집력이 없다. 기독교, 재계, 관계에서 대립하기보다는 서북인들과 신사적으로 협력하면서 시시비비를 가리자'라고 말해줬다."[72]

1935년에 안창호가 옥고를 치르고 나온 후에 윤치호는 그를 독대하고 속 깊은 이야기를 나누었다. "오후에 중앙호텔에 머물고 있는 안창호 씨를 방문하였다. 그를 단독으로 면담한 건 이번이 처음이다. 그는 극심한 반남(反南) 파벌주의자라는 내용으로 자기에게 쏟아지고 있는 비난을 반박했다. 그의 설명이 모두 사실이라면, 안 씨와 관계를 끊은 쪽이 오히려 이승만 박사였다. 안 씨는 훌륭한 얘기꾼이었다. 그는 조선인들에게 지역적 적대감을 부추기느니 차라리 죽음을 택하겠다는 말로 자기 얘기를 마무리 했다."[73]

윤치호가 안창호를 단독으로 만난 것은 처음이라고 한 것은 그전에는 윤치호와 안창호는 늘 여러 사람들과 함께 만났음을 시사한다. 안창호 주변에는 늘 사람이 많았으므로 따로 만나기가 쉽지 않았을 것이다. 특히 출옥한 직후에는 하루에도 방문객이 200명을 넘을 때도 있었다. 일본 당국자를 만나라는 일제의 강요가

71) 일기 1933. 10.4.『좌옹 윤치호 평전』906.

72)『윤치호 일기』1933. 10.6,8.『좌옹 윤치호 평전』906.

73)『윤치호 일기』1935. 3.24. 김상태 편역;『윤치호 일기』(1916~1943) 역사비평사 간, 2001. 626~7.

있었으나 안창호는 거절하였다.[74] 이런 상황에서 안창호가 윤치호를 단독으로 만나 이야기를 나눈 것은 그를 가깝고 중요하게 여기고 존중했기 때문이라고 생각한다.

윤치호는 〈삼천리(三千里)〉 1936년 8월호에서 그 동안 가까이 지냈던 사람들을 회고하였다. 여러 선교사들, 만민공동회 시절의 서재필, 이승만, 이상재를 회고했고 서북학회를 이끌었던 이갑의 죽음에 대해서도 애틋한 심정과 그리움을 말하고 있다. 그러나 안창호에 대해서는 아무 말도 하지 않았다.[75] 안창호의 가까운 친구였던 독립운동가 이갑에 대해서도 애틋한 심정과 그리움을 말하면서 안창호에 대해서 아무 말도 하지 않은 것은 역설적으로 윤치호가 안창호를 소중히 자신의 맘속에 깊이 감추어둔 것으로 여겨진다. 이 시기는 안창호가 대전형무소에서 출옥한 지 1년 반이 지난 시점이었으며, 윤치호는 일본의 지배에 대한 안창호와 자신의 생각과 뜻이 아주 다르다는 것을 잘 알고 있었다. 그러나 윤치호는 안창호에 대한 우정과 신의를 끝까지 지켰다고 생각된다. 1938년에 안창호가 죽었을 때는 친구를 잃은 슬픔이 깊다고 썼다. "안창호가 별세했다. 친구를 잃은 슬픔이 깊다."[76] 해방 후 윤치호는 한때 일제하의 친일행위를 정당화하고 옹호하면서 일반사면을 요구하기도 했지만 마지막에는 "모든 친일파와 민족반역자는 삼가라!"는 비장한 유언을 남기고 죽었다.[77] 이러한 윤치호의 마지막 행보는 이중적이고 상반된 감정과 생각을 지니고 살았던 그의 심정과 정신세계를 잘 드러내 보인다.

---

74) 『안도산전서』 463.

75) 윤치호, '세상일이 덧없이 바뀐 반백년 세월에 생각나는 사람들', 『좌옹 윤치호 평전』 288~291.

76) 『윤치호 일기』 1938. 3.11. 『좌옹 윤치호 평전』 946.

77) "윤치호 노인", 〈대중일보〉 1945년 12월 9일 일요일자, 제2면.

대전교도소에서 3년 동안 옥고를 치르고 나온 도산은 전국을 여행하면서 민심의 동향을 살펴보았다. 조국을 떠난 지 25년 만에 도산은 조선의 참된 마음을 보고 싶었던 것이다. 여행 후에 그는 동지들에게 그가 본 조선의 마음을 설명했다. "조선의 마음은 옛날(국권 침탈을 당할 그때)이나 지금이나 변한 것이 없다. 진짜 친일파는 있지 않다."[78] 전국을 여행하는 가운데 안창호는 천도교 지도자 이종린을 만나서 깊은 대화를 나누었다. 이종린과의 대화에서 안창호는 민족의 변화를 위해서는 제도 혁신보다 더 근원적이고 중요한 것이 인격혁명과 자아혁신임을 거듭 강조했다.[79] 한국민족이 '애국가'의 정신과 신념을 가지고 살려면 인격혁명과 자아혁신이 필요하다고 안창호는 생각했던 것이다.

안창호는 인격수양만을 강조한 수양주의자도 아니고 제도개혁만을 추구한 행동주의자도 아니다. 그는 흑백논리나 진영논리에 빠져서 당파적이고 분열적인 생각과 행동을 철저히 거부하고 경계한 사람이었다. 그는 철저히 비타협적인 원칙과 동기와 목적에 충실한 사람이면서 매우 입체적이고 종합적이며 주체적이고 전체적인 관점에서 생각하고 행동한 지도자였다. 그러므로 그는 민족의 마음의 깊이에서 그리고 민족의 마음 전체를 끌어안는 심정을 가지고 보았기 때문에 "조선의 마음은 변하지 않았다. … 진짜 친일파는 있지 않다"고 말할 수 있었다. 해방 후 친일파로 몰린 윤치호는 그가 오래 후원했던 이승만을 만나려고 애를 썼으나 이승만은 끝내 만나주지 않았다. 김구를 면담하려고 했으나 김구도 만나주지 않았다. 만일 안창호가 그때 살아 있었다면 안창호는

78) 장리욱 『도산의 인격과 생애』 홍사단 20142. 90~91쪽.

79) 이종린과 대화를 나눈 시기는 1936년 1월 12일(음력 1935년 12월)이었다. 『안도산전서』 465~7, 469.

기꺼이 윤치호를 만났을 것이다. 안창호는 친일파의 친일행적을 준엄하게 심판하고 청산하면서도 윤치호, 이광수, 최남선 같은 친일인사들을 끝내 외면하지 않고 끌어안는 길을 지혜롭게 마련했을 것이다.

맺는 말

윤치호는 서재필과 함께 1896~8년 사이에 독립협회와 만민공동회를 이끌었고 안창호는 이 시기에 윤치호의 애국계몽운동과 국민주권운동에 가장 열렬히 참여하여 배웠을 뿐 아니라 대중연설가로서 민중교육운동과 국민주권운동에 앞장섰다. 윤치호와 안창호는 독립협회와 신민회 활동시기에 긴밀한 관계를 맺었고 그후 서로 다른 길을 걸었으나 관계와 사귐을 이어갔다. 둘의 관계와 사귐은 '무궁화가'와 '애국가'의 관계처럼 내용은 서로 다르면서 긴밀한 연속성과 유사성을 가지고 있다. '무궁화가'와 '애국가'가 뗄 수 없이 얽혀 있듯이 둘의 삶은 끈끈하고 깊은 관계를 이어갔다. '무궁화가'와 '애국가'가 뗄 수 없이 긴밀하게 얽혀 있었듯이 윤치호와 안창호의 관계도 인간적으로나 역사적으로 뗄 수 없이 깊이 결합되어 있었기 때문에 윤치호와 안창호는 '애국가' 작사자에 대한 비밀을 오랫동안 서로 지킬 수 있었다.

4장

안창호와 윤치호의 심리 철학적 비교

안창호와 윤치호의 심리 철학적 비교 연구는 개인의 심리와 관심을 탐구할 뿐 아니라 신념과 가치, 행동과 지향을 연구하고 나아가서 역사 사회적 관계와 맥락을 탐구함으로써 '애국가' 작사자의 문제를 심층적이고 입체적으로 이해하고 해명할 수 있게 한다. 안창호와 윤치호처럼 시대 사회적 정형성을 가진 인물들의 심리와 지향, 생각과 신념은 확실한 정체성과 일관성과 통일성을 가지고 있으며 증언이나 2차적 문헌자료보다 더 확실한 근거가 될 수 있다.

'애국가'를 지은 것으로 추정되는 안창호와 윤치호는 한국근현대의 험난한 격동기를 살면서도 삶과 정신, 생각과 행동을 일관성 있게 지켜간 인물들이다. 두 사람은 선후배로서 또는 스승과 제자로서 사회 역사적으로 가까운 관계를 가졌으며, 심리, 가치관과 신념, 뜻과 이념에서 겉보기에 동일해 보이면서도 근본적으로는 상반되고 대립된 정신과 지향을 가지고 살았다. 두 사람의 정신적 내면과 실천적 활동을 탐구해보면 둘 다 서로 다른 방향에서 일관된 가치관과 신념을 가지고 살아간 것을 알 수 있다. 안창호와 윤치호의 심리, 가치관과 신념, 뜻과 이념은 공통점과 유사성을 가지지만 대조적이고 상반된 성격과 지향을 드러내면서 거의 변함없이 평생 일관되게 관철되고 유지되었다고 생각한다.

여기서는 윤치호와 안창호의 관계를 살펴본 다음 윤치호와 안창호의 심리, 가치관과 신념, 뜻과 이념을 논의하려고 한다. 그리고 '애국가'에 대한 철학적 검토를 함으로써 '애국가'의 사상과 정신에 일치하는 '애국가'의 작사자가 누구인지를 논의하려고 한다.

1. '애국가' 작사자의 심리와 철학

한국 사람이 '애국가'를 부르면 부르는 사람의 몸과 맘과 얼이 울려서 민족(나라) 전체와 하나로 되는 체험을 하게 된다. '애국가'는 인간의 몸, 맘, 얼을 아우르고 민족 전체와 하나로 되게 하는 정서와 사상, 정신을 담고 있다. '애국가'는 한 인간의 주체적 깊이에서 민족 전체의 하나 됨에로 나아가는 길을 열어주고 뚫어주는 힘과 정신, 생각과 뜻, 이념과 지향을 품고 있다. 인간의 생각과 행동을 움직이는 동인은 욕구와 감정의 심리적 작용과 기제(mechanism)다. 생각과 행동을 이끌고 주도하는 것은 가치관과 신념이고, 생각과 행동이 추구하고 지향하는 것은 뜻과 이념이다. 인간의 주체적 깊이에서 민족 전체의 하나 됨에로 나아가는 과정에는 심리, 가치관과 신념, 생각과 사상, 뜻과 이념의 차원들이 층층이 켜켜이 사다리처럼 놓여 있다.

'애국가'를 지은 사람은 틀림없이 '애국가'를 부르는 사람이 체험하는 인간의 심리·정신적 감동과 고양을 먼저 체험했음이 분명하다. '애국가'가 인간의 주체적 깊이에서 일으키는 이런 감동과 감정, 민족 전체와 하나 됨에 이르는 감격과 고양을 느낀 사람이 '애국가'를 지었을 수 있는 노래다. 따라서 '애국가' 작사자가 누구인지를 밝히려면 인간의 주체적 깊이에서 민족 전체의 하나 됨에 이르는 심리, 가치관과 신념, 뜻과 이념에 대한 연구가 반드시 필요하다. 이 연구는 철학적 연구다. 철학이란 사물과 생명과 정신을 표면적, 피상적으로 보지 않고 깊이 보는 것이며 부분과 단편으로 보지 않고 전체적으로 통일적으로 보는 것이다. 인간의 생명과 정신에 대한 철학적 연구는 인간 개인의 주체적 깊이를 밝히고 인간 개인의 내적 전체적 통일과 함께 밖의 자연 생명, 우주 전체와의 관련성과 일치를 탐구하는 것이다. '애국가'에 대한 철학적 연구는 '애국가'에서 인간의 주체와 전체를 드러내고, 개인의 주체와 민족 전체를 하나로 만드는 생각과 정신을 밝히는 것이다. 더 나아가서 '애국가'를 지은 사람의 심리와 가치관과 신념, 생각과 사상, 뜻과 이념이 '애국가'의 그것들과 일치하는지를 탐구하는 것이다.

'애국가'는 부르는 사람의 감정과 의식을 심화하고 고양시켜서 나라를 사랑하고 나라의 독립과 통일을 이루려는 분명한 의도와 목적을 가지고 지어진 것이다. 한 사람 한 사람의 마음을 하나로 모아서 그 주체성과 정체성을 확립시켜서 나라를 사랑하도록 이끌고 나라의 독립과 통일을 이루려는 간절한 염원과 의지가 '애국가'에 담겨 있다. '애국가'에 담긴 그 간절한 염원과 의지는 바로 '애국가'를 지은 사람의 간절한 염원과 의지일 것이다. 따라서 '애국가'를 지은 사람은 내적 자아의 분열과 불안으로 흔들리는 사람이 아닐 것이다. 심리적 안정과 통일을 이룬 사람만이 '애국가'를 지을 수 있었을 것이다. 자기 분열과 불안에 빠진 사람이 다른 사람들의 맘을 하나로 모아서 정체성과 주체성을 확립하고 나라의 독립과 통일에 이르도록 이끌지는 못한다. 또한 개인의 사적 감정과 의식이 나라와 민족에 대한 공적 감정과 의식에서 분리되거나 닫혀 있는 사람은 '애국가' 작사자가 아닐 것이다. 사적 영역과 공적 영역이 분리되고 서로 막혀 있는 사람은 개인의 감정과 의식을 심화하고 고양시켜서 나라의 독립과 통일에 이르게 할 수 없다. 또 나라의 독립과 통일을 이렇게 간절하고 사무치게 염원하는 사람은 나라와 민족을 사랑하고 존중하는 사람일 것이다. 그리고 그런 사람은 다른 강대국이 나의 나라와 민족을 침략하고 정복하는 것을 인정하고 정당화하는 이론과 사상을 형성하지는 않을 것이다.

'애국가' 작사자가 심혈을 기울여 지은 '애국가'에는 '애국가' 작사자의 심리와 철학이 담겨 있다. '애국가'에 담긴 감정과 의식, 정신과 의지를 살펴보면 '애국가' 작사자가 어떤 심정과 뜻을 가지고 '애국가'를 지었는지 알 수 있다.

1절, "동해물과 백두산이 마르고 닳도록 … 우리나라 만세."는 나의 삶의 터전보다 우리나라가 더 중요함을 나타낸다. 삶의 터전인 동해물과 백두산이 마르고 닳으면 동해바다와 백두산에 터 잡고 사는 나의 삶과 몸, 나의 육체적 존재도 마르고 닳아 없어질 것이다. 삶의 터전과 나의 육체적 존재가 사라져도 나라는 영원히 살아남고 보전되어야 한다는 간절하고 사무친 염원이 1절에 새겨져 있다. 나라는 '나'의 밖에 있지 않고 내 생명과 정신의 속에 있다. 생명과 정신의 주체인 '나'와 나라는 일치된다. 밖의 나는 사라지고 없어져도, 생명과 정신 속의 나는 나라와 함께 영원히 살기를 바라는 염원이 담겨 있다. 나라를 떠나서는 '나'가 없다. '나' 없이는 나라도 없다. 여기서 나와 나라는 완전히 일치된다.

2절, "남산 위에 저 소나무 철갑을 두른 듯, 바람 이슬 불변함은 우리 기상일세."는 밖의 변화와 시련에도 변하지 않는 확고한 주체성과 정체성을 말해준다. 어떤 시련과 유혹과 역경에도 굴복하지 않는 푸른 솔의 절개와 기개, 높은 기상을 우리 민족이 가지고 있음을 나타낸다. 이것은 우리 민족의 높은 기상을 내세우는 것이고 민족 구성원 한 사람 한 사람의 확고한 주체성과 정체성을 주장하는 것이다. '애국가'는 우리 민족의 정신과 기상을 높이 평가하고 신뢰하며 존중한다.

3절, "가을 하늘 공활한데 구름 없이 높고 밝은 달은 우리 가슴 일편단심일세."에서 가을하늘은 땅의 물질적 조건과 현실을 뛰어넘은 높고 크고 깨끗한 이념과 뜻을 나타낸다. 높고 맑은 가을하늘에 떠 있는 밝은 달은 이지러지거나 쪼개지지 않는 강하고 뚜렷한 신념과 의지를 나타낸다. '애국가'를 부르는 사람은 '애국가'

를 지은 사람과 마찬가지로 가을하늘과 같은 높고 큰 이념과 뜻을 가져야 하며 밝은 달처럼 뚜렷하고 환한 신념과 의지를 가져야 한다.

4절, "이 기상과 이 맘으로 임군을 섬기며 괴로우나 즐거우나 나라 사랑하세."는 푸른 솔 같은 강인한 기상과 밝은 달 같은 떳떳하고 뚜렷한 심정으로 형편이 좋거나 나쁘거나, 이기거나 지거나 성공하거나 실패하거나 한결같이 나라의 임인 임군을 섬기며 나라를 사랑하자는 것이다.

'애국가'에 담긴 심리와 정신은 자아의 분열과 갈등을 모르며 나와 나라를 하나로 여긴다. '애국가'를 지은 사람은 내적 자아의 분열과 갈등을 극복하고 확고한 주체성과 통일된 정체성을 가진 사람이며 나와 나라를 일치시킨 사람이다. 내적 자아의 분열과 갈등에 빠져 헤매면서 나와 나라를 분리하고 나라와 민족에 대해서 열등감을 가지고 수치스럽게 생각하는 사람은 결코 '애국가'의 작사자가 될 수 없다. 안창호와 윤치호의 심리와 철학을 연구하면 누가 '애국가'의 저자인지 보다 확실하게 알 수 있다.

2. 윤치호의 분열적 심리와 철학

분열적 심리: 열등감과 우월감

윤치호는 뛰어난 기억력과 시적 감수성을 가진 사람이었다. 명문가의 후손이고 부유하면서 비상한 지적 능력을 가졌지만 서얼이라는 신분적 제약은 윤치호의 내적 정체성과 심리에 균열을 가져왔다. 그의 뛰어난 지적 문학적 능력과 부유한 명문집안의 후손이라는 자각은 그에게 큰 자부심과 우월감을 주었다. 그러나 서

얼 출신으로서 그가 받은 차별과 소외는 그로 하여금 예민한 저항감과 분노와 함께 깊은 열등감을 갖게 했다. 그의 뛰어난 지적 능력과 부유한 집안은 엘리트적 우월감과 사회현실의 부강한 세력에 대한 신뢰를 갖게 하였고 이와 대조되는 가난하고 무기력한 민중의 무지와 게으름과 더러움을 멸시하고 비판하게 하였다. 윤치호의 내면은 우월감과 열등감으로 분열되었다. 그의 분열된 자아는 정체성을 잃고 나약해졌다. 30세 때 아버지의 비판을 받고서 윤치호는 일기에 "너무나 고적함으로 어린아이같이 소리내어 울었다. 국내정세가 혼미하고 가치관 갈등이 심하다"[1]고 썼다. 사회현실적 삶과 행동에 대한 그의 세계관과 윤리에서는 부강한 세력의 풍요롭고 아름다운 힘과 가난하고 무력한 민중의 무지와 게으름이 대조되었다. 윤치호는 부강을 이루는 지식과 근면과 노동을 중시하고, 가난과 무기력에 이르는 무지와 게으름과 더러움을 혐오하였다.

러일전쟁에서 일본이 승리한 후에 윤치호는 일본에 의한 조선의 식민지화가 필연이라고 예견하였다. 그는 문명국이 된 일본을 "황인종의 일원으로서 사랑하고 존경한" 것뿐만 아니라 일본에 의한 조선의 식민지화를 조선인이 가진 "노예근성, 부정직함, 죽은 자 같은 무기력성"이 초래한 당연한 결과로 보았으며 조선 민중의 죄에 대한 벌로 해석했다. 그는 조선에 대한 일본의 식민통치를 조선 민족의 갱생을 위한 훈련기간으로 생각했다.[2] 그는 권력의 탄압과 강압을 조용히 받아들이면서도 그 모든 책임과 허물을 민중에게 돌리고 민중의 무지와 무기력을 멸시하고 비난하

---

1) 『윤치호 일기』 1895년 2월 23일.
2) 양현혜 『윤치호와 김교신-근대 조선에 있어서 민족적 아이덴티티와 기독교』(서울: 한울, 1994. 20095) 71~2쪽. 『윤치호 일기』 1905. 6.2,20.

였다.

조선과 조선 민중에 대한 멸시와 혐오는 강대한 문명국의 대세를 따르는 윤치호의 열등감과 맞물려 있었다. 그러나 그의 과도한 우월감과 자부심은 외적으로 물질적 강자에 대한 찬양과 숭배로 이어졌다. 그의 내부에 있는 열등감은 민중에 대한 멸시와 혐오로 이어지고 우월감은 강자에 대한 찬미와 숭배로 이어졌다. 내적 열등감과 결합된 민중에 대한 멸시, 내적 우월감과 결합된 외적 대세추수주의는 서구 중심의 문명개화 사상과 사회진화론을 수용함으로써 증폭되었다. 조선과 조선 민중에 대한 열등감과 멸시는 그의 내적 열등감과 무력감의 표현이었다. 문명개화에 앞선 서구와 일본의 강력한 힘에 대한 찬양과 숭배는 그의 지나친 우월감과 자부심의 표현이었다.

이러한 윤치호의 분열된 자아는 자기 정체성과 주체성의 상실로 이어졌고 이것은 다시 민족과 조국의 주체성과 정체성을 부정하고 파괴하는 데로 나아갔다. "한국사의 내재적 발전을 부인하고 과거 역사를 정체적으로 인식했으며, 한민족의 독립과 개혁에 대한 의지 및 능력을 부인하고 현재를 절망적으로 인식했으며, 가까운 장래에 있어 한국의 독립과 재생을 포기하고 미래를 회의적으로 전망했던 윤치호의 비관적 국사관은 그를 민족패배주의에 빠지게 했다."[3] 역사와 사회의 토대와 중심을 이루는 민중을 멸시하고 혐오한 윤치호는 한국의 역사와 사회를 개혁하고 새롭게 창조할 가능성과 희망을 스스로 부정하였다. 그리하여 그는 역사와 사회의 변화를 물리적 힘과 그 힘을 가진 강자들에게 맡기고 스스로 대세순응과 굴종의 길로 가게 되었다. 그는 민중을 역사 변혁의 주체로 볼 수 없었고 그 자신도 주체가 될 수 없었다. 그는

3) 유영렬 『開化期의 尹致昊 硏究』 (서울: 한길사, 1985) 242~3쪽.

한국민족의 자주독립과 해방을 위한 민족적 주체성과 정체성을 부정했다. 그에게는 민족 한 사람 한 사람의 주체적 깊이와 자유에서 민족 전체의 하나 됨에 이르는 길이 막혀 있었다. 한 인간의 주체적 깊이와 자유는 통일된 주체성과 일관된 정체성에서 나오는 것이다. 그에게는 통일된 주체성과 일관된 정체성이 결여되어 있었으므로 주체의 깊이와 자유에서 민족 전체의 하나 됨에 이르는 길이 차단된 것이다.

관념적 철학과 분열적 사유

윤치호에게서 내적 자아의 분열은 철학과 사상의 내적 분열로 이어졌다. 그는 문명과 비문명을 이원화함으로써 문명개화하지 못한 조국과 조국의 민중을 불신하고 멸시하게 되었다. 민중을 불신하고 멸시함으로써 그의 민주사상은 왜곡되고 위축되었다. 부강한 문명 강대국을 찬미 숭배하고 미개한 조국과 민중을 불신 멸시함으로써 그의 애국심은 뿌리를 잃게 되었다.

철학의 이원론적 구조

윤치호는 서구문명을 전적으로 긍정하고 받아들였다. 그에게 문명은 절대 선이고 비문명은 악이었다. 문명은 부강하고 깨끗하고 고상하고 아름다운 것이며 비문명은 무기력하고 더럽고 천하고 추한 것이었다.[4] 윤치호에 따르면 산업문명국은 선한 자이고 영원의 지복을 누릴 자이며 비산업문명국은 악한 자이며 영원

4) 『윤치호 일기』 1891. 5.12, 1903. 1.3.

의 멸망에 이를 자였다.[5] 산업문명의 외적 가치로 자기와 자기 나라를 평가한 윤치호는 불의한 제국주의 국가의 자기 정당화 논리를 그대로 받아들였다. 그리하여 그는 자기 주체를 상실하고 자기 정체성을 파괴하는 데 이르렀으며 자기 민족의 열등성을 승인하였다.[6]

처음에 윤치호는 강자의 불의를 약자에 대한 당연한 징벌이고 약자에 대한 교육적 의미를 가진 것으로 정당화했다. 여기서는 산업문명국=선=영원의 지복, 비산업문명국=악=영원의 멸망이라는 도식을 가지고 강자의 불의를 정당화했다. 그러나 칼의 호전성을 최고의 가치로 보게 된 윤치호는 칼의 힘이 칼의 행위 자체를 정당화한다고 보게 되었다. 강자의 불의는 투쟁에 의해 획득한 강자의 정당한 권리로서 정당화된다. 강자=정복=약탈, 약자=복종=피약탈이라는 도식을 가지고 강함 자체를 최상의 가치로 두게 된 것이다.[7]

문명과 비문명을 이원적으로 분리하고 대립시킨 윤치호는 사적 영역과 공적 영역을 이원적으로 분리시켰다. 그에게서 종교(하나님)는 역사와 사회의 공적 영역에서 제거되고 인간의 내적이고 사사로운 감정의 영역으로 추방된다.[8] 하나님은 모욕 받고 상처받은 영혼의 열등감을 위로하는 사적 감정의 영역을 다스리는 신으로 전락하고 공적 영역은 강자의 칼, 힘에 맡겨진다. 이로써 사적 영역과 공적 영역은 이원적으로 분리되었다.

민주주의에 대한 윤치호의 신념은 부국강병과 약육강식의 현실주의 국가관에 의해서 위축되고 변질되었으며 근본적으로 제약되

5) 양현혜『윤치호와 김교신-근대 조선에 있어서 민족적 아이덴티티와 기독교』47쪽.
6)『윤치호 일기』1891. 3.10, 1893. 3.19, 1896. 5.26. 양현혜. 같은 책. 47쪽.
7) 양현혜『윤치호와 김교신-근대 조선에 있어서 민족적 아이덴티티와 기독교』79~80쪽.
8)『윤치호 일기』1891. 3.22, 1892. 1.10.

었다. 부국강병의 국가권력이 지배하는 세계에서는 민족의 자주독립과 민의 자유와 권리가 제대로 지켜지고 실현될 수 없다. 이런 국가주의가 조장하고 강요하는 애국심과 애국주의는 민의 자유와 권리를 억압하고 해치게 되며 약소국에 대한 불의한 침략과 정복을 정당화하는 거짓된 감정과 의식을 갖게 한다. 문명국과 비문명국의 이원론적 대립은 그의 사상과 철학을 이원론적으로 분열시켰다. 따라서 그의 개혁이론들과 실천방법들도 서로 충돌하고 분열되어 있다. "그의 이상을 실현하는 방법은 주어진 현실상황에서 가능성 있는 최선의 방법을 모색하는 것이었다. 이러한 현실상황론적 타협주의는 내부혁명과 평화적 자주개혁 및 외세 지배하에서 개혁 같은 서로 모순되는 3개의 변혁방법론을 그의 의식 속에 공존케"했다.[9)]

윤치호 철학의 핵심내용

문명국과 비문명국, 사적 영역과 공적 영역을 이원론적으로 분리하고 대립시킴으로써 윤치호의 철학은 분열과 대립의 갈등구조를 가지고 있다. 그러나 그의 철학의 내면에는 실질적인 힘과 진실, 정직과 행동을 강조하는 진지하고 성실한 원칙과 태도가 확립되어 있다. 이러한 내적 측면은 실질적 힘과 진실, 정직과 행동을 내세우며 무실역행을 주장한 안창호의 철학과 일치한다. 안창호와 관련해서 윤치호의 이러한 철학 사상적 측면은 강조될 필요가 있다.

윤치호는 서구 문명에서 민주주의와 힘의 철학을 배웠다. 낡고 봉건적인 조선의 신분체제와 유교철학을 거짓되고 무기력한 것으

9) 유영렬 『개화기의 윤치호 연구』 231쪽.

로 통렬하게 비판했다.[10] 그는 상황과 조건이 허락되는 한에서는 조선의 문명개화와 자강을 위해서 애를 쓰고 노력하였다. "우리들이 어떠한 학교의 설립을 원한다면, 그것은 한국의 젊은이들이 노동이 수치가 아니라는 것과 한국의 장래는 노동에 달려 있다는 것 그리고 기독교가 일하는 종교라는 것을 산 진리로 배울 수 있는 실업학교여야 한다."[11] 그는 노동을 천시하는 폐습을 타파하고 스스로 일해서 경제적으로 자립하는 자립능력을 배양시키려 했다. 경제적 자립능력에서 얻어질 수 있는 개인적인 독립정신을 국가적인 독립사상으로 승화시켜 국가독립의 기초를 닦으려 했다.[12] 그는 실업교육을 통해 노동의 존귀함과 일하는 기쁨을 일깨워 근로정신을 고취하여 일하는 인간, 일하는 국민을 만들려고 했다.[13] 실업교육을 통해 독립자존의 의식과 독립자존의 능력을 길러 남에게 의지하여 살려는 생활태도를 청산하고 자립적으로 자기 생활을 개척해가는 자립적 인간, 자립적 국민을 만들려고 했다.[14] 실업교육을 통해 창의와 근로정신으로 부를 축적하여 빈곤을 추방하고 윤택한 생활을 영위하는 부유한 국민이 되게 하려고 했다.[15] 실업교육을 통해 윤치호는 개개인의 독립자존의 의식과 능력 그리고 민중생활의 향상을 바탕으로 국가의 독립과 부강의 기초를 닦으려고 했다.[16]

---

10) 『윤치호 일기』 1890. 5.18, 1894. 9.27.

11) "T.H. Yun's Letter to Dr. Warren A. Candler," October 22, 1895. The Young John Allen Papers. Library Emory University.

12) 『大韓自强會月報』 제1호, 35~41쪽.

13) "T.H. Yun's Letter to Dr. Warren A. Candler," October 22, 1895. The Young John Allen Papers. Library Emory University.

14) "T.H. Yun's Letter to Dr. Warren A. Candler," January 23, 1896. The Young John Allen Papers. Library Emory University.

15) "T.H. Yun's Letter to Dr. Warren A. Candler," January 23, 1896. The Young John Allen Papers. Library Emory University.

16) 윤치호 '독립ᄒᆞᄂᆞᆫ 상책'. 〈독립신문〉 1898년 7월 15일자 논설.

윤치호는 자주정신을 바탕으로 한 자주개혁이 국가의 참다운 독립과 개화를 이루는 가장 확실한 방법이라고 믿었으며 내 나라 일은 결국 내 나라 사람이 가장 충실히 하게 된다고 여겼다.[17] 윤치호는 인간관계, 군신관계, 국제관계의 유지에 있어서 정직과 신의가 가장 귀중한 요소가 된다고 믿었으며, 정직을 문명과 비문명을 구분하는 한 가지 척도로 생각할 만큼 인간사회의 정직문제에 깊은 관심을 가지고 있었다. 그는 "청결과 정직에 있어서 중국인을 믿기보다는 천문학과 지질학에 있어서 돼지를 믿겠다"[18]든가, "조선에 있어서 가장 깊게 자리 잡고 있고 동시에 가장 널리 퍼진 악은 거짓이다"[19]고 하여 중국과 조선 사회에 있어서 정직성의 부재를 통감했다. 윤치호는 "'청교도적'인 인간형에 가까운 사람이었다. 그는 이기적이고, 욕심 많고, 사치스럽고, 노동을 경시하는 인간에게는 상당한 '적개심'을 가지고 있었다."[20] 을사늑약을 계기로 사실상 정치변혁을 포기한 이래로 일제시대 전반에 걸쳐 국민계몽과 국민개조에 전심전력 했던 점 등을 고려할 때 그는 국가의 통치체제의 변혁 곧 정치변혁보다 국민의 의식구조의 변화 곧 국민개조에 더 큰 비중을 두었던 계몽주의자였다고 할 수 있다.[21]

그러나 민주와 자립, 실력양성과 자강, 정직과 진실, 노동과 실업 교육을 강조하는 윤치호의 철학은 강대한 문명국의 힘(칼)에 굴복하는 현실상황론, 서구 문명을 숭배하고 찬양하며 한국민족

17) 윤치호 '독립ᄒᆞᄂᆞᆫ 상책' 〈독립신문〉 1898년 7월 15일자 논설. 『윤치호 일기』 1904. 8.22.
18) 『윤치호 일기』 1894. 7.14.
19) 『윤치호 일기』 1897. 7.14.
20) 김성태, '근대 한국의 선각자, 좌옹 윤치호', 윤경남 편저, 『좌옹 윤치호 평전』 137쪽.
21) 유영렬 『開化期의 尹致昊 硏究』 239쪽.

과 민중의 무지와 무기력을 멸시하고 혐오하는 일관된 자세와 상충된다. 윤치호의 내적 심리와 정체성이 분열되어 있듯이 그의 철학과 사상도 내적으로 분열되어 있다. 이처럼 윤치호의 사상과 철학의 여러 요소들이 서로 충돌하고 갈등을 빚게 된 것은 그의 사상과 철학이 자신의 삶과 역사에서 스스로 닦여지고 체득된 것이 아니라 외국유학에서 이론적으로 배운 것이기 때문이다.

3. 안창호의 통일적 심리와 철학

안창호와 윤치호의 철학적 공통점과 차이

안창호와 윤치호의 철학과 사상을 비교하면 두 번 놀라게 된다. 첫째, 둘의 철학이 지닌 공통점과 유사성이 너무 커서 놀라지 않을 수 없다. 둘째, 둘의 철학이 공통점과 유사성을 가짐에도 기본 원리와 목적과 방향이 너무 다른 것에 놀라게 된다.

앞에서 살펴보았듯이 윤치호는 정직을 앞세우며 실용적 힘을 기를 것을 강조했다. 따라서 급진적 투쟁과 이론보다 점진적 실력 양성을 내세웠다. 그는 또한 인간과 민족의 개조를 말했으며 진실하고 정직하게 일하고 행동해야 한다고 생각했다. 그는 인간의 자각을 위한 교육을 중시했으며 힘을 기르는 자강운동에 앞장섰으며 청결을 강조했다. 윤치호의 이런 주장은 안창호의 기본 사상과 그대로 일치한다. 안창호의 연설문이나 발언에서 윤치호가 한 말과 같거나 비슷한 말들이 자주 나온다. 윤치호의 핵심 사상과 말은 안창호의 것이라고 해도 될 만큼 둘의 기본사상은 일치한다. 윤치호와 안창호의 사상적 연속성과 유사성에 놀라게 된다.

그러나 안창호와 윤치호가 철학과 사상의 기본 원리와 성격이 너무 다르고 실천과 지향이 상반되는 것을 확인하고는 다시 놀라게 된다. 윤치호가 문명의 기본 핵심을 부강한 국력으로 보고 그것을 '칼'로 형상화했다면 안창호는 문명의 뿌리와 씨를 민이 서로 '보호하고 단합함'으로 파악되어 전혀 다른 문명이해를 보인다. 안창호는 행복의 어머니는 문명이고 문명의 어머니는 '인간의 개조하는 노력'이라고 했고 행복의 최고 원소와 근원을 사랑으로 파악하였다.[22] 안창호는 문명과 국가의 중심에 민과 사랑이 있다고 본 것이다. 윤치호는 민을 불신하고 멸시했는데 안창호는 민이 함께 서는 것[共立]이 민주주의의 원리일 뿐 아니라 문명부강의 뿌리와 씨라고 하였다. 공립협회의 목적인 "서로 보호하자는 뜻으로 합심 협력함"이 문명과 부강의 뿌리와 씨이고 "문명과 부강을 부지하고 진보하는 것"이라고 하였다.[23] 윤치호는 현실을 지배하는 세력에 순응하고 굴복하는 자세로 일관했다면, 안창호는 어떤 역경과 시련에도 불구하고 떨쳐 일어나 일제에 맞서 싸우며 앞으로 나아가는 삶을 일관했다.

안창호와 윤치호의 이런 차이는 어디서 온 것일까? 세 가지 이유를 들 수 있다. 첫째, 인생관과 세계관의 근본적 차이에서 두 사람의 사상적 실천적 차이가 생겨났다. 윤치호는 현실의 지배권력('칼'), 물질적 재산, 육체적 혈연적으로 결속된 가정을 가장 중요하게 여겼다. 물질적 힘이 현실을 지배하고 결정한다고 보았으므로 그는 언제나 현실의 조건과 상황에 순응하고 굴복하였다. 이에 반해 안창호는 현실의 권력, 물질적 재산, 혈연적 가정을 형성

22) 안창호 '개조' 『안도산전서』 642쪽. 안창호 '사랑' 같은 책. 648쪽.
23) 안창호, "공립협회 1주년기념 연설", 『安島山全書』 581쪽.

하고 결정하는 것은 인간의 주체적 정신이라고 보았다. 인간이 현실의 원인과 결과를 지어내는 주체라고 생각했던 안창호는 언제나 현실의 조건과 상황을 주체적으로 극복하고 변화시켜서 돌파해 나가려고 하였다.[24)]

둘째, 윤치호의 심리적 분열과 안창호의 심리적 통합에서 차이가 나왔다. 윤치호는 내적 자아가 심리적으로 분열되어 있었다. 심리적으로 분열되고 불안정했던 윤치호는 선배 지식인인 유길준과 러시아 황제 대관식 특사였던 민영환에 대한 깊은 혐오와 분노를 자주 드러냈다.[25)] 깊은 열등감과 우월감으로 분열된 윤치호의 자아는 그를 사상과 실천의 분열로 이끌었다. 심리적으로 매우 안정되고 통일되어 있었던 안창호는 평생 열등감이나 불안감을 드러낸 일이 없으며 남을 멸시하거나 남에 대한 심한 미움이나 분노를 표현한 적이 없다.[26)] 이런 심리적 차이가 윤치호를 분열적 사상과 실천으로 이끌었고 안창호를 통합적 사상과 실천으로 이끌었다.

셋째, 사상과 철학의 형성과정의 차이가 둘의 차이를 가져왔다. 일본과 미국의 외국 문명에서 충격을 받으면서 윤치호는 자신의 사상과 철학을 형성했다. 외래문화의 충격에서 형성된 그의 사상과 철학은 주체적이고 통일적일 수 없었다. 윤치호는 현실적이고 실용적인 지식과 사상을 추구했으나 그의 사상과 철학은 한국의 삶과 역사에서 우러난 것이 아니므로 추상적이고 관념적으로 흘러갔다. 윤치호의 사상과 철학의 여러 요소들이 서로 충돌하고

---

24) 안창호, '삼선평 연설', 주요한 편저, 『安島山全書』 583~4쪽. 장리욱, 『도산의 인격과 생애』 흥사단 2014. 14~8쪽.

25) 윤경남 역술 『민영환과 윤치호 러시아에 가다』 신앙과 지성사 2014. 29~31,60,119~120,139~140쪽.

26) 이광수 『도산 안창호』 하서 2007. 128쪽.

갈등을 빚으며 분열되어 있는 것은 그의 사상과 철학이 자신의 삶과 역사에서 닦여지고 체득된 것이 아니라 외국유학에서 이론적으로 배운 것이기 때문이다.

안창호는 한국의 역사와 현실 속에서 민중과 하나 되는 체험을 하면서 스스로 진리를 체득하고 깨달음으로써 자신의 인격과 사상을 형성했다. 안창호는 서울에서 선교사들에게 기독교신앙과 과학사상을 배웠으나 역사·문화적 주체성을 가지고 깊이 받아들였다. 그는 한국역사의 현장에서 민중과 하나로 되는 감동적 체험을 하면서 자신의 인격과 사상을 형성했다. 미국에 유학을 가서도 길거리에서 상투 잡고 싸우는 한인동포들을 보고는 유학공부를 중단하고 민중 속으로 들어가서 함께 노동하며 민중을 깨우치고 훈련하고 조직하는 일에 헌신하였다. 민중과 함께 나라의 주인과 주체로서 일어서는 교육 조직운동을 하면서 안창호는 자신의 철학과 사상을 닦아냈다. 윤치호가 외국에서 문화적 충격을 받고 배운 철학과 사상은 외래적, 관념적일 수밖에 없었다. 따라서 주체적인 자기 철학이 될 수 없고 유기적으로 통일된 실천적 사상이 될 수 없었다. 한국의 역사와 사회의 현실 속에서 민중과 더불어 형성한 안창호의 철학과 사상은 주체적이고 통일된 실천적 사상이 될 수 있었다.

안창호의 통일적 심리와 철학

통합적 심리와 사유: 주체성과 정체성

안창호는 어디서도 열등감이나 우월감을 드러내지 않았다. 그는 또한 어떤 일에서나 자기에게 책임을 돌리고 자기가 스스로 책임을 지려고 했지 남 탓을 하지 않았다. 그는 특정한 사람에 대한 분노와 미움을 드러내지 않았다. 안창호의 이런 특징은 열등감과 우월감으로 상처를 입으며 늘 남 탓을 하고 남에 대한 격렬한 분노와 미움을 드러내는 윤치호와 크게 다른 점이다. 그의 안과 밖은 온전히 통일되어 있었다. 오랜 세월 안창호를 옆에서 지켜 본 이광수는 이렇게 말했다. "그의 지인치고 그가 성낸 기색을 보거나 크게 웃거나 근심에 잠긴 양을 본 기억은 없을 것이다. 그의 일동일정(一動一靜)에는 언제나 예려(豫慮)와 자제(自制)가 있었다."[27] 인격과 심리가 통일되어 있었기 때문에 그는 말로만 가르치지 않고 온 몸으로 삶으로 행위로 가르칠 수 있었다.[28]

나를 확립하고 민족의 독립과 통일에 이르는 길을 열다

안창호는 '나'의 철학을 확립하고 민족 전체의 독립과 통일을 위해 헌신하였다. 그에게는 사적 영역인 '나'와 공적 영역인 민족(국가)이 하나로 통합되어 있다. 그가 주도한 흥사단입단 문답은 민족 독립의 주체로 나의 건전한 인격을 확립하고, 확립한 동지들의 단결을 통해서 민족 전체의 통일에 이르는 과제에 집중되어 있다.[29] 안창호는 국가를 유기체적 생명체로 파악했다. 몸이 하나로 통합되어 있듯이 국가는 모든 국민들이 하나로 통합된 기관이었다. 유기체적으로 통합된 국가는 그 구성원인 국민 한 사람 한 사람과 동일시된다. 따라서 안창호는 나라를 사랑하는 것(愛國)이 곧 나의 몸을 사랑하는 것(愛身)이라고 했다.[30]

안창호는 나의 몸과 가정을 고치는 일에 힘쓰면서 나라의 독립

---

27) 이광수 『도산 안창호』 하서 20076. 128쪽.
28) 이광수 『도산 안창호』 하서 20076. 160쪽.
29) 앞 책. 167쪽 이하 참조.
30) 안창호, '삼선평 연설', 『安島山全書』 584~5쪽.

과 통일을 위해서 헌신하였다. 그에게는 나와 가정의 사적 영역과 민족 국가의 공적 영역이 서로 명확히 구분되면서도 긴밀하게 이어지고 통합되었다. 그가 조직한 흥사단의 강령은 건전인격과 공고한 단결을 이룸으로써 민족의 독립과 통일을 지향하였다. 안창호의 철학의 핵심은 덕력, 체력, 지력을 길러서 건전한 인격을 세우고 무실역행(務實力行) 충의용감(忠義勇敢)을 실천하는 참된 인간이 되는 데 있었다. 그리고 참된 인간이 되어 조직과 단체의 공고한 단결을 이루고 조직과 단체의 공고한 단결을 이룸으로써 민족의 통일과 나라의 독립에 이르며 더 나아가서 세계의 정의와 평화에 이르는 대공주의(大公主意)를 실현하자는 것이었다.

이렇듯 그에게는 나의 주체의 깊이와 자유(건전인격)에서 민족(세계) 전체의 통일에 이르는 길이 하나로 이어져 있다. 안창호의 일생은 한 사람 한 사람의 주체적 깊이와 자유에서 민족 전체의 하나 됨에 이르는 길로 온 민족과 함께 나아가는 삶이었다. 한국 근현대의 삶 속에서 생의 진리를 체득하고 깨달은 생명 철학자 안창호는 생명의 세 가지 본성과 원리, 주체와 전체(통일)와 진화(진보)에 충실한 삶을 살았다. 주체(건전 인격)의 확립, 전체(민족)의 통일, 진화(개혁과 나아감)은 그의 철학과 사상을 형성하는 세 기둥이고 통합적 원리였다. 그의 삶은 민을 주체로 깨워 일으켜 민족의 단합과 통일에 이르려는 '애국가'의 정신과 사상을 구현하고 실천하는 삶이었다. 그가 가장 강조한 말은 온갖 시련과 좌절을 뚫고 '앞으로 나아가자'는 것이다.[31] 이것은 현실의 세력에 굴복하고 안주하는 윤치호의 타협적, 절충적 태도와 대조되는 안창호의 진취적이고 투쟁적 자세를 보여준다.

---

31) 안창호, '청년에게 부치는 글', 『安島山全書』 546~8쪽.

철학의 핵심원리: 애기애타(愛己愛他), 활사개공(活私開公), 대공주의(大公主意)

말년에 안창호는 '나를 사랑하고 남을 사랑하라'(愛己愛他)는 말로 자신의 사상을 오롯이 표현했다. 이 한 마디 말 속에 그의 깊은 교육철학과 원리와 방법이 담겨 있다. 평범해 보이는 애기애타의 정신과 원리는 생각할수록 심오하고 새롭고 혁신적이다. 나와 남을 함께 주체로서 사랑하라는 말은 개체의 생존의지와 본능에 충실한 생명의 이기적 성격뿐 아니라 개체의 희생과 죽음을 통해서 생명진화와 고양을 이룬 생명의 이타적 성격을 함께 충족시키는 생명의 진리다. 또한 나를 사랑하고 남을 사랑하라는 애기애타의 정신과 원리는 민의 주체적 자각으로 시작된 근현대의 정신적 원리일 뿐 아니라 서로 주체의 상생하고 공존하는 생활 공동체의 원리이며 자치와 협동의 사회를 형성하는 정치사회의 공동체적 원리다.

애기애타는 서로 다른 주체들의 인성을 실현하고 완성하는 삶의 원리다. 생명의 주체와 전체인 인간의 본성은 사랑으로만 실현되고 완성된다. 인성의 자각과 실현은 인간이 자신을 존중하고 사랑하는데서 시작해야 한다. 인간이 자신을 사랑할 때 비로소 자신의 인성을 긍정하고 실현하고 완성시킬 수 있다. 자신을 존중하고 사랑하여 인성의 중심과 깊이에 이르면 자신의 인성을 실현하고 완성할 뿐 아니라 남의 인성을 존중하고 사랑하며 이끌 수 있다.

안창호의 애기는 나 자신에 대한 사랑에 머물지 않고 남을 사랑하는 애타(愛他)로 나아간다. 나를 사랑하는 애기와 남을 사랑하는 애타는 서로 다르면서도 깊이 결합되어 있다. 나를 깊이 사랑하고 존중할 수 있을 때 비로소 남을 바르게 잘 사랑할 수 있다. 삶 속에서 나와 남은 뚜렷이 구분되면서도 그 깊이와 높이에서 뗄 수 없이 하나로 결합되어 있다. 나를 사랑하고 존중하여 건전하고 힘 있는 나를 만들고 서로 보호하고 협동하는 사회관계에 이르며 민족 전체의 통일과 세계평화에 이르자는 것이 안창호의 '애기애타' 철학이다. 그는 공(민족, 세계)과 사(나, 가정)를 뚜렷이 구분하는 공사병립(公私竝立)의 원칙을 확립했고[32] 나를 살리고 힘 있게 해서 민족과 세계의 공적 영역을 열어가는 활사개공(活私開公)의 원칙을 정립했다.[33] 그는 한 사람 한 사람의 '나'를 사랑하고 존중하며 바로 세우려 했고 서로 보호하고 협동하는 이타의 삶을 추구하면서 민족과 세계 인류 전체의 자리에서 생각하고 행동하는 대공주의를 내세웠다.[34]

개조의 철학과 참된 행복

안창호는 개조와 사랑을 내세웠다. 그는 평생 개조에 대해서 생각했고 개조는 인생과 역사의 가장 근본적인 진리라고 보았다. 개조(改造)는 개혁하고 창조하여 자신과 세상을 보다 낫게 새롭게 변화시키는 것이다. 자기와 세상을 사랑하면서 새롭게 개혁하고 창조해 가야 한다고 보았다. 그는 행복의 어머니는 문명이고 문명의 어머니는 '개조하려는 인간의 노력'이라고 말했다. 그는 인간을 '개조하는 동물'이라고 했고 자기와 세상을 새롭게 개조하는 것이 인간의 본분이고 사명이라고 했다. 자연만물과 사회의 개

32) 안창호, "동포에게 고하는 글", 『安島山全書』 538쪽.
33) 안창호, "동포에게 고하는 글", 『安島山全書』 538쪽.
34) 안창호, '홍언동지 회람'(1931. 11.6. 편지) 홍사단 창립 104 주년 기념 심포지엄 자료집《도산 안창호 사상의 재조명 : 대공주의(大公主義) 이해와 실천 과제》 2017. 5. 12. 주최 홍사단 주관 홍사단시민사회연구소. 334쪽.

조는 인간의 자기 개조에서 시작되고 자기 개조로 돌아간다고 하였다.[35)]

안창호는 행복의 어머니를 문명에서 찾고 문명의 어머니를 개조하려는 노력에서 찾았다. 개조하려는 인간의 모든 노력은 인간의 자기 개조로 귀결되고 인간의 자기 개조에서 나온다. 결국 최고의 행복은 인간이 자신을 개조하는데 있다.[36)] 안창호에게는 '나'를 새롭게 변화시키는 것이 가장 보람 있고 행복하고 위대한 일이다. 인간의 자기 변화와 개조에서 최고의 행복을 찾는 안창호의 철학은 '이성의 관조'에서 최고의 선과 행복을 찾는 아리스토텔레스의 철학보다 훨씬 더 현대적이고 훨씬 더 위대하다.

안창호는 문명부강의 뿌리와 씨를 민이 사랑으로 서로 '보호하고 단합함'이라고 했다. 인간이 자신을 개조하는 목적은 사랑으로 보호하고 단합하는 존재가 되자는 것이다. 대전형무소에서 아내에게 보낸 편지에서 안창호는, 행복은 화평에서 오고 화평은 사랑에서 나온다고 하였다.[37)] 1919년 상해의 교회에서 한 설교 '사랑'에서도 사랑이 '행복의 최고 원소'라고 하였다. 그리고 "우리가 서로 사랑한즉 하나님이 우리의 속에 들어오오"라고 하여 서로 사랑하는 것이 가장 위대하고 행복한 순간임을 말하였다.[38)]

인간이 자기를 개조한다는 것은 사랑할 수 없는 자기를 사랑할 수 있는 자기로 변화시키는 것이다. 사랑으로 서로 보호하고 협동할 수 없는 인간이 사랑으로 서로 보호하고 협동하는 인간으로 되는 것이 인간이 자기를 개조하는 것이다. 인간의 개조와 변화는 사랑을 받을 때 사랑 안에 있을 때 가장 잘 이루어진다. 사

---

35) 안창호, '개조'『安島山全書』 641~7쪽.
36) 안창호, '개조'『安島山全書』 642~3쪽.
37)『安島山全書』 1037쪽.
38) 안창호, '사랑'『安島山全書』 648, 650쪽.

랑으로 서로 보호하고 협동할 때 사람은 사랑으로 서로 보호하고 협동하는 사람으로 된다. 사랑은 인간의 자기 개조가 이루어지는 동인이고 과정이며 목적이다. 그러므로 안창호는 병든 사람과 환난에 빠진 사람을 지극한 사랑과 정성으로 돌보고 보살폈다. 사랑 안에서 사람은 가장 깊이 감동을 받고 힘이 나고 새롭게 변화된다. 안창호가 생각한 행복은 인간이 자신을 개조하여 건전한 인격을 이루고 사랑으로 보호하고 단합하는 삶을 사는데 있다. 서로 보호하고 단합하는 것이 사랑으로 화평을 이루는 것이다.

안창호에게 인간의 가장 큰 행복은 사랑으로 서로 보호하고 단합(협동)하는 건전한 인격이 되기 위하여 자신을 새롭게 변화시키는데 있다. 자기와 세상을 개조하여 서로 보호하고 협동하는 문명사회를 이룩하려면 인간은 끊임없이 새롭게 보다 나은 세상을 향하여 나아가야 한다. 안창호의 철학에서 가장 강조되는 것은 어떤 '시련과 역경'에서도 '기쁨과 사랑과 희망'을 가지고 '보다 나은' 삶과 역사를 위해 '앞으로 나아가자'는 것이다.[39] 그는 과거에 매이지 않고 현재에 머물지 않았으며 인생의 마지막까지 보다 나은 새로운 삶을 위해 줄기차게 나아갔다.

'애국가'가 절실하게 필요했고 '애국가'를 사무치게 부른 사람

윤치호는 "민중은 능력 없고 무지한 집단이고 수세기에 걸친 종속적인 습성에 의해서 공공정신이 결여되어 있기 때문에 국가의 문제를 위임하는 것은 불가능하다고 생각했다."[40] 그러나 안

---

39) 안창호, '청년에게 부치는 글', 『安島山全書』 546~8쪽.
40) 『윤치호 일기』 1898년 5월 1일, 2일. 양현혜, 『윤치호와 김교신』 한울, 1994. 68쪽.

창호는 민중을 깊이 신뢰하고 사랑하였고 그들의 삶 속으로 들어가 함께 살며 민주와 공화의 세계를 열었다. 안창호와 함께 민중은 더러운 거리와 환경을 깨끗하게 하였고 게으름에서 벗어나 부지런한 일꾼이 되었으며 무지와 무력함을 떨치고 지혜롭고 힘 있는 사람들이 되었다.

1905~1908년 사이에 윤치호는 '애국가'가 절실하게 필요하다고 생각하지도 않았고 '애국가'를 그렇게 절실하고 사무치게 목숨을 걸고 열정적으로 불러야 한다고 느끼지도 않았다. '애국가'를 부르는 것을 반대하지 않고 격려했겠지만 자기를 희생하면서까지 불러야 한다고는 생각하지 않았다. '애국가'가 조선민족의 정신과 삶을 일깨우면 좋다고 생각했지만 그것이 지금 일본의 지배에서 벗어나 독립을 가져온다고는 생각하지 않았던 것이다. 그는 적어도 4~50년 후 또는 100~200년 후에나 한민족의 독립과 문명개화를 이룰 수 있다고 생각하였다.[41] 따라서 나라의 독립을 잃고 일본의 식민지가 된 것을 크게 슬퍼하지도 않았다. 그는 조선황제와 보수파정부의 무능하고 부패한 통치보다는 문명개화한 일본의 통치가 한국민족에게 낫다고 생각하기도 했던 것이다. 따라서 그는 '애국가'를 꼭 지어야 한다고 생각하지도 않았고 사무치게 불러야 한다고 느끼지도 못했다. 그에게는 동해물과 백두산이 마르고 닳도록 민족과 나라를 보전하고 지켜야 할 간절하고 사무친 심정이 없었다.

이에 반해 안창호는 독립주권을 잃고 일제의 지배를 받게 된 조국의 상황을 슬프고 고통스럽게 생각하였다. 1906년 말에 작성한

41) 1900년 12월 30일 일기에서는 100년 내지 200년 후에나 한국이 근대사회가 될 것으로 예상했으며, 1904년 5월 6일의 일기에서는 한국의 장래에 대한 희망을 발견할 수 없다고 단언했다.

'대한신민회 취지서'를 보면 민을 새롭게 하는 일에 안창호가 얼마나 큰 열정과 헌신의 맘을 가지고 있었는지 알 수 있다. 민족의 독립과 주권회복을 위해서 '자신의 피를 말리고 목숨을 바쳐서' 희생하고 헌신하기로 다짐하고 결심하였다. 한국에 돌아와서 그는 나라의 독립을 위해서 일제와 독립전쟁을 준비하고 선포해야 한다고 주장하였다. 이 시기에 그에게는 '애국가'가 절실하게 필요했다. 그는 평생 '애국가'를 사무치고 줄기차게 불렀다.

5장

'애국가'와 안창호·윤치호의 애국계몽가요들에 대한 인문학적 연구

글을 짓고 읽는 것은 사람이 하는 일이고, 사람다운 일이다. 글은 사람의 존재와 품격을 드러낸다. 글에는 글을 지은 사람의 존재와 품격이 담겨 있다. 사람은 글을 읽으면서 글 속에서 사람을 보고 만나고 알게 되며 글을 읽음으로써 사람이 되어간다. 사람이기 때문에, 사람다운 사람이 되었기 때문에 사람은 글을 짓는다. 또 사람다운 사람이 되기 위해서 사람은 글을 읽고 글을 읽음으로써 사람이 된다. 그러므로 사람(人)과 글(文)은 하나다. 글 속에서 사람을 보고 만나고 배우는 것이 인문학(人文學)이다. 글과 글을 지은 사람은 분리될 수 없다. 글에는 글을 지은 사람을 알 수 있는 단서나 흔적이 남아 있다.

'애국가'는 뛰어난 시(詩)이고 노래이고 글이다. '애국가'에는 '애국가'를 지은 사람의 존재와 품격이 담겨 있다. 누가 '애국가'를 지었는지 알려면 '애국가'와 '애국가'를 지었다고 생각되는 사람을 비교하고 서로 비추어보면 될 것이다. 또한 그 사람이 지은 다른 글들과 '애국가'를 비교해 보면 '애국가'를 지었는지 짓지 않았는지 알 수 있을 것이다. 글 속에는 글을 지은 사람의 존재와 품격뿐 아니라 그 사람의 성격과 감정, 욕구와 의지가 들어 있기 때문이다. 안창호와 윤치호의 애국 시가들과 '애국가'를 비교하면 안창호와 윤치호 가운데 누가 '애국가'를 지었는지 분명하게 판단할 수 있을 것으로 여겨진다.

1. 윤치호의 애국 시가(詩歌)들과 '애국가'의 비교

윤치호의 애국 시가들

서재필이 윤치호를 계관시인으로 일컬을 만큼 윤치호는 시적 문학적 능력을 가지고 있었던 것으로 보인다. 그가 많은 시가를 지은 것은 아니지만 그가 지은 애국시가들이 깊은 인상을 주고 널리 인정되고 받아들여졌다. 그가 지은 애국가요 가운데 가장 유명하고 현행 '애국가'와 관련된 것은 '무궁화가'다. 이 노래는 1897년 조선개국 505주년 기념행사에서 부른 것이다. '조선의 노래' 또는 '한국'(Korea)로 알려진 노래도 윤치호가 지은 것이며 그의 '역술 찬미가'에 첫 번째로 수록된 것인데 '무궁화가'와 함께 조선개국 505주년 기념행사에서 부른 것이다.[1)]

윤치호는 민영환을 따라서 러시아 황제 대관식에 참여했던 1986년에 서정적인 한시를 두 편을 지었는데 이 시들에 그의 심정과 자세가 잘 드러난다. 그가 지은 애국가요들과 한시들을 현행 '애국가'에 비추어 살펴보면 그의 시가들과 현행 '애국가'의 차이를 확연히 알 수 있을 것이다. 그밖에 윤치호가 지은 시나 노래를 찾지 못했다.

1) '무궁화가'

'무궁화가'의 가사는 다음과 같다.

1. 성자신손(聖子神孫) 천만년은 우리 황실이오./ 산고수려(山高水麗) 동반도는 우리 본국일세
   (후렴) 무궁화 삼천리 화려강산/ 대한사람 대한으로 길이 보전하세
2. 애국하는 열혈의기 북악(北岳)같이 높고/ 충군(忠君)하는 일편단심 동해같이 깊어
3. 이천만민 오직 한 맘 나라 사랑하야/ 사농공상 귀천없이 직분만

---

1) 신동립『애국가 작사자의 비밀』지상사 2015. 44~5쪽.

다하세

4. 우리나라 우리님군 황천이 도우사/ 군민동락 만만세에 태평 독립하세2)

'무궁화가'와 '애국가'는 형식적으로는 뚜렷한 연속성을 가지고 있다. 첫째 "무궁화 삼천리 화려강산 대한사람 대한으로 길이 보전하세"라는 후렴을 '애국가'는 그대로 무궁화 노래에서 받아들였다. 윤치호의 무궁화 노래 후렴을 그대로 가져왔고 각절 8,6/8,6의 운율도 그대로 따랐다. '무궁화가'는 형식과 내용에서 '애국가'의 모태가 되는 노래다. 그러나 '무궁화가'와 '애국가'의 정신은 확연히 다르다.

"동해물과 백두산이 마르고 닳도록"으로 시작되는 '애국가'는 시작부터 간절하고 사무치는 심정이 절절하다. '애국가'는 노래를 부르는 민중의 맘을 깨우고 일으키는 민중의 노래다. 그러나 '무궁화가'는 황실과 제국을 앞세움으로써 형식적이고 전통적인 장엄함과 아름다움을 내세운다. 둘째 절에서 "북악(北岳)같이 높고… 동해같이 깊어"라고 함으로써 '애국가' 1절의 첫머리와 비슷한 표현이 나온다. 북악(北岳)은 보통 서울의 산을 나타내지만, 대한제국은 백두산을 북악이라고 했다. 윤치호가 북악을 서울의 산을 가리키는 말로 썼다면 조선왕조의 수도인 서울의 산을 내세운 것이다. 백두산을 가리키는 말로 썼다면 대한제국의 공식 명칭을 쓴 것이다. 어느 경우든 '북악'은 왕조의 권위와 상징을 드러내는 말이다. 이 노래의 주인과 주체는 황제와 대한제국이다. 노래 부르는 민중은 황제와 제국에 대하여 애국하고 충성하는 의무와 직분을 다해야 할 신민(臣民)들일 뿐이다.

---

2) 〈대한매일신보〉 1907년 10월 30일.

후렴 "무궁화 삼천리 화려강산/ 대한사람 대한으로 길이 보전하세"에는 이 나라의 땅과 대한이라는 민족이 결합되어 있다. 이 후렴구는 단순한 서사적 표현이면서 나라 땅에 대한 긍지와 자부심을 갖게 하고 민족의 정체성과 주체성을 확립하는 좋은 가사지만 후렴 자체가 절박하고 사무치는 심정과 염원을 담고 있지는 않다. 무궁화 삼천리는 자연환경이고 대한사람은 자연인이라는 점에서 이 후렴은 자연에 대한 아름다운 서술이고 표현이다. 그러나 '영원무한'을 나타내는 '무궁화'란 꽃말은 자연주의를 넘어서는 초월적 의미와 지향을 담고 있다. 무궁화라는 꽃말이 상징하는 '영원무한'은 '애국가' 1~4절의 가사와 잘 이어진다.

고요한 정물화 같은 '무궁화가'

'무궁화가'는 문학적으로 미학적으로 매우 완성도가 높은 작품으로 여겨진다. 글자와 문구와 운율은 정형화되어 있으면서도 풍부하고 아름다우며 격조 높은 시상을 품고 있다. 운율은 절마다 8,6/8,6으로 되어 있다. 후렴은 3,3,4, 4,4,6으로 되어 있어서 읽고 부르고 외우기 좋게 되어 있다. 이 노래가 무궁화를 나라의 꽃으로 내세운 것은 큰 의미가 있다. 무궁화는 예로부터 한반도에 많이 피는 꽃이었고 중국에서도 한반도를 무궁화의 나라, '무궁화가' 피는 지역으로 일컫고 있었다. 그러나 조선왕조가 들어서면서 이씨 왕조를 상징하는 꽃으로 배꽃(梨花)을 내세우면서 무궁화를 주목하지 않게 되었다. 그러나 나라가 기울어가면서 한민족의 끈질기고 강인한 생명력을 강조하기 위해서 아름다우면서 오래 피는 무궁화를 나라의 꽃으로 내세우게 되었다. 무궁화란 이름 그대로 민족과 국가의 생명이 무궁하기를 기원하고 민족의 무궁한 생명력을 깨워 일으키려는 염원을 담고 있다. 따라서 이 노래는 처음부터 '무궁화가'로 알려졌다.

이 노래는 아름답고 완성도가 높으면서도 노래가 담고 있는 의미와 성격이 한정되어 있다. 이 노래는 황실에 대한 찬양과 황실과 제국에 대한 신민의 애국충성을 강조하는 것으로 일관한다. 이것은 임금을 위한 노래이며 임금과 제국을 위해 애국하고 충성하라는 노래다. '나'의 절실한 다짐과 의지는 없고 다른 사람들 2천만 신민들에게 애국 충성하라는 권고만 있다. 후렴에는 강인한 의지와 결단이 없다. 다만 무궁화 나라에서 길이 살자는 말뿐이다. 후렴을 포함해서 1~4절 어디에도 간절하고 절박한 심정이 나타나지 않고 온갖 고통과 시련을 이겨내는 굳은 절개도 없다. 2절 "애국하는 열혈의기 북악(北岳)같이 높고/ 충군(忠君)하는 일편단심 동해같이 깊어"를 '애국가' 1절 "동해물과 백두산이 마르고 닳도록"과 비교하면 일반적이고 상투적인 표현일 뿐 절실함과 사무침의 심정이 결여 되어 있다. '동해물과 백두산~'이가 심층적이고 입체적이며 역동적이라면 '북악 같이 높고 … 동해같이 깊어'는 평면적이고 정태적이다. '무궁화가'는 윤치호의 생애와 심정과 자세를 잘 반영한다. 그가 지은 '무궁화가'가 문학적으로 아름답고 잘 짜인 작품이지만 거기에는 그의 사무친 절박한 신념과 의지가 담겨 있지 않다. '애국가'가 살아 움직이는 강물과 바다라면 '무궁화가'는 고요한 정물화 같다.

2) 다른 애국 시가들에 나타난 윤치호의 애국심

'한국'(KOREA, 조선의 노래)

같은 시기에 지어진 윤치호의 '한국'(KOREA)이란 노래의 가사도 문학적으로 아름답고 풍부하지만 황제에 대한 찬양과 충군애국을 더욱 강조한 내용을 담고 있다. 윤치호는 이 노래를 매우 중시하여 '역술 찬미가'의 첫 자리에 배치하고 '국가'란 명칭을 붙였다. 그러나 여기에도 민중의 정신과 신념을 깨워 일으키고 민중의 의지와 열정을 불러일으키는 절절하고 사무치는 문구가 없다. 윤치호 자신도 목숨을 바쳐 조국과 황제에게 충성과 희생을 바칠 생각은 없었다. 남에게만 애국과 충성을 권면하는 이런 노래는 아무리 좋은 문구와 내용을 담고 있어도 진실함과 감화력을 갖기 어렵다.

1. 우리황상 폐하 텬디일월갓치 만수무강/
   산놉고물고흔 우리대한뎨국(조선) 하나님도으사 독립부강
2. 길고긴왕업은 룡흥강푸른물 쉬지안틋/
   금강쳔만봉에 날빗찬란함은 태극긔영광이 빗취난듯
3. 비닷갓흔강산 봄꼿가을달도 곱거니와/
   오곡풍등하고 금옥구비하니 아셰아락토가 이아닌가
4. 이천만동포난 한맘한뜻으로 직분하세/
   사욕은바리고 충의만압셰워 님군과나라를 보답하세[3)]

2절에 나오는 룡흥강(龍興江)은 태조 이성계가 태어난 함경도 지역의 강이다. 조선왕조를 찬양하기 위해 하륜이 새로 지은 이름이다. 이것은 문학적으로 아름답고 풍부한 표현과 내용을 담은 좋은 시이고 노래다. 가사의 내용으로 보아서 '무궁화가'와 일치하는 부분이 여러 곳에 나오므로 동일한 저자가 지은 것임을 알 수 있다. '무궁화가'와 '한국'에서 윤치호의 뛰어난 문장력과 시적

3) 신동립, "애국가, 계관시인 윤치호 작사, 서재필 증언 최초 발굴", 윤경남 편저 『좌옹 윤치호 평전』 신앙과 지성사. 2017. 411~2쪽.

표현력을 확인할 수 있다. 서재필은 '무궁화가'와 '한국'을 지은 윤치호를 계관시인이라고 추켜세웠다.[4] 그러나 이 노래의 어디서도 저자의 절박하고 사무치는 애국심과 독립의 열정을 느낄 수 없다. '무궁화가'에서는 한가하게 '태평 독립'을 말하고 '한국'에서는 안이하게 '독립 부강', '아셰아락토'를 노래한다. '무궁화가'와 '한국'의 어디에도 고난과 시련을 극복하려는 의지도 죽음에 대한 각오도 나오지 않는다. 이것은 같은 시기에 나온 민초들의 '애국가'들에서 죽음을 다짐하고 각오하는 구절이 많이 나오는 것과 대조된다. "나라 위해 죽는 죽음 영광"(최돈성), "나라 위해 죽어보세. 분골하고 쇄신토록"(나필균).[5] 이것은 조선왕조의 고위관리가 백성들에게 황제와 국가에 대한 충성과 애국을 권면하는 전통적인 왕조시대의 가사다. 이 노래에는 민중을 나라의 주인과 주체로 깨워 일으키는 근현대의 역동적이고 주체적인 민주정신이 전적으로 결여되어 있다.

윤치호의 한시(漢詩) 두 편

1896년에 윤치호는 러시아 황제 대관식 특사로 파송된 민영환을 따라서 러시아를 여행하였다. 그 해 8월 13일 상트페테르부르크에서 윤치호는 한시 1편을 지었다.

三春欲暮離漢城 俄都凉風見秋聲
重洋同舟敦友誼 南北殊路信愁情

4) 신동립, "'애국가, 계관시인 윤치호 작사, 서재필 증언 최초 발굴", 윤경남 편저, 『좌옹 윤치호 평전』 신앙과 지성사. 2017. 408~9쪽.

5) 안용환 『독립과 건국을 이룩한 안창호 '애국가' 작사』 42~3쪽.

我留語學開茅塞 君歸努力輔文明
梅花時節相逢約 盃剪燭話一平生

삼월봄날 저녁에 서울을 떠났는데, 어느덧 서늘한 가을바람 소리이네.
무거운 서양배 타고 우의를 다짐하며, 남북길따라 깊은 정이 드네.
나의 학문 이 변방에서 싹틔워, 임금께 돌아가서 애써 문명 알리세.
매화 필 때 만날 약속, 촛불아래 잔 들어 해로하리.[6)]

이 한시는 윤치호가 민 특사 일행과 헤어질 무렵에 쓴 것이다. 이 시는 윤치호의 진심을 담은 시가 아니다. "서양배 타고 우의를 다짐하며, 남북길 따라 깊은 정이 드네"라고 했지만 민영환 특사 및 다른 수행원들과 윤치호는 깊은 갈등과 불화 속에 있었다. 왜 그런지 윤치호는 완전히 따돌림을 받았고 소외되어 있었다. 민 특사는 윤치호를 따돌리고 고종과 연락하며 의논을 하였다. 여러 가지 문제로 윤치호는 민영환과 다른 수행원들에 대해서 깊은 미움과 비난의 감정을 품고 있었다. 이 한시를 쓰기 전까지 윤치호는 민영환과 다른 수행원들을 비난하고 조롱하며 분노와 미움의 감정을 그의 일기에 여과 없이 쏟아내고 있었다. 민 특사와 다른 수행원들에게 따돌림을 받고 소외당하는 데 대해서 윤치호는 깊은 상처를 받고 분노하고 괴로워했다.[7)] 따라서 "서양배 타고 우의를 다짐"한 것은 사실일지 모르나 "남북길 따라 깊은 정이 드네."는 진심이 담기지 않은 표현이다. 더욱이 "매화 필 때 만날 약속, 촛불아래 잔 들어 해로하리."가 민 특사와 다른 수행원들에게

6) 윤경남 역술 『민영환과 윤치호, 러시아에 가다』(윤치호 일기 제4권 1896년) 신앙과 지성사 2014. 214~5쪽.
7) 윤경남 역술 『민영환과 윤치호, 러시아에 가다』 107~8, 111~3, 116~8, 119~120, 134, 139~140, 145~6, 153~5, 163~4, 170~171, 174~5, 178~9, 182, 187~8, 199, 210.

하는 말이라면 이것은 거짓말로 여겨질 수밖에 없다. 이 한시에 대해서 민영환은 문학적으로 뛰어난 좋은 시라고 칭찬했으며 이 시를 통해서 윤치호와 민영환은 그 동안 쌓인 좋지 않은 감정을 서로 푸는 계기가 되었다. 한시를 지은 후 5일이 지나서 민영환은 윤치호에게 100루블을 주면서 큰 호의를 베풀었다.[8] 윤치호의 일기에서 맘껏 조롱하고 비난하고 미워했던 민영환은 을사늑약 때 자결함으로써 한국민족의 의기와 기개를 드러냈고 한국민족에게 큰 감동과 자극을 주었다. 윤치호가 본 민영환은 아쉽고 모자란 데가 있는 인물이었지만 그 나름으로는 고결하고 의로운 사람이었다.

윤치호는 민영환 일행과 헤어져서 프랑스 파리에 3개월 남짓 머물며 불어공부를 했다. 그가 '어학공부를 하는 것'과 '돌아가서 임금께 애써 문명을 알리는 것' 사이에 어떤 연관성이 있는지도 알 수 없다. 그가 프랑스에 남아 불어공부를 계속하며 유럽의 문명을 살펴본 것은 개인적인 호기심과 학문적 열정이 더 작용한 것 같다. 한국에 돌아가서 나라를 위해 어떤 일을 하겠다는 굳은 의지나 확실한 계획은 그에게 없었다. 하숙집 여주인과 아가씨, 아름다운 여성들에 대한 호기심과 프랑스의 역사와 문물에 대한 관심을 보일 뿐 기울어가는 나라를 구하려는 열정과 신념은 드러내지 않았다. 오히려 윤치호는 공직을 떠나서 사생활에 충실할 것을 다짐하기도 했다. "아무래도 나는 조정의 공직을 사직하고 내 사생활에 더 충실해야 할 것 같다. 내 조국의 번영에 유익한 문학과 저술활동에 헌신하고 싶다."[9] 그는 다만 "집도 없고, 친구도 없고, 돈도 없고, 그리고 직업도 없는 내 조국으로" 돌아가는 서글픈 심

8) 같은 책, 222쪽.
9) 같은 책, 125쪽.

사를 밝힐 뿐이었다.[10] 조국에 대한 뜨거운 애국심과 충성심을 가진 청년이라고 보기에는 윤치호는 지나치게 소심하고 소극적인 심정과 태도를 지녔다. 1896년에 러시아와 유럽을 여행하면서 윤치호가 쓴 일기에서 고종과 대한제국을 알뜰히 생각하고 걱정했다는 것을 알려주는 글이나 표현은 찾아볼 수 없다. 오히려 고종에 대한 비판과 슬픔, 분노를 윤치호는 드러내고 있다.[11]

8월 16일에 윤치호가 지은 또 다른 한시를 지었다.

煤電爭光不夜城 秋雨遠濕暮鍾聲
半生風波何時靜 一點淚傷九曲情

전기불빛 그을음에 잠 못드는 거리
가을비에 멀리서 [젖어드는] 저녁종소리
파도 같은 내 반생 언제나 잠잠할까,
한줄기 눈물이 애간장에 서리네.[12]

이 시는 러시아의 밤 정경과 윤치호 개인의 감정을 잘 나타내는 시라고 할 수 있다. 그러나 이 시에는 개인의 우울하고 슬픈 감정을 드러낼 뿐 조국에 대한 걱정이나 근심은 담겨있지 않다. 그에게는 자기 연민과 감상적인 슬픔이 있었을 뿐이다.

---

10) 같은 책. 290쪽.
11) 같은 책. 171, 188.
12) 같은 책. 220쪽

역동적이고 격렬한 '애국가'의 결의와 다짐

'애국가'는 '무궁화가'의 후렴을 그대로 가져옴으로써 무궁화를 매개로 하여 '무궁화가'와 연속성을 가지면서도 '무궁화가'와는 전혀 다른 정신과 심정과 기개를 나타낸다. '애국가'의 정신과 기개는 윤치호의 애국시가들에서는 찾아볼 수 없는 것이다. 1절 "동해물과 백두산이 마르고 닳도록"은 우리나라 우리민족을 지키고 이어가려는 강한 결의와 다짐을 나타낸다. 신토불이, 나라 땅과 몸은 둘이 아니라 하나다. 동해물과 백두산은 나라 땅이다. 나의 몸 생명은 나라 땅에 의지하여 사는 존재다. 나라 땅이 마르고 닳아도 내 몸과 맘이 마르고 닳아도 나라는 영원히 보존되고 지켜져야 한다. "동해물과 백두산이 마르고 닳도록"은 '영원무궁'을 뜻한다. '영원무궁', '영원무한'은 초월적인 하늘, 하나님을 가리킨다. 하나님은 어디 계신가? 내 속의 속에 계신 이다. 내 속의 속에서, 내 정신과 얼의 세계에서 나와 하나님과 나라는 하나이며 영원히 보존될 수 있다. '애국가' 1절은 나와 나라를 일치시키는 간절한 염원과 사랑을 담고 있다. '나'밖에 나라가 없고 나라 밖에 '나' 없다. "동해물과 백두산이 마르고 닳도록"이란 말은 어떤 시련과 고난이 닥쳐도 어떤 위협과 유혹이 있어도 꺾이거나 포기하지 않겠다는 결의와 다짐을 담은 것이다. 이것은 '무궁화가'와 '한국'에서는 찾아볼 수 없는 정신과 결의다. 윤치호는 언제나 현실의 권력에 순응하고 굴복하였다. 그는 결코 자기 재산과 가정을 포기하고 자신을 희생해서 나라의 독립을 위해서 일제에 맞서 싸울 생각은 없었다. 1절의 노래는 윤치호에게서 나올 수도 없지만 윤치호가 진지하게 부를 수 없는 노래다.

2절, "남 산 우 헤 저 소나무/ 철갑을 두른 듯/ 바람 이슬 불변함은/ 우리 긔상일세"는 매우 독특한 가사다. 남산의 소나무가

'철갑을 두른 듯' 하다는 표현이나 문구가 예전에 있었는지 알 수 없지만 이것은 매우 독특하고 새로운 표현 같다. 이것은 전투와 전쟁을 상징하는 표현이다. 소나무가 단순히 절개를 나타내는 것이 아니라 철갑을 입고 전투를 준비하는 결의를 상징한다. 이 가사를 지은 사람은 분명히 기울어가는 나라를 구하기 위해서 외적과 전쟁을 결의하고 준비하는 사람일 것이다. 윤치호는 어떤 경우에도 전쟁과 전투를 결단하고 준비하는 사람이 못 되었다. 을사늑약 이후 일본의 한국지배를 운명으로 받아들인 윤치호에게는 그런 강인한 전투정신과 모험정신, 희생정신이 없었다. '소나무가 철갑을 둘렀다'는 생각도 윤치호에게서는 나오기 어렵다.

3절, "가을 하날 공활 한대/ 구름 업시 놉고/ 밝은 달은 우리 가슴/ 일편단심일세."는 하늘처럼 높고 깨끗한 정신과 밝은 달처럼 환하고 변함없는 우리 가슴의 뚜렷하고 분명한 의지를 잘 나타낸다. 구름 없이 높고 텅 비고 큰 하늘, 밝은 달처럼 이지러짐도 어두움도 없는 일편단심은 윤치호처럼 부국강병을 앞세우고, 현실 상황과 조건에 굴복하고 순응하는 사람에게는 없는 것이다. 부강한 나라의 힘을 숭배하고 그 힘에 굴복하여 자기 나라의 민중을 업신여기고 부끄럽게 여긴 윤치호에게는 구름 없이 높은 가을 하늘처럼 텅 비고 확 트인 맑고 깨끗한 정신이 나올 수 없고 가을 하늘의 밝은 달처럼 환하고 뚜렷한 신념과 의지가 없다. 따라서 3절도 윤치호에게서는 나올 수 없다.

4절, "이 긔상 과 이 마음으로/ 님군을 섬기며/ 괴로오나 질거우나/ 나라 사랑하세."에서 '님군을 섬기며'는 1907년의 현실을 반영한다. 1905년에 외교, 재정, 군사의 권한을 일제에 빼앗겼지만 여전히 대한제국과 황실은 온존하고 있었다. 또한 많은 국민이 대한제국과 황실에 대한 존경심과 충성심을 가지고 있었다. '애국가'에서 '님군을 섬기며'란 구절이 나오는 것은 이런 시대상황을 반영한다. 그러나 '님군'은 당대의 황제만을 가리키는 말이 아니라 나라를 상징하고 대표하는 '나라 님'을 뜻하는 말로 보아야 할 것이다. 남산 위에 철갑을 두른 소나무의 기상과 가을 하늘 밝은 달의 심정으로 님군을 섬기며 '괴로우나 즐거우나 나라 사랑하세'도 곤경과 시련에 흔들리거나 좌우되지 않는 한결 같은 심정과 자세를 나타낸다. 물질적 조건이나 환경, 물리적 군사적 억압이나 위협, 금전과 지위의 유혹이나 압박에 흔들리지 않는 주체적, 정신적 의지력, 결단력을 가진 사람만이 괴로우나 즐거우나 나라를 사랑할 수 있다. 부국강병과 약육강식, 승자독식의 제국주의적 문명관과 세계관을 가진 윤치호의 철학과 정신으로서는 물질적 환경과 조건을 초월하여 생명과 죽음을 넘어서 괴로움과 즐거움을 넘어서 변함없이 흔들리지 않고 나라를 사랑할 수 없다.

2. 안창호의 애국계몽가요들과 '애국가'의 비교

'애국가'와 도산의 애국계몽가사들의 시상과 표현의 일치를 확인한 신용하 교수

〈대한민국학술원통신〉 제297호(2018년 4월)에 실린 글 '애국가' 작사는 누구의 작품인가'에서 신용하 서울대 명예교수는 안창호가 남긴 글과 '애국가' 가사의 연관성을 바탕으로 안창호 설을 지지했다. 그는 도산이 남긴 20여 편의 애국계몽가사를 설명한 뒤 '한양가', '조국의 영광', '대한청년 학도들아', '거국가' 등과 '애국가'의 유사성을 살폈다. 신 교수는 '애국가'와 도산의 애국계몽가사들을 비교하고 시상과 표현의 일치를 확인함으로써 '애국가'가

도산의 작이라는 결론에 이른다. 도산의 애국계몽가사들과 '애국가'의 가사를 비교한 신 교수의 새로운 연구는 '애국가' 작사자를 확정하는데 중요한 근거를 마련하였다.

신 교수의 논의를 간단히 살펴보자. '애국가' 2절의 "남산 위에 저 소나무 철갑을 두른 듯/ 바람서리 불변함은 우리 기상(氣像)일세"는 안창호의 '한양가' 1절, "남산 위에 송백(松柏)들은 사(四)시로 푸르다/ 청정한 산림 새로 들리는 바람소리"와 비슷하다. "송백의 푸른빛은 창창하고/ 소년의 기상은 늠름하도다"라는 '조국의 영광'의 구절도 '애국가' 2절의 시상(詩想)과 비슷하다.

'애국가' 3절, "가을 하늘 공활한데 높고 구름 없이/ 밝은 달은 우리 가슴 일편단심(一片丹心)일세"는 안창호의 '높은 덕을 사모하며'의 3절, "가을 하늘 반공중에 높이 빛난 명월(明月)인 듯/ 흠도 없고 티도 없는 뚜렷하게 밝은 마음"과 거의 동일하다. '애국가' 4절, "이 기상과 이맘으로 충성을 다하여/ 괴로우나 즐거우나 나라 사랑하세"는 안창호의 '대한청년 학도들아'의 4절, "상하귀천 물론하고 애국정신 잊지 마세/ 편할 때와 즐거울 때 애국정신 잊지 마세"와 일치한다. 신 교수는 '애국가' 1절, "동해물과 백두산이 마르고 닳도록/ 하느님이 보우하사 우리나라 만세"는 안창호의 '우리나라' 4절, "태산이 변하여 바다 되다/ 바다가 변하여 들이 된들/ 나라 사랑하는 내 맘 변할손가"와 시상(詩想)이 같다고 분석했다

'애국가' 1절과 관련해서 "동해에 돌출한 나의 한반도야/ 너는 나의 조상나라이니"('한반도야' 제1절), "우리 황조 단군께서 태백산에 강림하사/ 나라 집을 건설하여 자손 우리에게 전하셨네."('태황조(太皇祖)의 높은 덕' 제5절), "태산이 변하여 바다 되고/ 바다가 변하여 들이 된들/ 나라 사랑하는 내 맘 변할 손가. 길이 불변일세, 길이 불변"('우리나라' 제4절)이라는 구절과 "동해물과 백두

산이 마르고 닳도록/ 하느님이 보우하사 우리나라 만세"가 동일한 사상에 기반을 두고 있다고 신 교수는 설명했다.[13] 신 교수는 '애국가' 1~4절이 도산의 다른 작품과 비슷하다면서 "구한말 다른 어떤 사람의 애국계몽가사에도 '애국가' 내용과 일치하는 것은 없다"고 하였다. 그는 "윤치호는 황실을 존중하고자 했기 때문에 '애국가' 가사를 지었을 가능성이 거의 없다"며 "그에 반해 도산은 국민과 민주주의, 애국을 역설했기에 사상적으로 관련이 있다"고 주장했다.

윤치호가 황실을 존중했으므로 민주정신이 담긴 '애국가' 가사를 지었을 가능성이 없다는 신 교수의 주장은 옳다고 생각되지 않는다. 윤치호는 황실 찬미가를 썼지만 황실을 통렬하게 비판하기도 했고 민주주의적 신념을 내세우기도 했다. '무궁화가'를 지은 독립협회 시기에 윤치호는 황실을 존중하고 황실의 힘을 빌려 문명개화를 이루려고 했지만 황제를 사정없이 비판하고 황제의 권력을 박탈하고 조선왕조의 철폐를 주장하기도 했다. 신 교수 자신이 밝혔듯이 윤치호가 지도한 독립협회는 회원 간의 토론에 의한 합의를 존중하고 민중에게 주의주장과 행동방향을 계도하여 민중의 여론을 일으켜 이를 수렴하는 상향식 민주주의적 지도노선을 가지고 있었다. 윤치호는 매사를 협의에 의하여 처리했고, 윤치호 지도하의 독립협회는 합의에 의한 민주적 방식으로 운영되었다.[14] 특히 을사늑약이 이루어진 후에 윤치호는 조선의 멸망을 필연적 운명으로 받아들이고 일제의 지배에 굴복하고 순응했다. 따라서 을사늑약 이후 윤치호는 결코 황실을 존중하지 않았다.

13) 안창호의 애국계몽가들에 대해서는『안도산전서』558쪽 이하 참조.
14) 신용하, '독립협회의 창립과 조직',『獨立協會 硏究』일조각 1990. 132쪽 참조.

황실을 존중했기 때문에 윤치호가 민주적인 '애국가'를 지을 수 없었던 것이 아니라 민중을 불신하고 멸시하는 오만한 엘리트 지식인이었기에 윤치호는 민중을 깨워 일으키는 민주적인 '애국가'를 지을 수 없었다. 그는 형식적이고 절차적인 관념적 민주주의자였을 뿐 민중을 신뢰하고 존중하는 실질적 내용적 민주주의자가 되지는 못하였다. 윤치호는 조선의 역사와 민중이 지닌 힘을 불신하고 낮추어 보았기 때문에 현실적으로 청일전쟁과 러일전쟁에서 승리한 신흥강국 일본에 맞서 독립운동과 투쟁을 벌일 생각도 전혀 없었다. 민중을 불신하고 멸시한 윤치호는 국민을 나라의 주인과 주체로 깨워 일으켜 나라의 독립을 이루려는 절박하고 절실한 심정과 염원을 품을 수 없었다. 이에 반해 도산은 신 교수가 말하듯이 국민과 민주주의, 애국을 역설했고, 일제의 침략에 맞서 '심장을 토하고 피를 말려서' 나라를 구하려는 절실하고 절박한 심정과 염원을 가졌기 때문에 민중을 깨워 일으켜 나라의 독립과 통일을 이루는 '애국가'를 지을 수 있었다고 생각한다.

신 교수가 '애국가'와 비교한 도산의 애국계몽가사들은 대체로 '애국가'와 마찬가지로 도산이 귀국한 1907년 2월 20일 이후 도산이 망명한 1910년 4월 사이에 지어진 것으로 여겨진다. 이 시기에 도산은 신민회, 대성학교, 청년학우회를 통해 청년학생들을 대상으로 교육독립운동에 심혈을 기울였고 전국을 돌아다니며 애국독립운동을 일으키기 위해서 대중연설을 하였다. 이때 그는 무궁화와 태극기를 한민족과 국가의 상징으로 내세우며, '애국가'와 계몽가요들을 부르고 보급했다. 특히 한양, 모란봉, 한반도와 관련이 있는 노래들과 청년 학생들에 관한 가요들은 이때 지은 것이 분명하다. 1907년 2월에 귀국할 때 '애국가'의 필요를 절실하게 느꼈고, '애국가'가 가장 중요하다고 생각했기 때문에 도산은 가장 먼저 '애국가'를 지었을 것이다.

'국권회복가'(國權回復歌)·'수절가'(守節歌)와 '애국가'의 비교

신용하 교수가 '애국가'와 비교한 도산의 애국계몽가들은 『안도산전서』에 수록된 것들이며 그 동안 널리 알려진 것들이다. 신 교수가 분석한 것처럼 도산이 지은 애국계몽가들의 시상과 표현은 '애국가'의 시상 및 표현과 상당부분 일치하며 비슷하다. 따라서 도산이 '애국가'를 지었다는 심증을 갖게 한다. 그러나 도산의 애국계몽가들과 '애국가'의 시상과 표현이 상당부분 일치하고 비슷하다는 것만으로는 도산이 '애국가'를 지었다고 결론을 확실하게 내리는데 부족함을 느낀다.

시상과 표현의 일치를 넘어서 '애국가'에 담긴 절실한 심정과 사무친 염원, 높은 기상과 굳은 절개를 표현하는 도산의 애국계몽가들이 있다면 도산의 '애국가' 작사설을 입증하는데 큰 도움이 될 것이다. '무궁화가2'(현행 '애국가'), '국권회복가' '수절가'가 나란히 나오는 자료가 최근에 발견되었다. 세 노래가 나란히 이어져 나오는 것은 내용과 정신에서 친근하고 긴밀하게 결합되어 있음을 시사한다. '국권회복가'와 '수절가'는 신 교수가 다루지 않은 것인데 도산의 절실한 심정과 사무친 염원, 높은 기상과 굳은 절개를 잘 표현하는 노래들이다. 뒤늦게 발견된 이 자료에 대해서 자세히 살펴보자.

오랫동안 '애국가' 작사자 연구를 한 안용환 교수가 최근에 도산의 '친필노트'[15]라며 세 노래를 담은 2쪽짜리 문건을 제시했다.

---

15) '친필노트'는 2쪽의 문건인데 '애국가' 연구자 임채승에게서 안용환이 받은 것이다. 안용환은 2쪽의 친필노트에 수록된 글에 대한 친필감정을 감정전문가에게 의뢰했고 이 친필노트의 글은 도산의 친필로 확인되었다고 한다. 안용환 『독립과 건국을 이룩한 안창호 '애국가' 작사-도산 친필 '제 14 무궁화가2'를 중심으로』 청미디어 2016. 속 표지, 66쪽 이하.

이 문건은 '애국가' 작사자 문제를 해결하는데 중요한 실마리를 주는 것 같다. 아쉬운 것은 이 문건을 제공했다는 임채승이 언제, 어디서 어떻게 이 문건을 얻었는지 밝혀지지 않았다는 것이다. 안용환도 이 문건을 받은 후 3개월 후에 자세히 검토하고 매우 중요한 자료임을 확인하였는데 이 문건에 대해 더 자세히 알아보려고 임채승을 찾았으나 그 사이 임채승은 교통사고를 당하여 의사표현을 하기 어려운 지경에 이르렀으므로 문건의 자세한 출처를 알기 어렵게 되었다고 한다. 따라서 이 문건이 만들어진 시기를 알기 어렵게 되었다. 더욱이 22쪽 이상으로 보이는 '친필노트' 가운데 21~22쪽의 2쪽만 제공된 것이 아쉽다. 이 문건의 출처와 작성 시기를 확정할 수 없는 것이 이 문건의 가치와 증거능력을 제약한다.

그러나 이 문건에 수록된 '무궁화가2', '국권회복가', '수절가'는 사상과 시상, 정신과 기개에서 일맥상통하며 안창호의 생각과 신념, 성격과 지향을 잘 나타내고 있다. '무궁화가2'는 현행 '애국가'와 거의 같은데 1절 둘째 줄의 "하느님이 보우하사 우리나라 만세"가 "하ᄂᆞ님이 보호하샤 우리 대한만세"로, 2절의 "바람서리"가 "바람 이슬"로, 4절의 "충성을 다하여"가 "님군을 섬기며"로 되어 있다. 이런 표기는 여기서 제시된 '무궁화가2'가 변경이나 수정되기 전 최초의 '애국가'임을 시사한다. '애국가'의 제목을 '제14무궁화가2(第十四 無窮花歌 二)'라고 한 것은 의미가 깊다. 윤치호 '역술 찬미가'에는 '무궁화가'가 '제 十 승자신손 천만년은 우리 황실이오'로, '애국가'는 '제 十四 동해물과 백두산이 말으고 달토록'으로 되어 있다. 도산의 친필노트는 윤치호의 '역술 찬미가'와 같이 '애국가'를 '제14'로 제시하고 있다. 이것이 우연히 이렇게 된 것인지 의도적으로 된 것인지는 확인하기 어렵다. 윤치호의 '역술 찬미가'에는 14장 '애국가' 앞뒤에 찬송가가 나오지만 안창호의 친필노트에서 '애국가' 다음에는 15 '국권회복가', 16 '수절가'가 나온다. 안창호가 의도적으로 윤치호의 '역술 찬미가'에 맞추어 '第十四'란 표기를 했다면 윤치호의 '역술 찬미가'(1908년 6월)가 나온 이후의 어느 시점에 안창호는 자기가 지은 애국계몽가요들을 모아서 친필로 써 놓은 것으로 생각해야 한다. 그리고 그 제목을 '제14 무궁화가2'라고 한 것이 특이하다. '애국가' 가사는 윤치호가 지은 '무궁화가'의 가사를 개작한 것이고 '애국가'의 후렴은 '무궁화가'의 후렴을 가져온 것이다. '무궁화가'와 '애국가'의 형식적, 내용적 연속성을 생각해서 도산은 '애국가'를 '무궁화가2'로 제시한 것으로 여겨진다. 도산은 자신의 '애국가'를 윤치호가 그의 '역술 찬미가' 14장에 수록해 준 것을 고맙게 여겼을 것이다. 그리고 안창호는 자신의 '애국가'가 윤치호의 '무궁화가'를 계승할 뿐 아니라 자신과 신민회가 윤치호와 독립협회를 계승한다는 자부심을 가지고 있었다고 생각된다. 윤치호가 '역술 찬미가'에서 '무궁화가'와 '애국가'를 영어로 'Patriotic Hymn'('애국가')로 표기한 것과 달리 안창호는 '애국가'를 '무궁화가2'로 표기했다. 그에게 '무궁화'란 말이 매우 중요했음을 알 수 있다. 실제로 그는 무궁화를 민족의 꽃으로 생각하고 민족의 끈질긴 생명력과 강인한 정신을 상징하는 말로 강조하였다. 그는 '애국가'와 함께 무궁화를 민족을 깨워 일으키는 말로 중요하게 사용했다. 무궁화는 '영원무한', '영원무궁'을 뜻하는 말로 초자연적 의지와 신념을 담은 말이다. 이것은 '애국가'의 정신과 사상을 압축할 뿐 아니라 안창호의 정신과 신념을 상징하는 말이었다. '무궁화 삼천리 화려강산 대한사람 대한으로 길이 보전하세'란 노랫말을 지은 사람은 윤치호다. 그러나 무궁화를 민족의 꽃으로, 조국에 대한 영원한 사랑의 상징으로 민족의 가슴에 심어준 사람은 안창호였다. "'안창호(安昌浩) 등이 맹렬히 민족주의를 고취할 때 연단에 설 때마다, 가두에서 부르짖을 때마다 주먹으로 책상을 치고 발을 구르면서 무궁화 동산을 절규함에, 여기에 자극을 받은 민중은 귀에 젖고 입에 익어서 무궁화를 인식하고 사랑하게 되었다'라는 기록이 있다. 이후로 '무궁화 삼천리 화려강산'이라는 말은 우리 한민족의 가슴속에 조국에 대한 영원한 사랑의 뜻으로 남게 되었다."[16)]

도산의 친필노트는 다른 애국계몽가들과 마찬가지로 1907년부터 1910년 망명 사이에 쓰여진 것으로 추정된다. '국권회복가'에서 '대한' '대한제국'이란 말이 쓰이고 '수절가'에서 '우리 학생들'이란 말이 나오는 것으로 보아 1907년 귀국하여 신민회를 조직하고 학생교육운동을 준비하면서 또는 하는 과정에서 이 가사들을 지은 것으로 여겨진다. 같은 노트에 수록된 '국권회복가'와 '수절가'의 내용은 '애국가'의 내용과 성격이 전적으로 일치한다. 그리고 도산의 친필노트에 있는 '무궁화가2'는 아래아 '·'를 많이 쓰고 'ㅑ, ㅕ, ㅖ'와 같은 복합중모음을 쓰기 때문에 매우 복잡하게 표기되어 있다. 이에 반해 윤치호의 '역술 찬미가'에 수록된 "동해물과 백두산이"는 아래아 '·'도 중모음도 쓰지 않아서 매우 단순하고 간결하게 표기되어 있다. 윤치호는 아래아·와 복합중모음을 뺀 간결하고 단순한 한글표기를 주장했다. 안창호가 윤치호의 찬미가에 수록한 '애국가' 표기를 옮겨 쓴 것이 아니라 윤치호가 안창호의 복잡한 '애국가' 표기를 자신의 방식으로 옮겨 쓴 것으로 여겨진다. 만일 '애국가'가 윤치호의 작품이었다면 안창호는 윤치호가 표기한 대로 '애국가'를 옮겨 썼을 것이다. 남의 작품을 임의로 복잡하게 표기하지는 않았을 것이기 때문이다. 이 친필노트에 수록된 '애국가', '국권회복가', '수절가'의 내용을 비교해 보면 정신과 의지, 기상과 절개, 절실함과 간절함, 살고 죽음을 넘

16) '무궁화' 한국민족문화대백과사전 한국학중앙연구원.

어서 '힘쓰고 힘쓰자'는 불굴의 의지와 혼이 하나로 통하고 있다. 이러한 사실은 '국권회복가', '수절가', '무궁화가2'가 같은 저자의 작품이며, 안창호가 현행 '애국가'의 작사자임을 강력히 시사한다.

친필노트에는 '제14 무궁화가' 다음에 제15 '국권회복가'(第十伍國權回復歌), 제16 '수절가'(第十六 守節歌)가 나온다.

'국권회복가'

1. 회복ᄒᆞ셰 독립국권, 대한독립국권/ 어셔 밧비 어셔 밧비 회복ᄒᆞ겠네.
   후렴 곤ᄒᆞᆫ 것과 어려움 견듸고도 참아라/ 내 나라 독립국권 회복 ᄒᆸ세다.
2. 밧부도다 우리 동포 내 나라ᄅᆞᆯ 위해/ 힘을 쓰고 힘을 쎠셔 독립ᄒᆸ셔다.
3. 졍신찾셰 졍신찾셰 대한뎨국졍신/ 개개인의 노슈(뇌수? 腦髓)즁에 관쳘ᄒᆸ세다.
4. 단결ᄒᆞ셰 단결ᄒᆞ셰 우리나라 동포/ 국권회복 ᄒᆞᄂᆞᆫ ᄆᆞ음 단결ᄒᆸ셰다.
5. 쥭더라도 나라 위해 쥭고 만셰ᄒᆞ고/ 사더라도 나라 위해 사자ᄒᆸ셰다.
6. 위국ᄒᆞᄂᆞᆫ 우리들이 자국졍신 ᄎᆞᄌᆞ/ 나의 나라 나의 ᄒᆞᆯ 일 내가 ᄒᆸ셰다.

1907~1910년은 대한제국이 기울어져가는 시기였으나 그렇기 때문에 국민 대다수는 더욱 대한제국(조선왕조)과 황제에 대한 존

경심과 충성심을 가지고 있었다. '국권회복가'에서 '대한제국 정신'이란 말이 나오는 것과 '애국가'에서 '님군을 섬기며'란 구절이 나오는 것은 이런 시대상황을 반영한다.

'수절가'

1. 뒤 동산 져 숑쥭 그 졀개 직히랴고/ 찬셔리 쌰힌 눈 견디여 홀노 푸르렀네.
   중흔 책임 맛흔 쳥년 우리 학생들.

'국권회복가'와 '수절가'는 주요한의 『안도산전서』에는 나오지 않는 노래들이다. 도산의 가사들 가운데 아직도 묻혀 있거나 분실된 것이 있을 것으로 보인다. 먼저 '국권회복가'와 '수절가'에서 도산의 사상적 정신적 특징과 성격을 나타내는 문구를 살펴보자. '국권회복가' 1절에서 "어셔 밧비 어셔 밧비 회복ᄒᆞ겠네."라고 한 것은 절박함과 부지런함을 강조한 도산의 심리를 드러낸다. 도산은 늘 시국의 위중함을 느끼고 절박한 심정으로 앞장서서 부지런하게 행동하였다. 2절, "밧부도다 우리 동포 내 나라를 위해/ 힘을 쓰고 힘을 써셔 독립홉셔다."는 바쁘게 움직이고 일해야 함을 강조하고 '우리 동포 내 나라'를 말한다. 도산에게 한민족은 우리 동포이고 대한은 내 나라다. '우리'라는 민족적 공동의식과 '나'라는 주체의식과 책임의식이 결합된 것은 도산의 사상적 특징이다. '힘을 쓰고 힘을 써셔'는 공리공론을 버리고 무실역행을 강조한 도산의 정신과 사상을 잘 드러낸다. '국권회복가' 1~2절에 나오는 절박한 심정, 나와 나라를 일치시키고 힘써 독립하자는 간절한 생각은 '애국가' 1절 "동해물과 백두산이 마르고 닳도록~"의 간절하고 사무친 염원과 잘 통하는 심정과 생각이다.

3절에서 "대한제국 정신을 개개인의 뇌수 속에 관철합시다"라는 문구도 한 사람 한 사람의 인격과 정신을 사무치게 일깨워서 바로 세우자는 도산의 정신을 잘 나타낸다. '뇌수'란 말은 1906년 말에 쓴 '대한신민회 취지서'에도 나오고 1907년 5월 12일과 12월 7일의 연설에서도 나타난다. "우리 국민의 뇌수가 홀연히 열리고"[17] "백두산과 구월산의 기운을 받고 얼을 기른 우리가 어찌 저런 무리들로 타락할 수 있겠는가? 흉금뇌수를 깨끗이 씻고 침략국과 개전하여 국권을 회복하자."[18] "미세한 행위나 작은 항목이라도 그 낡은 껍질을 힘써 제거하고 그 새로움을 시도하여 오직 신사상과 신지식을 뇌수에 흘러들어가게 하여 신선하고 완전한 인재가 되어 신세계에 신문화를 발달하기로 힘쓰기 바란다."[19] '뇌수'란 말을 이렇게 도산이 자주 쓰는 것은 그의 생각과 염원이 관념적이거나 감상적인 것이 아니라 몸과 맘에 체화된 절실하고 절박한 것임을 나타내는 것이다. '대한제국 정신을 개개인의 뇌수 속에 관철합시다'라는 문구는 몸과 맘에 완전하게 체화된 신념과 흔들림 없는 정신을 나타내며 이것은 '애국가' 3절의 '가을하늘', '밝은 달' 같이 이지러지거나 깨지지 않은, 흔들림 없는 '우리 가슴 일편단심'과 일치한다.

'단결'을 세 차례나 반복하여 강조하는 4절도 민족의 대동단결과 통일, 흥사단의 신성단결을 강조한 도산 철학의 핵심을 드러낸다. 죽어도 살아도 나라를 위해 죽고 살자는 5절의 가사는 죽을 각오를 하고 목숨과 정성을 다 해서 나라의 독립을 위해 살자는 도산의 신념과 실천을 반영한다. 6절에서 나라를 위하는 우리

17) '대한신민회 취지서' 『안도산전서』 1068쪽.
18) 안창호, '삼선평연설', 『안도산전서』 583쪽.
19) 안창호, '서북학생친목회 연설', 『안도산전서』 588쪽.

가 우리나라 정신을 찾아서 "나의 나라 나의 할 일 내가 합시다"로 한 것은 '나'와 나라를 일치시키는 도산 철학의 핵심원리를 나타낸다. 도산처럼 '나'를 중심에 놓고 나의 책임을 강조하고 무슨 일이든 내가 해야 한다는 것을 강조한 사람은 없다. 후렴 "곤호것과 어려움 견듸고도 츔아라/ 내 나라 독립국권 회복흡셰다"도 독립운동을 하는 도산의 치열하며 강인한 정신을 잘 나타낸다. 도산은 늘 곤경과 시련을 견디면서 즐거이 나라를 위해 일하자고 역설하였다. 나라를 잃은 사람이 나라의 독립을 위해 싸울 때 곤경과 시련을 겪는 것은 당연한 것이다. 임시정부 시절에도 도산은 곤경과 시련 속에서 즐거이 일을 붙잡고 앞으로 나아가자고 하였다. 도산의 이런 사상과 정신은 그의 일기, 연설문, 편지에서 쉽게 찾아볼 수 있다. 한 마음 한 뜻으로 단결하고 단합하여 민족의 독립과 통일을 이루자는 정신이 '애국가'의 근본정신이다. 5절, "쥭더라도 나라 위해 쥭고 만셰ᄒ고/ 사더라도 나라 위해 사자 흡셰다."는 도산이 전국을 돌아다니며 애국연설을 하고는 모인 청중으로 하여금 '대한 독립 만세'를 고창하게 한 것과 일치한다. 죽거나 살거나 나라를 위해 살자는 것은 '애국가' 4절, "괴로우나 즐거우나 나라 사랑하세."와 일치한다.

이 문건에서 '수절가'는 아쉽게 1절만 남았다. "뒤 동산 져 숑쥭 그 절개 직히랴고/ 찬셔리 싸힌 눈 견디여 홀노 푸르렀네. 중ᄒᆞᆫ책임 맛흔 청년 우리 학생들." 뒷동산의 소나무와 대나무는 그 절개를 지키려고 찬 서리 쌓인 눈을 견디고 홀로 푸르렀네. 중한 책임 맡은 청년 우리 학생들. '찬 서리와 쌓인 눈을 견디고 홀로 푸른 소나무와 대나무의 절개'는 '애국가' 2절, '바람서리에도 변함없는' '철갑을 두른 소나무의 기상'과 일치한다. '국권회복가'와 '수절가'는 '애국가'의 속살을 드러내는 것처럼 '애국가'의 심정과 정신을 보다 깊고 명확하게 드러낸다. '애국가'와 '국권회복가'·'수절가'는 시상과 용어, 표현의 외적 일치를 보일 뿐 아니라 정신과 신념의 내적 일치를 드러낸다. 따라서 '국권회복가'와 '수절가'를 지은 도산이 '애국가'를 지었다고 결론을 지을 수 있다. '애국가'를 지은 후 '애국가'를 부르고 보급하는 과정에서 도산은 '국권회복가'와 '수절가'를 지었을 것이다.

'찬 서리와 쌓인 눈을 견디고 홀로 푸른 소나무와 대나무의 절개'를 지키라고 청년 학생들에게 가르치는 사람은 분명히 스스로도 그런 절개를 지키는 사람일 것이다. 도산은 평생 소나무와 대나무보다 더 푸르고 깨끗하게 절개를 지켰다. '국권회복가'와 '수절가'에 나타나는 높고 굳은 절개는 '애국가'와 그대로 일치하는 것이며 시대와 상황에 따라 변절을 거듭한 윤치호에게서는 결코 찾아볼 수 없는 것이다.

3. '무궁화가'와 '애국가'를 닮은 윤치호와 안창호의 역사적 계승과 혁신

윤치호는 '무궁화가'를 지었던 독립협회 시절의 주인공이고 안창호는 '애국가'를 지었던 신민회, 대성학교 시절의 주인공이다. '무궁화가'를 지었던 독립협회 시절이 윤치호의 생애에서 민족의 독립에 대한 열망과 민중(민족)에 대한 신뢰가 가장 컸을 때였다. 그러나 현행 '애국가'가 지어지던 때에는 독립에 대한 열망과 민중에 대한 신뢰가 윤치호에게서 사라졌거나 매우 약해졌을 때였다. 이에 반해 '애국가'가 지어졌던 1907년 무렵은 독립에 대한 열망과 민중에 대한 신뢰가 안창호의 생애에서 가장 절박하고 간절했을 때였다. 윤치호와 안창호의 이런 차이는 1905년 을사늑약을 받아들이는 상반된 태도에서 쉽게 확인된다. 윤치호는 을사늑약을 역사의 필연과 운명으로 받아들이고 체념하고 순응했지만, 안창호는 심장을 토하고 피를 말려서라도 맞서 싸워서 극복하고 청산해야 할 대상으로 여겼다.

안창호는 독립협회를 계승하고 심화 발전시킴으로써 신민회와 대성학교를 통해 교육독립운동을 이끌었다. '무궁화가'와 '애국가'가 서로 깊이 연결되고 얽혀 있듯이 윤치호와 안창호는 역사적, 인간적으로 깊이 연결되고 얽혀 있었다. '애국가'가 '무궁화가'를 계승하면서 내용과 정신에서 새롭고 혁신적인 모습을 보이듯이 안창호는 윤치호의 사상과 정신을 역사적으로 계승하면서도 삶과 사상에서 새롭고 혁신적인 정신과 철학을 확립했다.

'애국가'의 그루터기가 된 '무궁화가': 뱁새의 둥지에서 봉황이 날아오르다

1896년 독립협회와 〈독립신문〉에서 '애국가' 만들기 운동을 벌일 무렵에 윤치호는 '무궁화가'를 지은 것으로 보인다. 현행 '애국가'는 윤치호가 지은 '무궁화가'와 후렴이 같을 뿐 아니라 1~4절 가사의 글자수, 운율이 같고 곡조(올드랭 사인)도 같다. '애국가'는 '무궁화가'의 가사를 저본(底本)으로 하여 글자수에 맞추어 새로 지은 것이다. 1907년 이전까지 '무궁화가'는 문학적 완성도나 내용에서 가장 뛰어난 '애국가'였다.

그러나 현행 '애국가'와 '무궁화가'를 비교해보면 '무궁화가'의 한계는 뚜렷하다. '무궁화가'는 황제에게 충성하고 국가를 사랑하라는 충군애국의 도덕적 권면을 담고 있다. 신민은 "사농공상 귀천 없이" 저마다 맡은 직분을 열심히 하라는 '무궁화가'의 권면은 민중의 충성과 복종을 강조할 뿐이다. '무궁화가'에는 저자와 부르는 이의 다짐과 결의가 없고, 간절하고 사무친 심정과 염원이 담겨 있지 않다. 또한 여기에는 '태평 독립'을 노래할 뿐 국가와 민족을 위협하는 외적 환경과 상황의 변화와 도전에 대한 어떤 시사도 없다. 새 시대, 새 역사를 향한 전망과 비전도 느껴지지 않는다. '무궁화가'는 아름답고 품격 있는 문학적 표현과 내용을 담고 있지만, '무궁화가'에서 국민은 충군애국의 도덕적 권면의 대상일 뿐이다. 이 노래에는 국민을 독립과 통일의 주체로 깨워 일으키는 절실하고 사무친 간절함이 없다. 여기서 '우리 황실', '우리 본국'이란 말을 쓰지만 '우리'는 국민의 주체와 정체를 나타내지 않고 황실과 제국을 나타낼 뿐이다.

이에 반해 현행 '애국가'는 내용과 정서가 사뭇 다르다. '애국가' 1절, "동해물과 백두산이 마르고 닳도록~"은 간절하고 사무치는 나라 사랑을 담고 있다. 땅과 몸은 둘이 아니라 하나다.(身土不二) 동해물과 백두산이 마르고 닳는 것은 곧 나의 몸과 맘이 마르고 닳는 것과 같다. 나의 몸과 맘이 마르고 닳아서 없어져도 '우리나라'는 영원히 살아 있기를 염원하는 심정이 1절에 담겨 있다. 여기서 '나'는 '우리나라' 속에 녹아버리고 나와 우리나라가 하나로 된다. 내가 곧 나라이고 나라가 곧 나다. '애국가'의 나라 사랑은 나와 나라를 완전히 일치시키는 사무친 사랑이다. 2절, "남산 위에 저 소나무 철갑을 두른 듯, 바람 이슬 불변함은 우리 기상일세."는 어떤 환경과 시련에도 변하지 않는 강인한 기개와 기상을 나타낸다. 철갑을 두른 소나무는 강대한 일제의 침략과 지배에 맞서 싸우는 전투적인 정신과 기개를 나타낸다. 3절에서 구름 없이 높고 깨끗한 '가을하늘'은 어떤 상황과 환경의 변화와 도전에도 흔들리지 않는, 초월적인 뜻과 신념을 나타내고, '밝은 달'은 밝고 뚜렷한 "우리 가슴 일편단심"의 변함없는 절개를 뜻한다. 4절은 '괴로우나 즐거우나' 한결같이 '우리 기상'과 '우리 가슴 일편단심'을 가지고 나라를 사랑하자는 주체적인 결의와 다짐을 담고 있다.

'애국가'에는 '무궁화가'에 없는 네 가지가 있다. 1) '애국가'를 지은 이와 '애국가'를 부르는 국민의 절절하고 사무친 심정과 염원, 2) '우리 기상', '우리 가슴'으로 나타나는 민중의 주체적 의지와 전투적인 저항 정신, 3) 외적 환경과 상황의 변화와 도전에 흔들리지 않는 초월적 신념과 높은 절개, 4) 어떤 처지와 경우에도 한결같이 나라를 사랑하자는 결의와 다짐. '애국가'에는 나라를 위한 저자와 국민의 사무치는 절절한 심정과 염원이 가득 차 있다. 어떤 상황과 환경의 변화와 도전도 극복하고 이겨내겠다는 초월적 의지와 신념이 사무쳐 있다. '애국가'는 나라의 독립과 민족의 통일을 위한 신념과 염원이 가득한 노래다. '무궁화가'에는 사무치는 심정과 절절한 염원, 초월적 의지와 신념이 없다. '애국가'의 정신자세는 '무궁화가'의 정신자세와 너무 다르다. '애국가'가 '무궁화가'와 형식적으로 거의 일치하지만 그 정신과 의지가 너무 다르므로 같은 사람이 지었다고 보기 어렵다. 따라서 '무궁화가'를 지은 사람과는 다른 사람이 '무궁화가'를 저본으로 해서 1~4절의 가사를 새로 지었다고 보는 것이 마땅하다.

'애국가'는 '무궁화가'의 본체(hardware)는 그대로 두고 가사의 내용(software)만 고친 것이다. 그렇지만 그 내용의 질적 성격과 지향은 전혀 달라졌다. 겉은 비슷하지만 속은 질적 혁신과 창조적 변화를 겪었다. 내용의 질적 변화를 가져왔을 뿐 아니라 마음을 움직이는 감화력에서 결정적이고 큰 차이를 가져왔다. 이 점에서 '애국가'의 작사는 창조적이고 혁신적인의 의미를 만들어냈다. 마치 뱁새의 둥지에서 봉황이 날아오른 것처럼, '무궁화가'라는 낡고 평범한 정신을 담은 노래에서 민족을 살리고 깨워 일으켜 나라의 독립과 민족의 통일을 이루는 위대한 정신의 노래가 태어났다. 낡은 봉건시대의 황실 찬미가에서 새로운 민주 공화시대를 여는 민주적이고 공동체적인 노래가 태어난 것이다. '무궁화가'가 '애국가'로 탈바꿈한 것은 뱁새가 봉황으로 탈바꿈한 것과 같다.

윤치호가 지은 '무궁화가'의 가사를 바꾸어 이처럼 놀라운 창조적 혁신과 변화를 가져온 사람은 누구일까? 그 사람은 윤치호와 역사적으로나 인간적으로 매우 가까울 뿐 아니라 함께 손잡고 일해야 했던 인물일 것이다. 독립협회와 만민공동회 시절 그리고 신민회, 대성학교, 청년학우회 시절에 역사적으로나 인간적으로, 사업적으로 그렇게 윤치호와 연속성을 가지고 서로 긴밀했던 사람은 안창호 한 사람이다. 안창호는 애국독립운동과 국민교육운동을 위해서 윤치호가 꼭 필요했던 사람이다. 독립협회와 신민회의 역사적 계승과 혁신을 이루기 위해서도 안창호는 윤치호를 만나야 했고 윤치호를 이어서 민족역사의 과제와 사명을 완수해야 했다.

윤치호에게 없는 것과 안창호에게 있는 것: '애국가'의 정신과 신념

윤치호와 안창호는 역사적 인간적으로 서로 가깝고 친밀할 뿐 아니라 사상의 공통점과 유사성이 많으면서도 두 사람이 걸어간 길은 너무나 대조적이고 상반되었다. 훗날 윤치호는 친일파의 거두로 여겨졌고 안창호는 애국독립운동의 사표로 추앙되었다. 둘 사이에 공통점도 많고 함께 일하기도 했는데 어떻게 이렇게 극명하게 서로 다른 인생을 살게 되었을까? 기본적으로 '무궁화가'와 '애국가'의 정신과 사상의 차이가 윤치호와 안창호의 이런 차이를 가져왔다. 첫째, 동해물과 백두산이 마르고 닳도록 절절하고 사무친 심정과 염원을 가졌는가? 둘째, 어떤 환경과 도전에도 흔들리지 않는 '철갑을 두른 소나무'처럼 강인한 의지와 투쟁정신을 품었는가? 셋째, 한국민족, 민중을 '철갑을 두른 소나무' 같은

'우리 기상'을 가진 존재로 여기고, '가을하늘, 밝은 달' 같은 '우리 가슴'의 일편단심을 가진 주체로 보았는가? 넷째, 어떤 처지와 경우에도 '괴로우나 즐거우나' 한결같이 나라를 사랑하는 결의와 다짐을 가졌는가? '무궁화가'에는 없고 '애국가'에는 있는 이 네 가지가 있는가, 없는가에 따라서 두 사람의 인생과 역사는 상반되고 대립된 길을 가게 되었다.

윤치호에게는 '애국가'의 이런 정신을 찾아보기 어렵다. 윤치호는 먼저 문명개화를 이룩한 일본의 강대한 힘을 숭배하고 찬양하면서 문명개화를 이루지 못하고 낙후된 조선과 조선역사에 대해서 체념하고 절망하였다. 민중을 불신하고 멸시했던 윤치호는 강대국 일본에게 점령당하고 지배당하는 약소국인 한국의 운명에 순응하고 체념하면서 일제가 지배하는 현실에 안주하였다. 윤치호의 일기와 안창호의 일기를 비교하면 두 사람의 극명한 차이를 알 수 있다. 윤치호의 일기 1988년 6월 2일에는 "내 나라 지체가 너무 더러우니 타국 사람에게 부끄럽기 한량없다"고 했고 같은 해 12월 29일에는 "내 나라 자랑할 일은 하나도 없고 다만 흠잡힐 일만 많으며 일변 한심하며 일변 일본이 부러워 못 견디겠도다"고 했으며 1890년 5월 18일에는 "지금까지 여러 상황을 보건대 나는 러시아의 지배를 받는 것보다 영국의 지배를 받는 게 더 좋다고 생각한다"고 했다. 1905년 11월 17일에 이루어진 을사늑약에 대해 쓴 일기는 그의 심정과 신념을 보여준다. "조선의 독립은 오늘 오전 4시 혹은 2시경에 조용히 사라져 버렸다. … 아직도 희망하는 것은 어리석지만 나는 일본의 거창한 발표와 지루한 약속이 아니고 명백한 행동과 실례로서 조선인의 이익을 보호할 것을 희망한다." 윤치호의 일기에서 분명하고 일관성 있게 나타나는 사실은 불의한 거대한 군사력과 자본력에 맞서 목숨을 걸고 끝까지 싸울 '철갑을 두른 소나무' 같은 의지와 기개는 전혀 없다는 것이다. 그에게는 가을 하늘의 높은 기상과 가을 하늘의 밝은 달 같은 뚜렷하고 확고한 신념과 일편단심의 절개가 없었다. 민중과 더불어 괴로우나 즐거우나 나라를 사랑하려는 다짐과 결의도 보이지 않는다. 동해물과 백두산이 마르고 닳도록, 심장을 토하고 피를 말려서라도 나라를 사랑하고 지키려는 사무친 심정이 윤치호에게는 없었다. 민중을 불신하고 멸시했던 윤치호는 결코 민중과 더불어 '철갑을 두른 소나무' 같은 '우리 기상'을 생각할 수 없었고, '가을 하늘, 밝은 달' 같은 '우리 가슴 일편단심'을 말할 수 없었다.

안창호에게는 '애국가'에 담긴 그 네 가지가 있었다. 첫째, 1906년 말에 주권을 잃은 나라를 구하기 위해 쓴 '대한신민회 취지서'에서 '심(心)을 토하고 피를 말려서' 할 일은 '유신'이며(維新) 유신의 중심은 '민을 새롭게 함'(新民)에 있음을 설파하였다. 민을 나라와 일치시킨 그는 민을 새롭게 함이 곧 나라를 새롭게 하고 구하는 길임을 말한 것이다.[20] 안창호는 민을 나라의 주인과 주체로 보고 민을 나라와 일치시켰고 나라와 민을 새롭게 하기 위하여 심장을 토하고 피를 말리는 헌신과 결의를 다짐하였다. 이것은 동해물과 백두산이 마르고 닳도록 '우리나라 만세'를 기원하는 염원과 일치한다. 둘째, 일제의 강대한 힘에 굴복하지 않고 맞서 싸우자며 '철갑을 두른 소나무'처럼 저항과 투쟁의 강인한 의지를 드러냈다. '애국가'를 작사한 후 1907년 5월 12일에 했던 '삼선평 연설'에서는 국가를 유기체적인 한 몸 생명체로 보고 국가를 사랑하는 것(愛國)이 곧 '나의 몸을 사랑하는 것'(愛身)이라고 함으로써 국가와 국민(나)을 일치시켰다. 그는 또한 이 연설에서 일제에 대한 독립전쟁을 준비하고 곧 전쟁을 선언하자고 주장하

20) 주요한 『안도산전서』 1070.

였다.[21] 이러한 안창호의 기개와 기상은 2절에 나오는, 바람과 이슬에 변하지 않는 '철갑을 두른 소나무'의 전투적인 기개와 기상을 닮은 것이다. 이것은 안창호와 한국민족이 함께 지닌 '우리 기상'이다. 셋째, 안창호는 '가을하늘, 밝은 달' 같은 높은 신념과 뜻을 민중 속에서 민중과 함께 실현하며 살았다. 그는 쾌재정의 연설에서 민을 주체로 깨워 일으키며 민과 하나로 되는 체험을 한 이래 민중 속으로 들어가 민중과 함께 일어서는 민중교육훈련조직운동에 헌신하였다. 1906년 공립협회 1주년 기념강연에서 공립협회의 강령인 민이 서로 '보호하고 단합함'이 문명부강의 뿌리와 씨라고 했을 때 그는 민이 문명과 국가의 중심과 주체임을 확신하고 밝힌 것이다.[22] 명예욕이나 권력욕에 휘둘리지 않고 어떤 유혹이나 시련에 흔들리지 않는 푸른 솔 같은 강인한 기상을 가지고, 가을하늘과 밝은 달처럼 높고 뚜렷한 신념과 뜻을 가지고 안창호는 평생 민중 속으로 들어가서 민중과 함께 민족의 독립과 통일을 위한 길을 줄곧 걸어갔다.

넷째, 안창호는 어떤 시련과 곤경에도 '괴로우나 즐거우나' 한결같이 나라를 사랑하는 길로 나아가자는 결의와 다짐을 가지고 살았다. 임시정부 시절에 쓴 안창호의 일기는 그의 이런 결의와 다짐이 끊임없이 되풀이 되어 나타난다.[23] 이 시기에 적십자사간호대개교식에서의 연설은 안창호의 이런 심정과 자세를 잘 드러낸다. "동지 사이에 당하는 참상과 사업진행의 곤란한 관계로 불유쾌한 감정을 금하기 어려우나 우리 앞길에 성공할 것을 희망하면 족히 위로가 될 것이다. 우리가 성공할 희망이 확연한 것은 유

---

21) 안창호, '삼선평연설', 『안도산전서』 586~7.
22) 안창호, '공립협회 1주년 기념강연', 『안도산전서』 581.
23) 『안도산전서』 774. 778.

진무퇴하면 승리를 득하는 것은 고금에 바뀌지 않는 이치라. 그런데 우리 민족의 과거와 현재를 말하면 만사가 무에서 유로 나아가고 소에서 대로 이른 것은 명확한 사실이오, 현상이다. 과거와 현재는 유진무퇴하였으므로 미래에도 과거와 현재같이 멈추지 않고 나아가면 승리를 기약할 수 있으니 공연히 불유쾌한 감정으로 흥분을 죽여 비관을 짓지 말며 유쾌하고 용감한 기상으로 만난이 당도해도 직진하여야 하겠다."[24] 안창호의 일기를 보면 어떤 곤경과 난관, 실패와 괴로움이 있더라도 즐거운 맘을 가지고 조금도 물러섬 없이 앞으로만 나아가자고 그는 끊임없이 역설하고 다짐하였다. 그는 '애국가'의 정신과 기상, 절개와 신념을 가지고 살았던 것이다. 윤치호가 한국민족의 과거와 현재와 미래에서 아무런 희망을 보지 못하고 절망하고 체념했던 것과는 달리 안창호는 한국민족의 과거와 현재와 미래에서 희망을 보고 승리의 확신을 가지고 앞으로 나아갔다.

'애국가'를 지었던 1907년 전후의 시기에 이미 안창호와 윤치호는 상반된 시국관을 가졌다. 윤치호는 1905년 을사늑약이 이루어지자 강자가 약자를 지배하는 역사의 필연과 운명으로 받아들이고 일제의 통치 아래서 국민계몽과 교육을 계속하려고 했다. 그는 본디 조국의 독립보다 문명개화를 이루는 것이 더 중요하다고 생각했다. 1880년대 후반부터 그리고 을사늑약 이후에는 더욱이 윤치호는 조선이 자주독립과 자강개혁을 이룰 수 있으면 좋겠지만 여의치 않으면 문명한 강대국의 보호와 도움 아래서 문명개화의 길을 걷는 것이 낫다고 생각하기도 했다. 이에 반해 안창호는 을사늑약이 이루어진 후 나라의 주권과 독립을 잃었다고 보고 깊은 슬픔과 고통을 느꼈다. 1906년 말경에 미국에서 작성한 '대한

24) 『안도산전서』 799~800.

신민회 취지서'에 보면 그가 얼마나 깊은 격정에 싸였는지 알 수 있다. 그는 '목숨을 바치고 피를 말려서라도' 일본의 손아귀에서 조국을 구해야 한다는 절박하고 사무친 심정을 표시하였다.[25] 그는 1907년 2월 20일에 귀국할 때 일본과 독립전쟁을 염두에 두고 국민교육과 전쟁준비를 계획하고 추진하였다. 그리고 그는 전국을 돌아다니면서 민중을 깨워 일으켜 나라의 독립과 통일을 이루기 위해서 혀가 닳도록, 몸이 닳고 피가 마르도록 연설하고 '애국가'를 부르며 사람들을 조직하고 끌어 모았다.

'애국가'를 몸으로 살았던 안창호

윤치호는 독립협회와 만민공동회를 이끈 뛰어난 지도자였고 최고 지식인 명망가였다. 안창호는 독립협회와 만민공동회를 통해서 신문명과 민주정신을 배웠고 민족독립운동에 참여했다. 그가 미국에서 유학공부를 중단하고 한인노동자들을 교육하고 조직하여 공립협회를 만든 것이나, 한국에 돌아와서 독립협회 청소년 회원들을 중심으로 신민회를 만든 것은 역사적으로 독립협회를 계승한 것이었다. 윤치호는 안창호에게 스승이며 선구자였고 안창호는 윤치호의 제자이며 계승자였다.

윤치호가 강대한 일제의 통치에 굴복하고 민족의 독립과 한국의 미래에 대해서 절망하고 좌절했다면 안창호는 윤치호가 포기하고 체념했던 그 자리에서 불사조처럼 일어나 민족을 깨워 일으키며 독립과 통일의 길로 나아갔다. 스승 윤치호는 게걸음을 걸었으나 제자 안창호는 평생 바르고 곧은 걸음을 걸었다. 선구자 윤치호가 실패하고 패배한 자리, 체념하고 포기한 자리에서, 타오

---

25) '대한신민회취지서', 『안도산전서』 1069~1070.

르던 열정과 신념이 다 타고 식어버린 잿더미에서 불사조처럼 힘차게 솟아올라 앞으로 나아갔던 안창호는 청출어람의 본을 보였다. 윤치호가 체념하고 절망한 한국의 낡은 과거에서 안창호는 '애국가'의 정신과 신념으로 새 나라의 정신을 일구어냈다

동해물과 백두산이 마르고 닳도록 나라를 사랑하는 절실하고 사무친 정신과 심정이 없었던 윤치호에게는 '애국가'가 절실하게 필요하지 않았다. 나라와 자기 몸을 일치시키고 심장을 토하고 피를 말려서라도 나라를 지키고 구하려고 하였던 안창호에게는 '애국가'가 꼭 필요했다. 안창호의 삶과 정신은 민족의 한 사람 한 사람을 나라의 주인과 주체로 깨워 일으켜 나라의 독립과 통일을 이루려는 신념과 의지로 가득 차 있다. 그의 이러한 신념과 의지는 '애국가'의 정신과 일치한다. '애국가'의 정신으로 안창호는 식민지 백성이 된 민족의 막힌 길을 열고 일제가 민족 앞에 세운 벽을 무너트렸다.

'애국가'의 정신과 철학

안창호는 '애국가'를 몸으로 살았다. 그의 삶과 정신 속에는 언제나 '애국가'가 살아 있었다. '애국가'를 부르는 것은 안창호가 드린 예배이고, 기도이며, 찬양이었다. '애국가'에는 국민 한 사람 한 사람의 정신과 의지를 깨워 일으켜 나라를 바로 세우는 안창호의 생명철학이 오롯이 담겨 있다. '애국가'의 바탕에는 후렴이 있다. 후렴구 "무궁화 삼천리 화려강산 대한사람 대한으로 길이 보전하세"는 나라와 민족의 자연에 대한 긍정과 사랑을 담고 있다. '무궁화 삼천리 화려강산'은 자연환경이고 '대한사람'은 자연인이며 '길이 보전하세'는 자연적인 생존의지다.

자연은 그 자체로서 값지고 아름답고 깊은 것이지만 우주자연

의 목적은 생명을 낳고 기르는데 있다. 생명의 목적은 인간을 통해 사랑과 정의의 나라를 세우는데 있다. 자연과 생명은 인간과 나라를 통해 깊고 높아지며, 실현되고 완성된다. 따라서 자연생명은 인간과 나라를 위해 바쳐지고 쓸 것이다.

1절, "동해물과 백두산이 마르고 닳도록 하나님이 보우하사 우리나라 만세."는 자연환경인 '동해물과 백두산'을 희생해서라도 '나라'를 지키고 보전하려는 기원을 담고 있다. '우리나라'는 자연환경보다 훨씬 더 소중하고 존귀한 정신과 뜻, 얼과 신을 지닌 것이다. 그러므로 동해물과 백두산뿐 아니라 자연적인 인간의 몸과 맘을 희생하고 버려서라도 '우리나라'는 지키고 보전해야 한다. 하나님을 향해 기원하는 1절은 자연주의를 초월한 인격과 정신의 의지와 신념을 드러낸다.

이어령은 모래가 쌓여 산이 된다는 일본 국가에 비교해서 '애국가'가 "부정적인 표현을 쓰고 있다"고 비판했다.[26] 이어령의 이런 비판은 "동해물과 백두산이 마르고 닳도록"에 대한 문자적 표면적 이해에서 나온 것이다. 이것은 소극적 부정적 표현이 아니라 절대긍정과 절대낙관의 주체적 의지와 신념을 나타낸 것이다. 우주자연세계를 나타내는 "동해물과 백두산"이 "마르고 닳도록"이란 말은 우주 자연세계가 깨지고 무너져서 사라져 없어지더라도 나라를 지키고 보전하겠다는 강인한 정신적 신념과 의지, 믿음과 기대를 나타낸다. 이것은 지극히 적극적이고 능동적이며 긍정적이고 낙관적인 표현이다. 우주 자연세계는 무너지고 사라져 없어져도 절대자 하나님은 살아계셔서 나라와 나를 지키고 세워줄 것을 확신하는 노래다. 외부의 환경이나 조건보다 나, 나라, 하나님이 맨 처음이고 맨 마지막이며, 궁극적이고 영원한 것이다.

26) 신동립『애국가 작사자의 비밀』241쪽.

1절, "동해물과 백두산이 마르고 닳도록"에는 진실과 올바름을 위해서 자신의 몸과 맘이 마르고 닳도록 지극정성을 다해 얼과 혼으로 애쓰고 힘쓰는 안창호의 무실(務實)정신이 담겨 있다. 무실은 거짓과 공론공담(空論空談)을 버리고 인생과 사물의 알맹이 진실을 드러내고 실현하기 위해 애쓰고 힘쓰자는 것이다. 생명과 정신의 거짓은 생명과 정신의 거죽(표면)인 물질, 환경, 육체에 매이는 것이다. 생명과 정신의 알맹이는 진실과 올바름, 얼과 혼이다. '동해물과 백두산이 마르고 닳도록' 하나님이 보우하시는 것은 무엇일까? 나라의 주인과 주체인 국민의 얼과 혼이다. '우리 국민'의 얼과 혼을 하나님이 보우하셔서 '우리'의 얼과 혼이 살아 있을 때 '우리나라'는 영원히 지켜질 것이다. '동해물과 백두산이 마르고 닳도록'은 생명과 정신의 거죽인 인간의 몸과 맘이 마르고 닳더라도, 얼과 혼이 살아서 얼과 혼을 다해서 진실과 올바름을 지키려고 지극정성으로 애쓰고 힘쓰는 무실정신을 나타낸다.

2절, "남산 위에 저 소나무 철갑을 두른 듯 바람 이슬 불변함은 우리 기상일세."는 자연 물질적인 환경의 변화와 도전(바람 이슬)을 극복하고 이겨내는 강인한 주체적 정신과 기운을 말한다. '우리 기상(氣像)'은 생성 · 소멸하고 변화 · 발전하는 자연물질의 법칙과 힘에 굴복하지 않는 내적인 주체의 생명적, 정신적 영적 기운이다. 기상(氣像)은 기운의 형상이다. 내적 생명의 기운은 대기, 생기, 정기(精氣), 심기(心氣), 이기(理氣), 영기(靈氣), 신기(神氣)로 그 형상과 형태가 끊임없이 진화 발전하고 고양되고 향상된다. 철갑을 두른 소나무로 상징되는 '우리 기상'은 자연환경의 변화와 힘에 흔들리지 않는 강인한 정신적, 영적 기운이다. 강인한 기상을 가지려면 땅의 물질적 환경과 조건에 흔들리지 않는 높은 뜻과 신념을 가져야 한다.

백두산 꼭대기와 광활한 만주벌판, 금강산 제일 높은 봉우리의 낙락장송이 아니라 '남산 위에 저 소나무'라고 한 것은 개인적인 영웅주의가 아니라 소박하게 더불어 사는 민주적이고 공동체적인 정신을 나타낸다. '남산'은 어디나 있는 앞산이다. 우리 일상생활 속에 가까이 있는 앞산에 올망졸망 모여 있는 소나무들은 평범한 일상생활을 하는 민주시민들을 상징한다. 가난한 민중의 삶 속으로 들어가 그들과 함께 독립운동을 했던 안창호는 일찍이 개인주의와 영웅주의를 극복하고 민주정신을 체화하였다. 영웅주의와 세력싸움을 경계하고 낮고 겸허한 자리에서 섬기고 받들려는 민주적인 심정과 자세로 민족의 단합과 통일을 추구했던 안창호의 정신과 철학이 이 대목에서 잘 드러난다. 진정한 기개와 용감한 정신은 홀로 우뚝 선 영웅의 삶에서 드러나지 않고 민중 속에서 민중을 위해 민중과 더불어 생각하고 행동하는 삶에서 드러난다. 남산 위에 있는, 철갑을 두른 소나무의 '우리 기상'에서 안창호의 용감한 기개와 정신이 드러난다.

3절, "가을하늘 공활한데 구름 없이 높고 밝은 달은 우리 가슴 일편단심일세"는 땅의 물질적 조건과 변화를 초월한 신념과 의지를 나타낸다. 기운이 깊고 높아질수록 흔들림 없는 강인한 기상이 된다. 그리고 강인한 신념과 높은 뜻을 가지려면 가을하늘과 밝은 달과 같은 하늘의 초월적이고 초연한 마음과 정신을 가져야 한다. '가을하늘, 밝은 달, 일편단심'에서는 안창호의 변함없는 충의정신이 드러난다.

4절, "이 기상과 이맘으로 임군을 섬기며 괴로우나 즐거우나 나라 사랑하세."는 주체적인 내면의 강인한 기상과 초월적인 하늘의 고결하고 높은 뜻을 가지고, 다시 땅과 자연의 구체적인 시공간 속에서 역사와 사회의 구체적인 현실 속에서 괴로우나 즐거우나 환경과 조건이 나쁘거나 좋거나 '나'와 '나라'를 일으켜 세우고 완성해 가야 함을 말한다. 2절의 강인한 기상과 3절의 높은 뜻을 가지고 구체적인 현실 속에서 꿋꿋하게 실천해 가야 함을 4절은 말하고 있다. "괴로우나 즐거우나 나라 사랑하세"에서는 어떤 경우에도 힘써 일하고 행하자는 안창호의 역행(力行)정신이 드러난다. '애국가' 1~4절에는 안창호의 무실, 역행, 충의, 용감의 4대정신이 담겨 있다고 생각된다.

'애국가'는 자연에 대한 긍정과 사랑에서 시작하여 내적 주체의 강인한 기상을 기르고 초월적인 높은 뜻을 세워서 다시 땅의 구체적 시공간 속에서 역사와 사회의 현실적 상황 속에서 나라를 사랑하며 나와 나라를 바로 세우고 실현하고 완성해가는 실천을 강조한다. 자연의 아름다움을 잘 표현했던 윤치호는 현실의 부, 혈연적인 가정을 소중하게 여겼던 현실적 자연주의자였다. 현실적 자연주의를 넘어서는 초월의 정신과 하늘처럼 높은 뜻을 가지지 못했던 그는 칼의 위력에 굴복함으로써 지조와 절개를 잃었고 주어진 현실의 삶에 안주하였다. 현실적 자연주의자였던 윤치호의 삶과 정신에서는 '애국가'의 정신과 사상이 나올 수 없었다.

자연에 대한 긍정과 사랑에서 시작하면서도 자연을 넘어서 초월적인 희생과 헌신의 높은 뜻을 가지고 다시 역사의 온갖 시련과 좌절을 이겨내고 줄기차게 앞으로 나아가는 '애국가'의 정신과 사상은 그대로 안창호의 정신과 사상을 드러내고 보여준다. 안창호는 누구보다 자연을 긍정하고 존중하며 사랑한 사람이었으면서도 자연을 넘어서 초월적인 희생과 헌신의 정신을 가지고, 하늘처럼 높은 뜻과 이념을 품고 어떤 난관과 시련을 당하더라도 체념하거나 좌절하지 않고 지극 정성을 다해 힘써 일하면서 줄기차게 앞으로 나아갔다. 안창호의 정신과 사상은 '애국가'의 정신과 사상과 똑같다. 안창호가 아닌 다른 사람을 '애국가'의 작사자로 생각하기 어렵다.

6장

'애국가' 작사의 과정 :
안창호는 어떻게 '애국가'를 지었는가?

1 '애국가' 작사자에 대한 기존의 논의들에 대한 비판적 검토와 결론

지난 수십 년 동안 '애국가' 작사자에 대한 논의는 윤치호 설과 안창호 설로 압축되었다. 이제 윤치호 설과 안창호 설에 대한 기존의 논의들을 다시 비판적으로 검토하고 정리함으로써 이제까지 논의한 내용의 결론을 지으려 한다. 끝으로 유길준의 '독립경절가'를 '애국가'와 비교해보고 유길준, 안창호, 윤치호의 관계를 밝힘으로써 안창호가 '애국가' 작사자임을 다시 확인하려고 한다.

윤치호 작사설에 대한 비판

윤치호 작사설을 주장하는 사람들이 여러 가지 문헌들과 역사적 정황들을 제시하고 있지만 윤치호 자신이 분명하게 "내가 '애국가'를 지었다"고 말한 일은 없었다. 윤치호가 '애국가' 작사자에 대해서 모호하게 말하고 행동하였지만 어떤 경우에도 명확하게 자신이 '애국가' 작사자임을 밝히지는 않았다. 이 점에서 '애국가' 작사자에 관한 윤치호의 언행은 일관성이 있었다. 김인식도 윤치호 '애국가' 작사설을 부인하면서 윤치호가 '애국가' 작사자에 대해서 깊은 침묵을 지켰음을 증언하였다.[1]

더욱이 1955년 6월 21일자 〈조선일보〉에 따르면 윤치호는 이돈의에게 '애국가'는 이상준이 작사했다고 말하였다. 이것도 윤치호가 이상준이 '애국가' 작사자임을 증언한 것이라기보다 이상준이 '애국가' 작사자라는 주장에 대해서 굳이 '애국가' 작사자의 진실을 밝히지 않은 것으로 보아야 한다. 여기서도 '애국가' 작사자

---

1) 동아일보 1955년 5월 21일, 애국가 작사자 새로운 파문.

에 대해 윤치호가 침묵을 굳게 지킨 것을 확인할 수 있다. '이상준 작, 윤치호 후렴 작'이라는 기록과 함께 윤치호가 이상준이 '애국가' 작사자라고 했다는 조선일보의 기사는 윤치호가 자신이 '애국가' 작사자가 아니라는 진실을 인정한 중요한 간접 증거라고 생각한다. 윤치호가 '애국가'의 작사자였다면 이돈의에게 자기가 '애국가' 작사자라는 것을 밝히지 못할 이유가 없었을 것이다.

윤치호 작사설을 위해 제시하는 모든 문헌자료들, 친필 가사지, '역술 찬미가'는 모두 확실한 증거능력을 갖지 못한 간접적 자료에 지나지 않는다. 친필 가사지는 해방 직후에 친일파로 몰려 생존의 위협을 느낀 윤치호가 딸에게 '애국가' 가사를 쓰고 '1907년 윤치호 작'이라고 써 준 것이다. 그 이전에 자신이 '애국가' 작사자라고 주장한 일이 없던 윤치호가 궁지에 몰려서 쓴 종이쪽지가 그가 '애국가' 작사자임을 증명하는 확실한 증거가 될 수는 없다. 윤치호가 "내가 '애국가' 작사자다"라고 외치고 그렇게 문서로 남겨 놓았더라도 그것을 그가 '애국가' 작사자라는 확실한 증거로 받아들여서는 안 된다. 역사적 진실을 밝히기 위해서는 어떤 정보나 주장도 반드시 한 번 뒤집어 보아야 하기 때문이다.

윤치호 '역술 찬미가'도 그가 '애국가'를 지었다는 적극적인 증거가 되지 못한다. '역술'이란 말은 '창작'이나 '저작'이 아니라는 것을 나타내는 소극적인 의미를 지닌 말이다. 여기에 수록된 애국가요들을 창작하거나 저작한 것으로 나타내려 했다면 윤치호는 '역술'이란 말 대신에 '역작'(譯作), '역저'((譯著)란 말을 썼을 것이다. '역술'한 책자에 창작한 부분이 일부 들어 있을 수 있지만 역술이란 말은 순수한 번역이나 창작이 아니라는 것을 나타내기 위해 쓴 말이다. 따라서 '역술'이란 말을 적극적으로 창작을 포함하는 말로 해석해서 윤치호 '역술 찬미가'에 실린 '애국가'는 윤치호 작품이라고 주장하는 것은 잘못된 추론이다. '역술'이란 말은 번역한 것들과 함께 번역도 아니고 창작도 아닌 것이 있기 때문에 사용한 말이다. 번역한 12개의 찬송가, 창작한 2개의 노래 '한국'과 '무궁화가' 그리고 창작하지 않은 '애국가'가 실려 있으므로 윤치호는 정직하게 '역술'이란 말을 쓴 것으로 생각된다. 그렇다면 오히려 '역술 찬미가'에 실린 '애국가'는 윤치호의 작품이 아니라고 추론하는 것이 더 정당하다. 만일 '애국가', '무궁화가', '한국'이 모두 윤치호가 창작한 것이라면 '역저', '역작'이란 말이 더 적합했을 것이다. 더욱이 윤치호가 '한국'(KOREA)을 맨 앞 첫 장에 배치하고 '무궁화가'와 현행 '애국가'를 'Patriotic Hymn'('애국가')란 명칭을 붙이고 각각 10장과 14장에 배치한 것은 그가 '애국가'를 특별히 중시하지 않았음을 의미한다. '역술 찬미가'에서 현행 '애국가'는 끝에서 둘째 장에 배치되어 있다. '한국'이나 '무궁화가'가 적합하지 않다고 생각하여 새롭게 부를 노래로 현행 '애국가'를 윤치호가 지었다면 현행 '애국가'가 그에게 가장 중요한 노래가 되어야 한다. 이런 사실도 윤치호가 '애국가' 작사자가 아님을 시사한다.

그밖에 신동립과 김연갑이 여러 가지 역사적 정황들에서 안창호가 '애국가' 작사자가 아니라는 추론을 이끌어내는데 그들이 제시하는 역사적 정황들은 안창호가 '애국가' 작사자라는 사실과는 무관하다. 1911년 미국으로 돌아온 안창호를 환영한 예식절차에서 '무궁화가'를 두 차례나 부른 것을 지적하며 이것이 안창호가 '애국가' 작사자가 아님을 증명하는 것이라고 신동립은 주장한다. "안창호가 '애국가'를 작사했다면, 중요한 이들 행사에서 '무궁화가'를 불렀을 까닭이 없다. 안창호는 '무궁화가'도 현재 '애국가'도 작사하지 않았다."[2] '무궁화가'는 1907년 현행 '애국가'가 지

2) 신동립『애국가 작사자의 비밀』144쪽.

어진 후에도 한국과 미국에서 널리 애창되었다. 1919년 이전에는 '애국가'와 '무궁화가'가 함께 불리어졌다. 그러나 1919년 3·1독립운동 때 현행 '애국가'를 불렀다는 기록은 있으나 '무궁화가'를 불렀다는 기록은 없다. 이즈음에는 '무궁화가' 대신 현행 '애국가'를 널리 부르게 되었을 것이다. 1907년 1월 20일에 미국을 떠나서 1911년 9월 2일 뉴욕에 도착할 때까지 안창호는 미국의 한인동포들과 긴밀한 소통을 하지 못했다. 이때 미국 한인동포들 사이에서 '무궁화가'는 오래 불러서 익숙한 노래였고 '애국가'는 이제 비로소 알려지기 시작한 노래였으므로 안창호 환영식에서 '무궁화가'를 부른 것이 이상할 것이 없다. 1910년 9월 〈신한일보〉에 '애국가'가 처음 소개되었으므로 아직 미국의 한인동포들 사이에 '애국가'는 익숙하게 부르는 노래가 되지 못했을 것이다.

김연갑에 따르면 1910년 9월 21일자 〈신한민보〉에 '애국가'가 윤치호 작으로 실린 것은 신한민보의 '실질적인 사주(社主)'인 안창호의 뜻이 반영된 것이다. 이것은 결국 안창호와 그의 측근들이 윤치호가 '애국가' 작사자임을 인정한 것이라고 주장한다. 신한민보에 안창호와 그의 노래를 다룬 기사에서 '애국가'를 안창호 작으로 표기한 바가 없다는 사실에서 안창호는 '애국가' 작사자가 될 수 없다고 단정한다. "만일 안창호가 '애국가'를 작사했다면 당시 기자나 편집자가 〈신한민보〉의 사주(社主)나 다름없던 안창호에 대한 기사에서 '애국가'를 언급하지 않을 리 없는 것이다."[3] 그밖에 여러 가지 정황과 문헌들에서 안창호와 그의 가족들과 친지들이 안창호가 '애국가'를 작사했다는 말을 적극적으로 하지 않은 것은 안창호가 '애국가'를 작사하지 않은 것을 의미한다고 신동립도 주장한다. 신동립에 따르면 안창호를 기리는 행사에

---

3) 김연갑 『애국가 작사자 연구』 집문당 1998. 109, 33, 209쪽.

서 그리고 가족들과 친지들이 '거국가'는 말하면서 '애국가'는 말하지 않은 것은 안창호가 '애국가' 작사자가 아니라는 것을 시사한다. 일제의 감시와 통제에서 자유로웠던 미국에서 안창호와 가족들, 친지들이 윤치호 작사설과 안창호 작사설에 대해서 명확하게 밝히지 않은 것도 안창호가 '애국가' 작사자가 아니라는 것을 나타낸다.[4] 김연갑과 신동립의 이런 추정과 의혹은 모두 자신이 '애국가' 작사자임을 밝히기 어려웠던 안창호의 특수한 정황과 처지를 헤아리지 못한 데서 나온 것이다. '거국가'는 도산의 노래로 널리 알려진 것이다. 그러나 '애국가'는 온 겨레가 함께 부를 노래로 지었기 때문에 안창호는 '애국가'가 개인의 노래가 되기를 원치 않았다. 안창호는 '애국가'가 온 겨레의 노래가 되기를 바랐기 때문에 자신이 '애국가' 작사자임을 한사코 숨기려 했던 것이다. 그러므로 안창호의 가족과 친지들은 '애국가' 작사자가 누구인지 알지도 못했지만 설사 알았다고 해도 그것을 자유롭게 말할 수 있는 형편이 아니었다. 나는 안창호가 자신이 '애국가' 작사자임을 밝힐 수 없는 특별하고 절실한 역사적 정황과 이유가 있었다는 것을 앞에서 충분히 설명하였다. 그러므로 안창호뿐 아니라 윤치호도 안창호를 위해 '애국가' 작사자가 누구인지 끝내 명확하게 밝히지 않았던 것이다.

신동립과 김연갑이 오해한 역사적 정황을 좀 더 살펴보자. 〈신한민보〉에 '애국가'가 '윤치호 작'으로 처음 실렸던 1910년 9월에 안창호가 처한 역사적 정황을 두 가지 지적할 수 있다. 첫째, 미국에 돌아오기 전에 안창호는 한국에서 망명하여 블라디보스톡에 있었고 〈신한민보〉 측과 연락하거나 소통할 수 있는 형편이 아니었다. 그리고 이 시기에는 최정익이 〈신한민보〉의 발행인이었고

---

4) 신동립 『애국가 작사자의 비밀』 159~165쪽.

1911년에 안창호가 미국에 돌아온 후에도 최정익이 대한인국민회 중앙총회 초대 총회장이 되었으며 안창호는 1915년에 3대 총회장에 당선되었다.[5] 안창호의 생각과 당시 〈신한민보〉나 대한인국민회중앙총회의 생각이 꼭 일치했다고 볼 수도 없다. 1907년 1월부터 1911년 9월까지 미국을 떠나 있었던 안창호는 미국의 한인 동포들과 거의 단절되어 있었다. 당시에는 지금처럼 연락하고 소통할 수 있는 수단과 방법이 없었기 때문이다. 둘째, 무엇보다 안창호와 윤치호가 해방 이전까지 '애국가' 작사자가 누구인지 명확하게 밝힌 사실이 없다는 점이 주목되어야 한다. 당시에 안창호는 1907~1910년이나 1919년 이후 상해 임시정부 시기에 이승만과 기호세력 그리고 정치적 경쟁자들로부터 엄혹한 비판과 견제를 당해야 했으므로 매우 어려운 처지에 있었다. 만일 안창호가 자신이 '애국가' 작사자라는 사실을 밝히는 순간 '애국가'는 안창호를 견제하고 비판하는 세력에 의해 거부될 것이고 더 이상 민족의 노래가 될 수 없는 처지에 놓일 것이라는 사실을 안창호는 잘 알았다. 그러므로 안창호는 평생 자신이 '애국가' 작사자라는 사실을 자유롭게 밝힐 수 없었다. 윤치호도 안창호의 이런 형편을 충분히 이해하고 공감했다고 생각한다. 상해 임시정부 시절에 이광수나 주위 인물들이 안창호에게 '애국가' 작사자인지 물었을 때 안창호는 긍정도 부정도 하지 않고 빙그레 웃었다고 한 것에 대해서 신동립은 "안창호가 '애국가'를 작사했다면, 이토록 두루뭉수리하게 기재할 수는 없는 관계"라면서 안창호의 '애국가' 작사 사실을 부정했다.[6] 신동립의 이런 주장은 당시 안창호가 처했던 역사 사회적 정황을 고려하지 못한 것이다. 당시 안창호의 최측근

---

5) 오동춘, 안용환 『애국가와 안창호』 청미디어 2013. 232, 297~8쪽.
6) 신동립 『애국가 작사자의 비밀』 149~150쪽.

이었던 이광수는 '바람서리'가 '바람 이슬'로 된 것을 빼고는 현행 '애국가'와 같은 수정된 '애국가'를 자신이 주간으로 있던 〈신한청년〉 창간호에 실으면서 '애국가'의 수정에 관해서 안창호와 깊은 교감을 했을 것이고 안창호가 '애국가' 작사자라는 심증과 확신을 갖게 되었을 것이다.[7)]

또한 신동립은 "하나님이 보우하사 우리나라 만세"라는 '애국가'의 기독교신앙과 표현은 기독교인인 윤치호에게서 나온 것이며, 기독교신앙과 정신을 가지지 않은 안창호에게서는 나올 수 없는 것이라고 주장했다. 신동립은 안창호에 대한 조순 교수의 말을 인용한다. "그는 소시 때 기독교에 귀의한 적이 있으나 일찍이 성경의 어구를 인용한 일은 없었다. 그의 탁월한 식견과 신념은 모두 스스로 터득한 것이었다."[8)] 안창호의 탁월한 식견과 신념이 모두 스스로 터득한 것이라는 조순의 말은 옳지만 성경의 어구를 인용한 일이 없었다는 말은 잘못된 것이다. 1932년 경성예심판사의 심문조서에서 안창호는 자신이 '기독교 장로파의 신도'임을 밝혔고 교육학을 연구하고 기독교의 깊은 뜻을 알기 위하여 미국 유학을 갔다고 하였다.[9)] 미국에 머무는 동안 그는 교회에 열심히 다녔을 뿐 아니라 성경과 신학공부에 열중했다. 대성학교를 운영할 때도 자신이 교회 예배에 충실히 참여했고 학생들에게도 교회예배 참석을 권하였다. 그는 교회에서 여러 차례 설교도 했고 성경과 기독교정신을 깊이 체화하고 실천하였다. 그는 1907년 5월의 '삼선평 연설'과 그해 12월의 '서북학생친목회 연설'에서 "하나님(上天)이 우리나라를 권우(眷佑)하신지 4000년에 우리

7) 1919년 12월 신한청년당에서 발행한 〈신한청년〉 창간호 속표지에 '애국가' 가사가 실려 있다. 여기 실린 '애국가'는 현행 '애국가'와 거의 같다.
8) 신동립 『애국가 작사자의 비밀』 157쪽. 154~157쪽.
9) '도산선생 신문기' 『안도산전서』 1046, 1049쪽.

가 보유할 수 없어서 멸망을 자취"했다고 했으며 "지극히 인자하고 존귀하신 하나님(上天)께서 모든 사람에게 이것을 내려주시니 어찌 도덕이 없고 어찌 지식이 없을 수 있겠는가"라고 하였으며 1919년 상해의 한국인 교회에서 한 설교 '사랑'에서는 "우리가 서로 사랑한즉 하나님이 우리의 속에 들어오오"라고 하였다.[10] 안창호는 누구보다 기독교정신과 사상을 깊이 받아들이고 체화하고 실행하였지만 그는 결코 기독교의 종교적 색채나 흔적, 교리나 성경의 문자를 앞세우지 않았다. 당시 기독교 인구는 전체 인구의 2%도 되지 않았으므로 안창호는 기독교의 종교적 울타리를 벗어나 비종교적 언어와 사고로 말하고 표현하였다. 안창호의 철학과 사상을 계승한 이승훈, 유영모, 함석헌도 안창호와 마찬가지로 기독교정신과 사상을 깊이 체화하고 실천하였으나 기독교의 교리나 종교적 언어를 사용하지 않았다. "하나님이 도우사"는 '무궁화가', '한국', '대한제국'애국가' 그리고 현행 '애국가'에서 정형적으로 나타나는 표현이다. 이것은 영국국가 '하나님이여 왕을 도우소서.'에서 영향과 자극을 받아서 한국의 '애국가'들에 자주 나타나는 표현이 되었다. 안창호가 기독교인이 아니기 때문에 '애국가' 작사자가 아니라는 말은 전혀 사실이 아니다. 또한 하늘, 하느님이 지켜보시며 도우신다는 생각은 오랜 세월 하늘을 우러르며 하늘에 제사하는 종교문화 전통을 가진 한민족의 고유한 관념이다. 한민족의 '한'이 '큰 하나'를 의미한다는 것을 생각하면 '하나님'도 '하느님'도, '하나님이 돕는다'는 말도 꼭 같이 한민족의 고유한 신 관념을 나타내는 표현이다. 그러므로 "하나님이 보우하사 우리나라 만세"는 외래적인 기독교의 관념과 표현이 아니라 민족 고유의 관념과 정서를 표현한 것으로 보아야 한다.

---

10) 주요한 『안도산전서』 585, 587, 650쪽.

을사늑약 이후의 역사적 정황에 비추어보거나 윤치호의 심정과 처신을 헤아려 보면 윤치호가 '애국가'를 작사했을 가능성은 없다. 독립협회 시절에는 그가 애국심을 강조하기도 했지만 을사늑약 이후에는 애국심을 말하지 않았다. 강력한 계몽군주가 문명개화를 추진할 때 국민은 애국심을 가지고 계몽군주의 개화정책을 추종해야 한다고 생각했기 때문에 윤치호가 독립협회 시절에는 애국심을 일깨우려고 했다. 그러나 을사늑약 이후에 윤치호는 고종과 조선정부에 대해서 크게 실망하고 분노하였고 차라리 영국이나 일본 같은 문명선진국이 조선을 문명개화의 길로 이끌어 주는 것이 바람직하다고 생각하였다. 을사늑약 이후의 윤치호에게는 애국심이 없었다. 또한 그는 민중에 대한 깊은 불신과 멸시를 품고 있었으므로 민중의 애국심을 일깨워 민족의 독립과 민주공화정을 이룰 수 있다고 생각하지도 않았다. 그러므로 그는 을사늑약 이후에는 어떤 애국계몽가요도 짓지 않았다. 문명개화와 민주공화정을 너무나 먼 미래의 일로 여겼던 윤치호가 지금 할 수 있는 것은 무지하고 무력한 민중을 교육하는 일이었다. 새로운 '애국가'를 지어서 민족의 독립과 민주공화의 세계를 열어야 한다는 절박한 심정이 안창호에게는 있었으나 윤치호에게는 없었다.

안창호 작사설을 주장하는 윤정경의 전언 비판

흥사단 '애국가' 작사자 규명위원회에서 가장 중요하게 내세우는 증언은 윤정경의 전언이다. 윤정경은 외사정보 계통 경찰간부로 평생을 지낸 정보전문가다. 그는 2011년경 뒤늦게 흥사단의 '애국가' 작사자 규명위원회 활동에 참여하여 안창호의 '애국가' 작사에 관한 많은 이야기를 쏟아놓았다. 윤정경의 증언은 매우 그럴 듯 하지만 객관적 역사적 근거를 확인할 수 없으므로 인정하기 어렵다. 윤정경의 전언에 따르면 안창호는 1907년 3월 7일경 평안북도 선천예배당에서 "백두산과 두만강물이 마르고 닳도록" 하는 찬송을 듣고 '애국가'를 지었다. '애국가'를 작사한 안창호의 정황과 배경, 계기와 동기에 대해서 구체적이고 상세하게 말해주는 윤정경의 전언은 매우 그럴 듯 하지만 몇 가지 이유에서 받아들일 수 없다. 안창호가 '애국가'를 작사한 역사적 상황과 배경에 대한 윤정경의 전언은 독립운동을 열렬하게 했다는 그의 할아버지 형제들과 종조할머니에게서 나온 것이다. 그러나 그의 할아버지 형제들 윤형관, 윤형주, 윤형보, 윤형갑이 독립운동을 했다는 기록이나 증거를 다른 어디서도 확인할 수 없다. 윤정경은 그의 조부 형제들의 독립운동에 대한 기록이 국사편찬위원회에서 간행한 '한국독립운동사'에 나온다고 했지만 국사편찬위원회에서 간행한 모든 자료를 검색할 수 있는 '한국사 데이터베이스'에서 그들의 독립운동에 대한 기록을 확인할 수 없었다. 오로지 윤정경 자신이 제시하는 자료와 그 자신의 주장에만 의존하는 증언은 증거로서의 가치가 떨어질 수밖에 없다.

또한 그가 제시하는 증언들 가운데 그럴 듯해 보이는 내용도 있지만 받아들이기 어려운 내용도 많다. 안창호가 '애국가'를 춘하추동 사계절에 맞추어 지었다고 주장하지만 현행 '애국가'에서 봄, 여름, 가을, 겨울의 주제나 동기를 찾기 어렵다. 안창호가 '밀러' 학당에서 밀러 선교사에게 노래 짓는 법을 배워서 '무궁화가'를 짓고 먼로우 학당 학생들이 1896년 독립문정초식에서 불렀다고 윤정경은 주장하지만 이런 주장을 뒷받침할 어떤 근거나 자료도 없다. 최근에 '무궁화가'는 윤치호가 지은 것으로 밝혀졌으므로 윤정경의 이런 주장은 근거를 잃게 되었다. 심지어 안창호가 '무궁화'란 말을 새로 지어냈고 '무궁화'는 꽃이 아니라 '한민족'을 가리키는 말이라는 주장은 듣기에도 난처하다. "애국가 2절의 가사 '바람 이슬'이 저주의 뜻이 담긴 '바람서리'로 … 변조"되었다는 윤정경의 주장은 엉뚱하다.[11] 이런 납득할 수 없는 주장들은 그가 제시하는 그럴 듯한 내용들까지 의심하게 만든다. 더욱이 안창호 작사설을 뒷받침하는 자세하고 풍부하고 다양한 윤정경의 주장들이 문교부와 국사편찬위원회가 '애국가' 작사자 규명을 위해 공개적으로 '애국가' 작사자에 대한 증언과 자료들을 수집하던 1955년에 제시되지 않은 것도 상식적으로 이해하기 어렵다.[12] 윤형갑과 김정수가 그렇게 안창호와 깊은 만남과 관계를 가지고 '애국가' 작사에 얽힌 비밀을 자세히 알고 있었다면 당연히 그때 밝히는 것이 애국독립운동을 한 사람의 도리일 것이다.

이런 여러 가지 이유에서 윤정경의 전언은 신뢰하기 어려우므로 나는 '애국가' 작사자를 밝히는 논의에서 그의 전언을 배제해야 한다고 생각한다. 흥사단 '애국가' 작사자 규명위원회 위원장 오동춘은 흥사단 창립 100주년기념도서 『안국가와 안창호』에서 주로 윤정경의 전언에 의지하여 안창호 '애국가' 작사설을 주장하고 있다.[13] 이에 반해 안창호 작사설을 주장하는 안용환은 윤정경의 전언에 대해서 아무 언급도 하지 않는다.[14] 윤정경이 제시하는

---

11) 1919년 12월 신한청년당에서 발행한 〈신한청년〉 창간호 속표지에 '애국가' 가사가 실려 있다. 여기에 '바람서리'로 표기된 현행 '애국가'가 정리되어 나온다. 당시 상해 임시정부의 중심에 안창호가 있었고 안창호의 심복이었던 이광수가 〈신한청년〉의 주필이었으므로 '바람서리'의 표현은 안창호가 만들었거나 동의한 것이 분명하다. 김도훈 '애국가' 작사자 관련 논쟁에 대한 검토', 『한국독립운동사연구』 64. 한국독립운동연구소 2018. 253쪽.

12) 오동춘, 안용환 공저 『애국가와 안창호』 184~188, 198~207, 249~264, 522~526, 531~541쪽 참조. 그밖에 윤정경, 애국가는 내가 지었다. 안창호 선생님 말씀' 1,2,3. 흥사단 홈페이지(www.yka.or.kr) 자유게시판. 2015년 7월 15, 18, 23일 참조.

13) 앞 주 참조.

14) 오동춘, 안용환 공저 『애국가와 안창호』와 2016년에 발행된 안용환 『독립과 건국을 이룩한 안창호 '애국가' 작사』에서 안용환은 윤정경의 전언을 안창호 작사설을 위한 증거로 사용하지 않았다.

수많은 내용과 주장들은 기억과 전승의 과정에서 일어날 수 있는 착오와 변경, 수정과 윤색을 넘어서 사실과 정보를 날조하고 창작한 것이 아닌가 하는 의심까지 들게 한다. 윤정경의 전언이 신뢰하기 어렵다면 안창호가 '애국가'를 작사했다는 오동춘 위원장의 논증도 근거가 허약해진다.

'애국가' 작사자에 대한 증거와 증언들에 대한 비판적 정리와 결론

윤정경의 전언을 제쳐놓더라도 안창호가 '애국가'를 작사했다는 증거는 '애국가'를 지은 역사 사회의 정황, 심리 철학적 정체성, 정신과 실천의 일관성에서, 안창호가 지은 시가들과 '애국가'의 일치, 연관성에서, '애국가' 작사의 정황과 동기, 의도와 목적에서 폭넓게 확인할 수 있다. 안창호가 '애국가'를 작사했다는 중요한 증언자들은 안창호의 가장 친밀한 애국 동지 안태국, 3·1운동 대표이며 상해에서 안창호와 '애국가'를 불렀던 이명룡, 안창호와 함께 교육독립운동을 했던 김동원, 최남선, 안창호의 최측근 이광수와 그 부인 허영숙, 장리욱, 이유필과 그 부인 김경희, 최일봉, 황사선과 안익태(1930년 10월 샌프란시스코), 안창호의 비서를 지낸 구익균 등이다.[15] 안창호의 '애국가' 작사설을 증언하는 사람들은 대부분 안창호와 함께 '애국가'를 열렬하게 부르며 애국독립운동을 했던 동지들이다. 이들의 증언은 역사적 근거를 가질 뿐 아니라 인간적 신뢰와 무게를 지닌다. 이런 많은 증인들이 모두 안창호 작사설을 날조해서 증언했다고는 결코 생각할 수 없다.

이에 반해 윤치호 설을 주장하는 증인들은 주로 윤치호의 가

---

15) 오동춘, 안용환 『애국가와 안창호』 청미디어 2013. 92~114쪽.

족·친척들이거나 한영서원 제자들 그리고 독립운동과는 관련이 없는 친일인사들인 백낙준, 서정주(이승만), 김활란, 한영서원 학생이었던 최규남 등이다. '애국가' 작사자 규명활동을 했던 1955년 당시 문교부장관은 이선근(1954~1956년)이었고 전전 장관은 백낙준(1950~1952년), 후임 장관은 최규남(1956~7년), 최규남 다음 다음 장관은 이병도(1960년)였다. 권력을 잡은 친일파들이 자신들의 권력과 지위를 유지 강화하고 정당화하기 위해서 안창호 설을 배척하고 윤치호 설을 앞세웠다. 윤치호는 어떤 경우에도 명확하게 "내가 '애국가'를 지었다"고 말한 일이 없으나 친일사학자들은 증거능력이 약한 몇 가지 문헌자료들을 내세워 윤치호를 '애국가' 작사자로 내세우고 안창호 '애국가' 작사설을 배척했다.

실증사학의 고정관념에 매여서 2차적이고 간접적인 문헌자료나 기록물에 집착하는 것은 역사의 진실을 밝히는데 오히려 장해가 된다. '애국가' 작사자에 관한 역사의 은폐된 진실을 밝히는데 2~3차 문헌자료와 기록물들, 개별적이고 단편적인 정황과 사실들은 지극히 작은 부분과 요소에 지나지 않으며, 이런 간접적이고 단편적인 자료들은 숨겨진 '애국가' 작사자의 진실을 가리고 왜곡할 수 있다. 실증사학자들이 외면하는 역사와 사회의 전체적 정황과 상호연관된 맥락, 깊고 지속적인 인간관계, 심리·철학적 비교, 인문학적 비교가 '애국가' 작사자의 역사적 진실을 밝히는데 도움이 될 수 있다. 역사의 전체 맥락과 의미, 정신과 목적, 얼과 혼을 깊고 넓게 연구한 것은 애국독립운동의 역사학자들인 박은식, 신채호, 문일평, 정인보, 안재홍, 함석헌이다. 이들이 '애국가' 작사자 연구에서 배제된 것은 안타깝고 부당하다. 나는 앞에서 이미 역사의 정황과 맥락, 안창호와 윤치호의 특별한 관계, 심리 철학적 비교, 인문학적 비교를 통해 안창호가 '애국가' 작사자임을 충분히 밝혔다.

이제 안창호가 '애국가' 작사자라는 논증을 좀 더 구체적이고 세부적으로 확립해보자. 김연갑과 신동립이 내세우는 윤치호 설의 핵심은 '무궁화가'와 '애국가'를 같은 사람이 작사했다고 보고 '무궁화가'를 윤치호가 작사했으므로 '애국가'도 윤치호가 작사했다는 것이다. 안창호 설을 주장하는 오동춘과 안용환도 '무궁화가'와 '애국가'를 같은 사람이 지었다고 보고 안창호가 '무궁화가'와 '애국가'를 모두 지었다는 것을 입증하려고 힘썼다. '무궁화가'와 '애국가'의 작사자가 다른 인물이라면 이들의 모든 논의는 허물어지고 만다.

윤치호가 '무궁화가'를 지었다는 사실은 확인되었다. 앞에서 '애국가' 작사자에 관한 모든 증언과 문헌들을 비판하고 비교 종합함으로써 나는 안창호가 윤치호의 '무궁화가'를 바탕으로 '애국가'를 지었다는 결론에 이르렀다. '무궁화가'를 바탕으로 안창호가 '애국가' 가사를 지었다는 김동원의 증언이 "다른 자료와의 교차검증에서 재확인되면 가장 합리적 증언이라고 생각한다"[16]고 신용하도 말하였다. 안창호가 가장 신뢰하고 사랑했던 동지 안태국의 증언도 김동원의 증언과 일치한다. 윤치영의 증언, 강릉 동진학교 노래집(이기재 소장)의 '이상준 작 윤치호 후렴 작'은 모두 윤치호가 '애국가'의 후렴만을 지었음을 말해준다.

왜 안창호는 윤치호의 '무궁화가'를 저본으로 '애국가'를 지었을까?

안창호는 한국근현대의 역사 속에서 필연적으로 윤치호와 뗄 수 없는 운명적 관계를 맺게 되었다. 이런 역사적 필연과 운명적

16) 신용하 '애국가 작사는 누구의 작품인가' 〈대한민국학술원통신〉 제297호 2018년 4월 1일.

관계가 안창호로 하여금 윤치호의 '무궁화가'를 저본으로 '애국가'를 짓게 하였다. '애국가'는 '무궁화가'와 후렴이 같고 글자 수, 운율, 곡조가 같다. 현행 '애국가'는 '무궁화가'를 저본으로 1~4절의 가사를 새로 지은 것이 분명하다. 그러나 김연갑은 '애국가'와 '무궁화가'의 이러한 유사성을 근거로 해서 '무궁화가'와 '애국가'의 저자가 동일인물이라고 단정한다. 더 나아가서 '무궁화가'가 윤치호 작이라면 '애국가'도 윤치호 작이 되고, '애국가'가 윤치호 작이 분명하므로 '무궁화가'도 윤치호 작이라는 결론을 내린다.[17] 이것은 '무궁화가'와 '애국가'의 작사자가 동일인물이라는 가정을 세우고 그 가정을 바탕으로 순환논법에 의해 윤치호가 '애국가' 작사자임을 증명하는 것이다. 이런 순환논법은 논리적으로 용납할 수 없으며, '무궁화가'와 '애국가'의 작사자가 동일인물이라는 가정도 받아들일 수 없다. 윤치호 작사설을 주장하는 신동립도 후렴이 같은 무궁화 노래와 '애국가'는 같은 저자의 작품이며 무궁화 노래의 작사자가 윤치호로 밝혀졌으므로 윤치호가 '애국가'의 작사자로 입증되었다고 주장한다.[18]

이들과는 반대로 나는 '무궁화가'와 '애국가'의 작사자는 같은 인물일 수 없다고 생각한다. 따라서 '무궁화가'의 작사자가 윤치호로 확정되었다면 윤치호는 '애국가'의 작사자가 될 수 없다. 왜 그런가? 그 이유는 두 가지다. 첫째, '무궁화가'의 정신과 사상은 '애국가'의 정신 · 사상과 너무 다르기 때문에 그 둘은 동일한 저자의 작품일 수 없다. '무궁화가'의 내용과 성격을 다시 한 번 새겨 보자. 무궁화 노래는 아름다운 표현을 가진 완성도가 높은 작품이지만 지은이나 부르는 이의 주체적 의지와 결단이 없고, 민

17) 金煉甲 著『愛國歌 作詞者 研究』集文堂 1998. 178, 180쪽.
18) 신동립『애국가 작사자의 비밀』지상사 2015. 44, 157쪽.

중에 대한 존중과 신뢰가 없다. 백성들에게 다시 말해 다른 사람들에게 충군애국을 계몽하고 권하는 노래다. 지은이나 부르는 이의 절실함과 절박함이 느껴지지 않고 민족과 민중의 강인한 정신과 혼에 대한 평가도 없다. 이 책의 5장 '1. 윤치호의 애국시가들과 '애국가'의 비교'에서 자세히 논했듯이 현행 '애국가'는 '무궁화가'와는 전혀 다른 정신과 분위기를 담고 있다. 따라서 '애국가'와 '무궁화가'를 지은 사람이 동일인물이라고 할 수 없다.

둘째, 새로운 정신을 담은 새 노래를 짓는 사람이라면 자신의 낡은 노래의 형식과 틀에 맞추어 새 노래를 지을 리가 없다. '무궁화가'라는 낡은 노래의 형식과 틀에 맞추어 새 노래를 지은 사람은 '무궁화가'의 저자와 특별한 관계에 있는 사람이며 그 저자를 존중하고 받들어야 할 필요가 있었던 사람이다. 다시 한 번 생각해보자. '무궁화가'를 저본으로 '애국가'를 지은 사람은 윤치호 아니면 안창호다. 당시 상황과 두 사람의 관계로 보아서 다른 사람을 상정하기 어렵다. 윤치호가 '무궁화가'를 저본으로 '애국가'를 지었다고 보기는 어렵다. 새로운 정신과 분위기를 담은 새 노래를 지으려는 사람이 자기가 예전에 지은 낡은 노래를 그처럼 존중하며 그 낡은 노래에 맞추어 새 노래를 지을 필요가 없기 때문이다. 윤치호는 뛰어난 문장력과 풍부한 표현력을 가진 사람이었다. 그가 지은 '한국'과 '무궁화가'는 형식과 틀이 크게 다르다. 그가 새 노래를 지으려 했다면 당연히 새로운 심정과 자세를 가지고 새로운 형태의 노래를 지었을 것이다. 윤치호가 새 노래를 지을 필요와 간절한 의지를 가졌다면 새 노래를 굳이 낡은 노래의 형식과 틀에 맞추어 지을 필요와 이유가 없다. 윤치호가 자기 옛 노래의 곡조도 그대로 쓰고 후렴도 그대로 가져올 뿐 아니라 1~4절의 가사와 글자 수와 운율까지 맞추어 가며 새 노래를 짓는다는 것은 너무 작위적이고 이상하다. 윤치호가 그래야 할 이유와 필요를 전혀 찾을 수 없다. 윤치호는 새로운 '애국가'의 필요를 절실하고 절박하게 느끼지 못했으므로 새 '애국가'를 짓지 않았던 것이다. 만일 윤치호가 자신이 지은 '한국'이나 '무궁화가'가 새로운 시대정신에 적합하지 않기 때문에 새로운 정신을 담은 새 노래를 지으려고 했다면 그는 반드시 새로운 형식과 틀을 가진 새 노래를 지었을 것이다.

그렇다면 안창호는 왜 '무궁화가'를 저본으로 윤치호의 '무궁화가'의 형식과 틀에 맞추어 그처럼 조심스럽고 신중하게 '애국가'를 지었을까? 이 시기에 안창호는 윤치호를 매우 조심스럽고 신중하게 그리고 최대한 존중하고 존경하는 자세로 접근하고 대해야 할 이유와 필요가 있었다. 안창호는 윤치호가 이끌었던 독립협회와 만민공동회를 역사적 사상적으로 계승한 인물이다. 안창호가 미국에서 공립협회를 만들고 민중교육 훈련을 한 것도 한국에 돌아와서 독립협회의 청소년 회원들을 중심으로 신민회를 조직한 것도 모두 윤치호의 독립협회를 계승한 것이다. 안창호의 친구와 동지들은 거의 모두 독립협회 청소년 회원들이었다. 그리고 앞에서 분석하고 소개한 것처럼 안창호의 사상은 기본적으로 윤치호의 사상과 일치하거나 비슷하다.

안창호로서는 한국에서 교육독립운동을 벌이기 위해서 당대 최고의 지식인 명망가였던 윤치호를 앞세울 필요가 있었다. 안창호는 만으로 나이 30이 채 되지 못한 서북지역의 한 청년에 지나지 않았다. 그가 한국에서 교육독립운동을 힘차게 일으키기 위해서는 조선왕조 5백 년 동안 정치, 경제, 문화의 중심세력이었던 기호세력의 견제와 저항을 견뎌내야 했다. 학벌도 문벌도 없었던 안창호로서는 기호세력의 중심인물이며 최고 명망가이고 독립협회의 지도자였던 윤치호를 앞세울 필요가 있었고, 독립협회의 청소년 회원들을 결집시키기 위해서도 윤치호와 깊은 관련을 가질 필요가 있었다. 윤치호가 이끌었던 독립협회를 계승한다는 차원에서도 안창호는 윤치호의 '무궁화가'를 존중하고 계승할 필요가 있었다. 또 '무궁화가'는 독립협회 시절부터 그때까지 가장 유명하고 널리 불러지는 '애국가'였으므로[19] 새로운 '애국가'가 '무궁화가'와 연속성과 관련성을 갖게 할 필요가 있었다. 이런 신중하고 겸허한 자세와 접근은 선행 역사와 선배를 존중하는 안창호의 신중함과 겸허함을 나타낸다.

그러므로 안창호는 윤치호의 '무궁화가'를 개작함으로써 새로운 '애국가'를 만들려는 생각을 하게 되었고 지나칠 정도로 '무궁화가'를 존중하여 곡조와 후렴을 그대로 쓸 뿐 아니라 글자 수와 운율까지 맞출 생각을 했던 것이다. '무궁화가'에 대한 이러한 신중하고 조심스러운 배려와 존중은 윤치호에게는 기대할 수 없고 안창호에게는 충분히 기대할 뿐 아니라 이해하고 납득할 수 있다. 실제로 대성학교 교장과 청년학우회 회장으로 윤치호를 앞세우고 안창호는 자신의 교육독립운동을 펼쳤다. 윤치호의 '무궁화가'를 '애국가'로 바꾸는 일이 안창호에게는 꼭 필요하고 절실했지만 매우 조심스럽고 신중하게 하지 않을 수 없는 일이었다.

이러한 안창호와 윤치호의 역사적 정황과 인간적 관계는 안창호가 윤치호의 '무궁화가'를 저본으로 '애국가'를 짓게 된 역사의 진실에 다가서는데 큰 도움이 된다. 나는 역사의 상황 속에서 안창호와 윤치호를 비교했을 뿐 아니라 둘의 심리 철학적 차이를 비교하였으며, 그들의 애국심과 정신, 삶과 실천을 비교하였고, 윤치호의 시가들과 '애국가'를 비교하고 안창호의 많은 애국가요들과 '애국가'를 비교함으로써 안창호가 '애국가'의 작사자임을

---

19) 이명화, "愛國歌 형성에 관한 연구", 《실학사상연구》 10/11권 무악실학회 1999. 646~649쪽.

밝혔다. '애국가' 작사자와 관련된 역사의 껍질을 벗겨내고 역사의 어느 대목을 찔러보고 파고들어가 보아도 역사의 진실은 하나같이 안창호가 '애국가' 작사자임을 드러낸다.

안창호 작사설을 위한 역사 문헌적 증거, 유길준의 '독립경절가'

'애국가' 작사자 연구의 마지막 국면에서 나는 안창호가 '애국가' 작사자라는 결정적 문헌증거를 발견하였다. 유길준의 '독립경절가'와 '애국가'를 비교해보고 안창호와 유길준의 특별한 관계를 고려하면 '애국가' 작사자는 안창호임을 분명히 알 수 있다. 나는 이것이 안창호 '애국가' 작사설을 증명하는 가장 중요한 역사 문헌적 증거라고 생각한다. 1895년 조선정부의 독립선고식에서 부른 유길준의 '독립경절가'는 안창호가 '애국가'를 작사하는데 큰 자극과 영향을 주었던 것으로 보인다. '독립경절가'는 황제와 조선국가를 찬양하는 노래이지만 6~8절은 현행 '애국가'와 내용과 사상이 일치한다.

6 장백산 높다 해도, 비교해 보라, 우리국민의 기염(氣焰)을. 도리어 낮구나, 저 산도.
7 동해물 깊다 해도, 비교해 보라, 우리국민의 진심(眞心)을. 도리어 얕구나, 저 물도.
8 이 기염, 이 진심. 두개를 합치면 강한 힘. 저 힘을 가지고 우리임금을 지키세. (정영식 옮김[20])

---

20) 현 성균관대학교 문화콘텐츠 연구소 수석연구원, 동경대학 인도철학불교학 연구실 졸업(문학박사).

6 長白の山、たかけれど、くらべみよ、わがこくみんの、氣焰をば。
7 東海の水、ふかけれど、くらべみよ、わがこくみんの、まごころを。
8 この氣焰、この眞ごころ、二つあわせ一つよきちから。そのちからもて、我君を、まもらむ。[21]

'애국가'와 '독립경절가'의 형식과 운율은 전혀 다르지만 용어, 내용, 정신은 거의 일치한다. '독립경절가' 6~8절에 나오는 '장백산(백두산)과 동해물', '우리 국민의 기염(氣焰)', '우리 국민의 진심(眞心)', '이 기염 이 진심(의 강한 힘)으로 우리임금을 지키세'는 각각 현행'애국가' 1절의 '동해물과 백두산' 2절의 '우리 기상', 3절의 '우리가슴 일편단심', 4절의 '이 기상과 이맘으로 님군을 섬기며'와 상통한다. '애국가'와 '독립경절가'의 이런 일치와 상통은 '애국가' 작사자가 유길준의 '독립경절가'에서 자극과 영향을 받았음을 말해준다.

안창호가 가장 존경했던 인물이 유길준이었다. 유길준이 조직한 '흥사단'의 이름을 이어받아서 안창호가 흥사단을 조직한 것은 그가 마음속 깊이 유길준을 존경했음을 보여준다. 안창호가 도쿄에서 유길준을 만나 '애국가'를 지어달라고 부탁했을 때 유길준은 '애국가' 짓는 것을 사양했지만 '독립경절가'에 대해 이야기해 주었을 것이다. 안창호가 '애국가'를 지을 때 '독립경절가'의 내용을 생각하며 지었음이 확실하다. 유길준의 '독립경절가'와 현행 '애국가'의 이런 일치는 결코 우연이라고 할 수 없으며, 안창호

---

21) 유길준의 '독립기념경절회 창가'는 일본어로 1895년 6월 18일 〈요미우리신문〉(讀賣新聞)에 12절 전문이 수록되어 있다. 〈요미우리신문〉의 원문파일은 https://database.yomiuri.co.jp. 유길준의 '독립경절가' 전문을 번역하고 소개한 신동립 『애국가 작사자의 비밀』 지상사 2015. 221~222쪽. 유길준의 '독립경절가' 역사적 의미와 가치에 주목한 안용환 『독립과 건국을 이룩한 안창호 애국가 작사』 정미디어 2016. 41쪽 참조.

가 '애국가'를 지었다는 유력한 증거가 된다. 안창호와는 달리 윤치호는 정치-학문적 경쟁자로서 유길준을 매우 불신하고 싫어하였다.[22] 윤치호는 민비 암살의 배후로 유길준을 지목하였다. 민비가 암살당할 무렵 유길준이 암살사건의 전말을 은폐하기 위해 자신을 그날의 저녁 식사에 초대했다고 윤치호는 생각했다.[23] 이토록 유길준을 불신하고 싫어했던 윤치호가 유길준의 '독립경절가'에서 자극과 영향을 받고 '애국가'를 지었을 가능성은 거의 없다.

'독립경절가'에는 '우리 국민의 기염과 진심(의 강한 힘)'에 대한 깊은 신뢰와 기대가 있다. '우리 국민의 기염과 진심'이 합쳐서 나오는 강한 힘으로 '우리임금을 지키자'고 함으로써 국민을 정치의 주체로 내세우고 있다. '군민공치'(君民共治)를 주장한 유길준은 국민을 황제의 정치적 동역자로, 정치적 주체로 보았다.[24] 국민을 황제의 정치적 동역자로 본 유길준의 '군민공치'는 국민을 정치의 대상으로만 보았던 윤치호가 국민에 대한 불신과 멸시를 자주 드러냈던 것과는 대조된다. '독립경절가'에 나오는 '우리 국민의 기염과 진심' 그리고 그 기염과 진심에서 나온 '강한 힘'에 대한 강조는 윤치호가 지은 '무궁화가'의 비슷한 구절 "애국하는 열심의기 북악 같이 높고 충군하는 일편단심 동해같이 깊어"와 비교된다. 유길준은 '우리 국민의 기염과 진심' 그리고 그 기염과 진심에서 나오는 '강한 힘'을 말함으로써 국민의 주체성과 정체성에 주목한다. 여기서 국민은 자신의 기염과 진심에서 우러나오는 강한 힘을 가지고 스스로 '우리임금'을 지키는 주체다. 그러나 윤치

22) 『윤치호일기』 1895년 2월 22일. 9월 22일. 10월 27일. 11월 6, 8일. 1896년 1월 16일, 유길준과 민영환에 대한 윤치호의 미움과 분노는 윤경남 역술, 『민영환과 윤치호 러시아에 가다』 신앙과 지성사 2014. 29~31,60,119~120,139~140쪽 참조.

23) 윤치호 『윤치호일기』 (1916-1943) (윤치호, 김상태 편 번역, 역사비평사, 2007) 585페이지

24) '유길준', 한국문화대백과사전, 한국학중앙연구원.

호는 국가와 황제에 대한 국민의 충성심을 찬양할 뿐이다. 윤치호의 구절에서는 국민의 주체성과 정체성이 드러나지 않는다. 산처럼 높고 바다처럼 깊은 국민의 우직한 충성심을 찬양할 뿐이다. '무궁화가'에서 '군민동락'을 말하지만 이것은 군왕의 선정이 이루어진 결과일 뿐이다. 윤치호는 민을 황제의 정치적 동역자로 생각할 수 없었다. 그가 민에게 요구한 것은 강력한 계몽군주에 대한 충성심과 애국심뿐이었다.

유길준의 '군민공치'는 윤치호에게서 찾아볼 수 없는 혁신적 개념과 원리다. 1895년에 유길준이 지은 '독립경절가'는 윤치호의 '무궁화가'보다 1~2년 앞서 나온 노래다. '독립경절가'와 '무궁화가'의 내용과 결이 다른 것은 '무궁화가'가 '독립경절가'의 영향을 받지 않았음을 의미하며 윤치호와 유길준 사이에 사상적 정신적 소통과 교류가 없음을 나타낸다. 자존심이 높은 지식인 명망가 윤치호는 자기가 그토록 싫어한 유길준의 '독립경절가'에 의지해서 새 노래를 짓지는 않았을 것이다.

유길준이 '독립경절가' 3절에서 "명예롭다 명예롭다 우리 국민 명예롭다" 하면서 9절과 10절에서 "우리 대왕 만만세 … 우리 국민 만만세"[25]라고 하여 대왕과 국민을 동격으로 높이는 것은 그가 국민의 주체와 명예를 내세운 것이고 국민에 대한 깊은 신뢰와 존중을 표시한 것이다. 이것도 민중에 대한 불신과 멸시를 품었던 윤치호에게서는 나올 수 없는 표현이다. 국민에 대한 유길준의 이러한 신뢰와 기대는 민족(민중)에 대한 안창호의 깊은 신뢰와 기대와 일치한다. 국민의 주체와 명예를 높인다는 점에서 '독립경절가'와 '애국가', 유길준과 안창호의 사상적 정신적 일치가 확인된다. 또한 '독립경절가' 6~8절의 시상과 내용이 '애국가' 1~4절의 내용

---

25) '독립경절가' 전체 내용은 신동립 『애국가 작사자의 비밀』 지상사 2015. 221~222쪽 참조.

과 얼개를 이루고 있다. 사상과 정신, 시상과 내용에서 '독립경절가'와 '애국가'가 일치하고, 유길준과 안창호의 정신과 사상이 일치한다는 사실은 '애국가' 작사자가 윤치호가 아니라 안창호임을 드러낸다. '애국가'의 형식과 틀은 윤치호의 '무궁화가'에서 왔으나 '애국가'의 내용과 정신은 유길준의 '독립경절가'의 내용과 정신을 이어받고 있다.

안창호는 역사적으로 윤치호의 독립협회를 계승하고 '무궁화가'의 틀과 형식을 이어받았다. 그러나 정신적으로는 유길준의 흥사단을 계승하고 사상적으로는 『서유견문』과 '독립경절가'의 내용과 정신을 물려받았다. 서구문명을 받아들여 문명개화를 이루는 방식에서 윤치호와 유길준은 차이를 보인다. 윤치호와는 달리 유길준은 서구문명을 주체적으로 민중의 관점에서 이해하고 받아들이려 했다. 1895년에 발행된 유길준의 『서유견문』에 따르면 한국은 중국 중심의 국가에서 세계 속의 국가로 나가야 한다. 유길준은 자주적이고 실용적인 문명개화를 주장했다. 서양의 문명을 단순히 모방하는 개화가 아니라 남의 좋은 것을 취하면서 나의 좋은 것을 지켜가는 자주개화(自主開化) 한국의 실정에 맞는 실상개화(實狀開化)를 주장했다. 그는 또한 공리공담에서 벗어나 실행에 힘쓸 것을 강조했다. 그는 문명의 개화와 진보를 말했으나 물질적 힘을 앞세우는 국가주의 문명관을 따르지 않았다. 지선극미(至善極美)함을 실현하고 추구하는 것이 개화라고 함으로써 물질적 힘보다 제도와 문화의 힘을 강조하였다. 또한 자유 평등한 국민이 합리적으로 경쟁하고 격려하면서 서로 도우며 개화를 이루어가야 한다고 보았다.[26]

유길준은 약육강식 부국강병의 제국주의적 문명관에서 벗어나

---

26) '유길준', 한국민족문화대백과사전 한국학중앙연구원 참조.

정신개화, 지식개화, 물질개화를 말하였다. 그는 국민 한 사람 한 사람의 교육을 강조하고 국민교육에 힘썼다. 1907년에 일본에서 돌아온 그는 흥사단을 조직하여 국민 한 사람 한 사람을 훌륭한 선비로 만들음으로써 훌륭한 나라를 이루려고 했다.(國民皆士) 『서유견문』에 담긴 유길준의 이러한 사상은 10대 후반의 도산에게 깊은 영향을 주었다. 도산은 한국근현대의 인물 가운데 유길준을 가장 위대한 인물로 여겼다. 도산은 유길준이 '우리의 지도자'가 되기에 합당한 인물이었다고 높이 평가했다.[27] 안창호는 '칼'의 힘을 가진 강대한 문명국들의 지배와 정복을 정당화한 윤치호보다 유길준의 자주적이고 민주적인 문명개화노선을 따랐다. 안창호는 문명개화를 위한 유길준의 정신과 철학을 존중하고 계승한다는 의미에서 유길준이 조직했던 '흥사단'이란 명칭을 사용하여 미국에서 흥사단을 만들었다.

유길준의 '독립경절가'의 시상과 내용이 '애국가'의 전체 시상 및 내용과 일치한다는 사실은 안창호가 '애국가' 작사자임을 확인해주는 중요한 증거다. 윤치호와 유길준, 안창호와 유길준의 관계를 미루어볼 때 그리고 안창호가 유길준에게 '애국가'를 지어 달라고 부탁을 하고 유길준이 사양한 후에 얼마 지나지 않아서 유길준의 '독립경절가'에 의지해서 '애국가'가 지어진 역사적 정황과 맥락을 생각하면 그리고 안창호와 유길준의 정신 사상적 일치를 감안하면, 안창호가 '애국가'를 지었다는 사실은 의심할 여지가 없다.

27) 안창호 '동포에게 고하는 글' 『안도산전서』 527~8쪽.

2 '애국가'는 어떻게 지어졌나?

1) '애국가'의 계보와 역사

안용환 교수는 현행 '애국가'에 이르는 '애국가'들의 계보를 다음과 같이 제시했다. 1895년 유길준의 독립기념 경절회 창가, 1896년 4월 7일 최돈성 '애국가', 1896년 5월 9일 학부주사 나필균 '애국가', 1896년 6월 9일 인천 제물포 전경택 '애국가', 1896년 9월 15일 농상공부기사 김철영 '애국가', 1896년 11월 21일 독립문정초식 '애국가', 1897년 1월 28일 인응선 '애국가', 1897년 8월 7일 조선개국 505회 '축수가', 1898년 10월 18일 찬양부인회 '애국가', 1899년 6월 29일 배재학당 방학예식 '애국가', 1902년 7월 1일 대한제국 '애국가', 1903년 5월 '애국충성가', 1904년 초여름 김완규·김수원 '애국가', 1908년 현행 '애국가'.[28)]

여기서 제시된 '애국가' 계보는 1895년과 1908년 사이에 나온 '애국가'들을 시기적으로 나열한 것이다. 현행 '애국가'를 1908년이라고 한 것은 현행 '애국가'가 최초로 수록된 문헌이 1908년에 발행된 윤치호 '역술 찬미가'이기 때문이다. 1897년 조선개국 축수가와 1899년 배재학당 '애국가'는 동일한 '무궁화가'다.

안용환이 제시한 '애국가' 계보 가운데 1903년 애국충성가와 1904년 초여름 김완규, 김수원 '애국가'는 내용과 표현에서 현행 '애국가'와 비슷한 것이 많다. 이 세 가지 '애국가'의 문건들은 1981년에 서지학자 안춘근(安春根·1926~1993)이 일간신문에 발표한 것들이다. 후에 SBS '그것이 알고 싶다'에서 이 세 가지 문건을

---

28) 안용환 『독립과 건국을 이룩한 안창호 애국가'작사』 40쪽. '나필균'은 '이필균'으로 나오기도 한다. 신동립 『애국가 작사자의 비밀』 190쪽.

다루었다. 그러나 고서연구가인 박대헌(朴大憲) 완주책박물관 관장은 근대서지학회(회장 전경수)가 펴내는 반연간지 〈근대서지〉에 발표한 논문 "SBS TV '그것이 알고 싶다' 〈'애국가' 작사 미스터리〉의 논쟁에 대한 고찰"에서 "안춘근의 애국가 자료 3종이 모두 후대에 위조된 것"이라고 선언했다. 박 관장은 글의 연대, 글씨체, 먹의 농담(濃淡), 글씨의 격을 검토한 결과 세 문서 모두 위조된 것으로 판단했다.[29] 전문가로부터 위조라고 평가받은 이 세 문건은 논의에서 배제되어야 한다.

위에 제시된 '애국가'들 가운데 현행 '애국가'의 내용과 관련지을 수 있고 '애국가'로 널리 불러지고 알려진 것은 1895년 유길준의 독립기념 '경절회창가', 1896년 11월 독립문정초식 '애국가', 1897년 8월 조선개국 505회 '축수가', 1902년 7월 대한제국 '애국가'다. 당시에는 이 노래들이 모두 '애국가' 또는 국가로 불러졌으나 오늘 '애국가'로 불러지는 것은 현행 '애국가'뿐이다. 이 '애국가'들이 현행 '애국가'와 어떤 연관이 있는지 비교하며 살펴보자.

독립협회 창립 이전에 지어진 유길준의 '독립경절가'는 한국 '애국가'의 계보에서 첫 머리를 차지할 뿐 아니라 현행 '애국가'와 내용적으로 직결되는 노래다. 이 노래는 12구절로 된 노래인데 1절 "장백산 높다한들 헤아려 보자. 동해물이 깊다 한들 헤아려 보자"에 백두산(장백산)과 동해물이 나오는 것이 주목된다.[30] 안창호가 1907년 2월 초에 도쿄에서 유길준을 만나 '애국가'를 지어달라고 부탁했을 때 유길준에게서 '독립경절가'의 내용을 들었을 것이다.

29) 오동룡, "아펜젤러 문헌 통해 '애국가' 1897년 윤치호 작사' 최초로 규명" 〈월간조선〉2015년 9월호 참조. 안춘근이 제시한 애국가 필사본들에 대한 비판적 논의에 대해서는 오동춘 안용환 공저『'애국가'와 안창호』401~410쪽 참조.

30) 일본 〈요미우리 신문〉 1895. 6.18. 신동립『애국가 작사자의 비밀』지상사 2015. 221~222쪽.

'독립경절가'가 나온 1895년에 안창호는 서울 구세학당에서 공부하고 있었으므로 이때 이미 유길준의 『서유견문』과 함께 '독립경절가'를 알았을 가능성이 높다. 어쨌든 이 '독립경절가'가 안창호의 '애국가' 작사에 결정적 영향을 주었다. 그러나 '애국가'와 '독립경절가'는 용어와 표현, 정신과 지향에서 상당한 일치를 보이지만 전체적인 내용과 형식에서 크게 다르다. 유길준은 백두산의 높이와 동해물의 깊이를 헤아려보자고 하여 밋밋하게 서술했으나 안창호는 '동해물과 백두산이 마르고 닳도록'이라고 하여 절절하고 사무친 심정과 염원을 담았다.

안용환에 따르면 1896년 독립문정초식에서 부른 노래는 '한국'(KOREA)이다.[31] 그러나 2013년 독일에서 발견된 자료에 따르면 독립문정초식에서 부른 노래는 다른 노래들이며 이 자료에는 '무궁화가' 후렴이 나오지 않는다. "100년 넘게 그 내용이 베일에 싸여 있었고, 현 '애국가'의 후렴이 들어 있었을 것이라고 추정되던 1896년 '죠션가'(朝鮮歌)의 가사가 처음으로 모두 밝혀졌다. '조선가'에는 '애국가'의 후렴이 포함되지 않았으며, 국가의 안녕을 기원하는 다른 가사였던 것으로 드러났다."[32] 그렇지만 '한국'이란 노래가 '조선가'와 함께 독립문정초식에서 불러졌을 가능성을 배제할 수 없다. 『배재학당 80년사』에서 학생들이 윤치호가 지은 노

31) 민경배와 김연갑도 그렇게 본다. 김연갑, 『애국가 작사자연구』 집문당 1998. 175쪽. 오동춘 안용환 공저 『애국가와 안창호』 356~357쪽.

32) "전직 공무원 이현표(63)씨는 최근 이 노래들의 가사가 적힌 1896년 당시의 자료를 발견, 14일 본지에 공개했다. 고서(古書) 애호가인 이씨는 10여 년 전 독일 베를린에서 19세기 말 선교사들이 낸 잡지인 '코리언 리포지터리(Korean Repository)'를 구입했다. 이씨는 최근 이 책을 다시 들춰보다 책갈피 사이에 끼워진 한지(韓紙) 한 장을 발견했다. 세 번 접힌 그 종이엔 '죠션가' '독립가' '진보가' 세 곡의 노래 가사가 인쇄됐고, 끝에는 'P.C.S.'[배재학당학생]라는 글자가 적혀 있었다." 유재석, "100년 전 '朝鮮歌' 가사 속엔 '神 돕지 않으면 나라 망하겠네'" 〈조선일보〉 2013. 5.15.

래를 여러 차례 연습하여 독립문정초식에서 불렀다는 노래[33]는 '조선가'가 아니라 '한국'일 것이다. '한국' 가사의 내용과 표현의 수준이 '무궁화가'의 그것과 비슷하기 때문이다. 이에 비해 '조선가'의 내용과 표현은 수준과 격이 낮아 보인다. "내 나라를 위해 하나님께 빕니다. 나라를 도와주소서. 도와주지 않으시면 나라 망하겠네. 하나님께 빕니다. 나라를 도와주소서. /우리 임금님을 오래 사시게 기도하세. 옥체를 보호하여 강건하옵소서. 오래 오래 사시게 기도하세."(조선가 1~2절)[34] '한국' 노래 1절 끝에 "하나님 도으사 독립부강"이란 말이 나오고 2절에는 "봄꽃 가을달도 곱거니와"란 표현이 나오는 것이 주목된다. 윤치호 '역술 찬미가' 1장에 소개된 '한국'에는 후렴이 없다. 따라서 1896년 독립문정초식에서는 '한국', '조선가'만 부르고 무궁화 노래는 불러지지 않았을 가능성이 높다. '한국'의 '하나님 도으사', '가을 달'이란 시상과 표현이 '애국가'의 '하나님이 보호하사', '가을하늘 밝은 달'과 일치한다.

1897년 조선개국 505주년 기념식 행사에서 부른 노래는 '무궁화가'다. 이 행사에 관해 〈독립신문〉 사장 서재필이 설명하는 글에서 윤치호가 지은 무궁화 노래를 배재학생들이 불렀다고 했으므로 윤치호가 무궁화 노래의 저자라는 사실은 의심할 여지가 없다. 그런데 〈독립신문〉 영문판 편집자 주(editorial note)에서 서재필이 윤치호가 지은 무궁화를 배재학생들이 불렀다는 언급을 한 차례 한 것 외에는 윤치호가 노래를 지었다는 언급이 〈독립신문〉의 어디에도 나오지 않는다. 이것은 노래 가사의 저작권을 중시

33) 『배재학당 80년사』 서울 배재학당 1965.
34) 유재석, "100년 전 '朝鮮歌' 가사 속엔 '神 돕지 않으면 나라 망하겠네'" 《조선일보》 2013. 5.15.

하지 않고 노래를 지은 개인의 이름을 내세우지 않았던 당시의 분위기를 반영한다. 1897년의 〈독립신문〉은 '무궁화가'를 간략한 형태로 제시하고 있다. 이것은 '무궁화가'의 4절을 약간 변형한 것으로 보인다. 아마 이때 기사가 넘쳤거나 노래 가사의 전문을 가지고 있지 않았기 때문에 간략하게 제시한 것으로 보인다. 1899년에야 〈독립신문〉은 배재학당 방학예식 때 학생들이 부른 '무궁화가'의 전문을 후렴과 함께 실었다.[35] 1897년 조선개국 505주년 기념식은 중요한 행사이므로 완전한 형태의 '무궁화가'가 불러졌을 것이다. '무궁화가'는 2절 "애국하는 열심의기 북악같이 높고 충군하는 일편단심 동해같이 깊어."와 4절 "우리나라 우리 황제 황천이 도으샤"가 주목된다. '북악'은 백두산을 지칭하는 대한제국의 공식명칭이었다. '북악(백두산)', '동해', '일편단심', '황천(하나님)이 도으샤'와 같은 '무궁화가'의 표현은 '애국가'에도 나온다. 다만 '북악같이 높고', '동해같이 깊어'는 자연물인 '북악', '동해'가 기준이며 자연을 긍정하고 신뢰하고 찬미하는 윤치호의 자연주의적 경향을 드러낸다. '애국가'에 나오는 '동해물과 백두산이 마르고 닳도록', '바람 이슬 불변함', '구름 없이 높은 가을하늘, 밝은 달', '괴로우나 즐거우나'는 현실적 상황과 환경적 조건을 중시하면서도 상황과 조건을 극복하고 뚫고 나아가는 안창호의 초자연주의(초월적 정신주의)를 드러낸다.

1902년의 대한제국 '애국가'는 민영환의 책임 아래 프란츠 에케르트(Franz Eckert)가 작곡하고 문관들이 작시하여 만든 것이다.[36] "상제(上帝)난 우리 / 황제(皇帝)를 도으소서 / 성수무강(聖壽無疆)샤

35) 〈독립신문〉 1899년 6월 29일.

36) 이명화, "愛國歌 형성에 관한 연구", 『실학사상연구』 10/11권 무악실학회 1999. 646쪽. 〈동아일보〉 1925. 10.21 참조.

/ 해옥주(海屋籌)를 산(山)갓치 쌓으소서 / 위권(威權)이 환영(寰瀛)에 떨치샤 / 오천만세(於千萬歲)에 / 복록(福祿)이 무궁(無窮)케 ᄒᆞ쇼셔 / 상제난 우리 / 황제를 도으소셔." 해옥주(海屋籌)나 환영(寰瀛)이란 말은 알아듣기 어려운 말이다. 이런 노래가 널리 불리었을 리가 없다. 그러나 이것이 대한제국의 공식 국가(國歌)였으므로 애국가로서 의미와 비중을 가지고 있다. 이 노래에 '무궁'이란 말이 나오고 "상제난 우리 / 황제를 도으소셔."란 문구가 나오는 것이 주목된다. 대한제국 '애국가'는 현행 '애국가'와 내용적으로나 형식적으로 그리고 정서적으로 연관성이 없다.

민초들의 '애국가'

민초들이 지은 다른 '애국가'들도 당시 민중과 지식인의 생각을 알려준다는 점에서 의미가 있다. 또한 이 '애국가'들이 대부분 〈독립신문〉에 실렸던 것이므로 안창호가 이 '애국가'들을 읽었을 가능성이 높다. 최돈성과 나필균의 '애국가'는 자주독립과 충군애국, 계몽과 도덕적 다짐과 결의를 담고 있다. "자주독립 기뻐하세. 님군께 충성하고 정부를 보호하세 … 부녀경대 자식교육 사람마다 할 것이라. 집을 각기 흥하려면 나라 먼저 보전하세 ... 나라 위해 죽는 죽음 영광 이제 원한 없네 ... 우리나라 흥하기를 비나이다. 하ᄂᆞ님께. 문명지화 열린 세상 말과 일과 같게 하세."(최돈성 '애국가') "자주독립 분명하다. 나라 위해 죽어보세. 분골하고 쇄신토록 우리정부 높여주고 충군하고 애국하세 … 깊은 잠을 어서 깨어 … 부국강병 진보하세 … 서세동점 막아보세. 사람마다 자유하세. 남녀없이 입학하여 교육하여 개화되고 개화하여 사람 되네 … 산이 높고 물이 깊게 … 우리 마음 맹세하세."(나필균 '애국가') 인응선 '애국가'는 조선군 장교가 군인들의 애국충성을 고취시키기 위한 노래인데 호전적인 내용은 전혀 나오지 않는다. 오륜 도덕을 강조하고 나라를 부강하게 하고 백성을 편안하게 하자는 내용을 담고 있으며 천하강병이 되어 독립을 이루고 요임금 순임금 때처럼 태평하게 살아보자는 것이다. 1898년 찬양부인회 '애국가'는 "삼천리 넓은 강토 2천만 많은 동포 … 단군기자 기 천년에 부인협회 처음일세 ... 성상의 높은 은덕 하늘 아래 하늘이라 ... 구미각국 부러 마소. 문명동방 더욱 좋다"고 하여 민족의 역사와 주체성을 내세우고 여성교육의 시작을 강조했다.[37] 안용환이 제시한 '애국가' 계보에는 나오지 않지만 〈독립신문〉 1896년 10월 13일자에 발표된 '농공상부 주사 최병헌'의 '독립가'도 중요하다. 최병헌은 윤치호와 가까이 지냈고 배재학당 교사로서 독립협회 활동에 적극 참여했다. 그는 '독립가'에서 아시아와 대조선국의 주체성과 정체성을 강조하고 독립의 기초를 오래 유지하는 데는 임금과 백성이 서로 의지하는 '군민상의'(君民相依)가 제일이라고 했다.[38]

이 민초들의 '애국가'들의 내용은 매우 도덕적이며 평화적일 뿐 아니라 목숨을 다해 죽을 각오로 애국하고 충성하자는 내용을 담고 있으며 하나님께 기원하는 신앙 · 종교적 차원도 드러내고 있다. 윤치호의 애국가요들에 비해서 자주적이고 주체적이며 적극적이고 진취적이다. 이 시기의 '애국가'들은 외국의 '애국가'들에 비해서 매우 도덕 · 종교적이며 평화적이고 죽음을 각오하는 헌신과 다짐을 보인다는 점에서 특이하다. 안창호가 읽었을 이 '애국가'들의 가사들은 어느 정도 그에게 영향과 자극을 주었을 것으로 생각하지만 이 '애국가' 가사들과 현행 '애국가' 가사 사이에

37) 같은 책. 41쪽 이하.
38) '독립가' 가사에 대해서는 김연갑 『애국가 작사자 연구』 89쪽 참조.

내용적으로나 형식적으로 뚜렷한 관련성은 확인되지 않는다. 민의 한 사람이었던 안창호도 이름 없는 민중의 한 사람이었던 이 '애국가'들의 저자들과 사상적 분위기와 시대정신을 공유했을 것이다. 높은 관리들이 지은 '애국가'들보다 민초들이 지은 '애국가'들이 죽음을 각오하고 다짐하는 용맹과 헌신, 민족 문화적 주체성과 정체성을 담고 있다. 역사와 사회의 삶의 바닥에 있는 민초들의 이러한 치열함과 진취성, 주체성과 정체성은 안창호의 '애국가'에 그대로 이어졌다. 민초들이 지은 '애국가'들이 도덕적 권면과 함께 목숨을 바치자는 다짐을 하고 번영과 태평세계를 지향하는 것이 안창호에게 영향을 주었을 것이다.

윤치호가 지은 것으로 추정되는 '한국', '무궁화가', 배재학당 학생들의 '조선가' 그리고 민영환이 제작한 대한제국 '애국가'에는 "하나님이 도우사"라는 구절이 빠짐없이 나온다. '한국'과 '무궁화가'에 '하나님이 도우사'라는 구절이 나온 것은 윤치호가 독실한 기독교인이었고 서양에서 가장 먼저 나온 '애국가'인 영국 국가 "하나님 왕을 지켜주소서!"(God save the King!)에서 영향을 받은 탓이라고 생각된다. 윤치호가 미국에서 오래 살았고 프랑스어를 배우려고 프랑스에서 여러 달 머물렀으면서도 살벌하고 호전적인 미국이나 프랑스의 '애국가'를 염두에 두지 않은 것은 그의 성품과 지향을 반영할 뿐 아니라 당시 한국의 시대상황과 정신이 호전적인 '애국가'를 요청하지 않았기 때문일 것이다. 윤치호의 애국가요들뿐 아니라 '조선가', 대한제국 '애국가', 현행 '애국가'에 '하나님이 도우사[보우하사]'란 구절이 나오는 것은 기독교와 영국 국가의 영향 때문만이 아니라 '하늘, 하나님'이 내려다보시고 도우신다는 한국의 전통 종교문화 속에 깊이 배어 있는 고유한 관념과 정서가 반영된 것으로 여겨진다.

2) '애국가' 작사의 과정

이명화는 '愛國歌 形成에 관한 연구'에서 안창호가 '애국가'를 작사하는 중심에 있음을 인정하면서도 대성학교를 이끌었던 안창호·윤치호가 음악가인 김인식, 대성학교 음악교사였던 이상준과 함께 '애국가'를 공동으로 창작했을 것으로 추정한다.[39] 그러나 이들이 공동으로 '애국가'를 창작했다는 이런 추정은 어떤 증언이나 문헌적 근거를 가지고 있지 않다. '애국가' 작사자를 확정하기 어려운 상황에서 '애국가' 작사자로 주장되거나 '애국가' 작사자로 상정할 수 있는 사람들을 공동창작자로 제시한 것은 '애국가' 작사자에 대한 서로 다른 주장들을 절충하는 막연한 추정일 뿐 역사적 진실을 드러내는 것은 아니다. 이제까지 필자가 밝힌 것처럼 '애국가' 작사의 역사적 상황, 증언들과 문헌자료들에 대한 비판적 종합적 판단, 심리 철학적 비교 연구, 안창호와 윤치호의 애국가요들에 대한 문학적 비교 검토 등은 모두 안창호가 '애국가' 1~4절의 창작자임을 확실하게 가리킨다. 이제 안창호가 어떤 과정을 거쳐서 '애국가'를 작사했는지 살펴보면 우리는 안창호가 '애국가' 작사자임을 다시 확인할 수 있을 것이다.

'애국가'를 짓기 위한 안창호의 준비와 활동

현행 '애국가'가 만들어지고 보급되기 시작한 시기는 1907년이다. 안창호가 무궁화와 함께 '애국가'를 널리 알리고 보급한 것은 잘 알려진 사실이다. 안창호는 독립협회와 만민공동회에 참여

39) 이명화, "愛國歌 형성에 관한 연구", 《실학사상연구》 10/11권 무악실학회 1999. 665~666쪽.

하여 쾌재정 연설과 종로 연설을 한 이래 나라를 위해 목숨을 바칠 각오를 하였다. 1902년 미국에 유학을 가서도 한인동포들의 어려움을 보고는 유학공부를 중단하고 한인노동자들을 교육하고 훈련하여 공립협회를 만들었다. 공립협회는 독립협회를 계승할 뿐 아니라 심화·발전시킨 것이었다. 1906년 공립협회 1주년 기념식 강연에서 그리고 1906년 말에서 1907년 초에 쓴 '대한신민회 취지서'를 보면 주권을 잃고 망해가는 조국에 대한 그의 사랑과 열정이 얼마나 깊고 절박하고 사무쳐 있는지 잘 알 수 있다. 그에게는 이미 나라와 '나'가 분리되지 않았고 나와 민중이 분리되지 않았다. 그가 한국에 돌아올 때 이미 민주, 민족, 국가에 대한 그의 정신과 사상은 확립되어 있었다. 조국에 대한 깊고 뜨거운 사랑, 민주와 민족에 대한 크고 높은 정신과 사상을 가지고 그는 조국으로 돌아왔다. 1907년 초 귀국 길에 일본 도쿄에 잠시 머물렀던 안창호는 그가 존경했던 유길준을 찾아가서 "국가(國家)는 있으나 국가(國歌)가 없으니 국가를 지어 달라"고 부탁하였다. 그러나 유길준은 노래 짓는 재주가 없다며 사양하였다. 안창호는 또한 태극기를 만들었다고 알려진 박영효를 찾아가서 태극기의 의미를 물었으나 "태극이 무극"이라는 모호한 말만 하였다고 한다.[40] 안창호는 기울어가는 나라를 깨워 일으켜 세우기 위해 국가와 민족을 상징하는 '국화'(國花), '애국가'(愛國歌), '국기'(國旗)가 중요함을 절실히 느꼈다.

1907년 2월 20일 귀국한 도산은 3월 1일 남문 밖 4개 학교 학생들 대상으로 강연하였다. 1907년 3월 20일 기사(〈대한매일〉)에 따르면 도산은 3월 1일 강연을 통해 서울 만리현 의무 균명학교

40) 주요한 편저『안도산전서』82쪽.

에서 국기배례와 '애국가' 봉창의 애국조회를 확립하였다.[41] 이때는 안창호가 아직 현행 '애국가'를 짓지 않았거나 널리 보급하지 않을 때이므로 균명학교 학생들이 처음에 부른 '애국가'는 현행 '애국가'가 아니었을 것이다. 이때 부른 '애국가'는 '무궁화가'이거나 대한제국 '애국가'였을 것이다. '무궁화가'는 이미 '애국가'로서 널리 불러지고 있었다. 대한제국에서 1904년에 대한제국 '애국가'를 각급 학교에서 부르도록 훈령을 내렸으므로 대한제국 '애국가'를 불렀을 가능성이 높다. 안창호는 한국에 돌아온 다음 오래 지나지 않은 시점에 '애국가'를 지었을 것이다. 그러나 '애국가'를 세상에 알리는 과정은 매우 신중하고 조심스러웠다고 생각된다.

김연갑은 안창호가 1907년에 귀국하여 윤치호와 함께 대성학교 설립을 준비하면서 윤치호에게 '애국가' 작사를 의뢰했으며 윤치호가 '애국가'를 지었다고 주장한다.[42] 그러나 이런 주장은 사실적으로나 정황적으로 어떤 근거도 없다. 윤치호는 신민회에 가입하지 않았다. 신민회의 목적사업으로 추진된 대성학교를 설립한 후 안창호는 윤치호를 초대하였는데 윤치호는 400여 명의 학생들이 질서정연하게 움직이고 열심히 강연을 듣는 모습을 보고 감동하였고, 대성학교 교장직을 수락하게 되었다고 한다.[43] 따라서 대성학교를 설립하는 과정에 윤치호가 깊이 개입하거나 협력하지는 않았다. 윤치호는 이미 개성에서 한영학원을 설립하여 운영하고 있었다. 따라서 안창호의 의뢰로 윤치호가 현행 '애국가'를 작사했다는 주장은 아무 근거가 없으므로 받아들일 수 없다.

일본을 거쳐 한국으로 오면서 안창호는 '애국가' 작사에 대해서

---

41) 신용하 "愛國歌 作詞는 누구의 작품인가" 〈대한민국학술원통신〉 제297호(2018년 4월 1일 발행) 이 글의 3장 "'애국가' 작사의 창작 시기" 부분 참조.

42) 金煉甲 著『愛國歌 作詞者 硏究』集文堂 1998. 95, 194, 207~8쪽.

43) 주요한 편저『안도산전서』105쪽.

깊이 생각했을 것이고 스스로 '애국가'를 지었을 것으로 보는 것이 더 자연스럽다. 을사늑약 이후 윤치호는 애국가요를 짓지 않았으나 안창호는 1899년 점진학교 교가인 '점진가'를 비롯하여 1907년 이후 수많은 애국가요를 지었다.[44] 안창호는 1907년 2월 20일 한국에 도착한 이후 윤치호의 '역술 찬미가'가 인쇄된 1908년 6월 20일 이전에 '애국가'를 지었을 것이다. 아마도 1907년 2월 20일에서 얼마 지나지 않은 시점에 '애국가'를 지었을 것이다. 안창호는 어떤 계기와 배경에서 '애국가'를 지었을까? '대한인신민회 취지서'를 가지고 돌아온 안창호는 비밀독립운동단체로 신민회를 조직하면서 공개적인 교육기관으로 대성학교와 청년학우회를 준비하였다. 신민회, 대성학교, 청년학우회의 가장 중요한 과제와 사명은 민족을 일깨워 나라의 독립과 통일을 이루는 것이었다. 이 목적과 사명을 위해서 '애국가'가 필요하다는 것을 절실히 느꼈던 안창호는 '애국가' 작사에 심혈을 기울였을 것이다. 자신이 조직한 신민회가 윤치호가 회장으로 이끌었던 독립협회를 계승한다고 생각했던 안창호는 독립협회 시절에 지어지고 널리 불렀던 '무궁화가'를 바탕으로 '애국가'를 지었다.

'애국가' 가사의 형성과정

우선 그는 '무궁화가'에서 후렴을 그대로 가져왔다. '무궁화가'의 후렴에서 맨 처음에는 "무궁화 삼천리 화려강산 조선사람 조선으로 길이 보존하세."로 되어 있었으나 1897년 조선이 대한제국으로 국명을 바꿈으로써 점차 '조선'을 '대한'으로 바꿔 부르게 되었다. 무궁화(無窮花)란 꽃의 의미는 영원무궁, 일편단심, 오

---

44) 안창호가 지은 애국가요들에 대해서는 주요한 편저 『안도산전서』 557~579쪽.

래 참음, 인내, 아름다움, 섬세함 등 많은 뜻을 가지고 있다. 무궁화는 우리민족의 역사이며 애환이며 얼이자 혼이다. 5,000년 역사와 함께 이어온 우리들의 생명이다. 후렴은 서사적인 내용과 표현으로 이루어져 있지만 나라 땅과 한민족에 대한 긍지와 자부심을 불러일으키기에 부족함이 없다. 단순하고 쉽기 때문에 후렴구는 더욱 사랑과 감동을 느끼며 부를 수 있다. '무궁화가'에 있을 때는 후렴의 가치와 의미가 제한되었으나 새 '애국가'의 간절하고 사무친 가사와 결합됨으로써 그 가치와 의미가 비할 데 없이 높고 커졌으며 생명력과 감화력이 고양되었다.

'애국가'의 가사는 안창호의 '친필노트'에 나온 것과 윤치호의 '역술 찬미가'에 실린 것을 내용 중심으로 살펴보고 맞춤법에 따라 표기한다. 1절, "동해물과 백두산이 마르고 닳도록"은 '애국가'의 첫 머리로서 '애국가'의 내용과 성격을 결정한다. 안창호는 1907년 2월 경 유길준의 '독립경절가' 1절 "장백산 높다한들 헤아려 보자. 동해물이 깊다 한들 헤아려 보자"에서 백두산과 동해물의 시상을 얻었을 것이다. 그러나 백두산이 닳고 두만강이 마른다는 시상과 표현은 우리 민족의 정서에 낯선 것이 아니다. 조선왕조의 건국사적을 기술한 〈용비어천가〉의 "산평해갈"(山平海渴: 산이 평지가 되고 바다가 마르도록)이라는 문구도 '애국가'의 표현과 비슷하다. 그리고 남이 장군의 북정가(北征歌)에도 비슷한 표현이 나온다. "백두산 돌은 칼 갈아 없애고(白頭山石 磨刀盡), 두만강 물은 말 먹여 말리리.(頭滿江水 飮馬無) 사나이 스무살에 나라 평정 못하면(男兒二十 未平國), 뒷날 그 누가 대장부라 하리오.(後世誰稱 大丈夫)"(이은상 옮김) 선조들의 가슴속에서 '강물이 마르고 백두산이 닳도록' 이어온 한민족의 굳센 기개와 강인한 정신을 안창호가 다시 살려낸 것이다.

"하ᄂᆞ님이 보호하사 우리대한 만세." 안창호는 'ᄒᆞᄂᆞ님'으로 표기했으나 윤치호는 '하나님'으로 표기했다. 윤치호와 안창호가 기독교(개신교)인이었으나 '하ᄂᆞ님'은 기독교의 특수한 신이 아니라 한국민족이 예로부터 불러온 신이며 세계보편적인 신을 가리킨다. 후에 '하나님'이 개신교와 배타적으로 결합된 신명이 되었으므로 민족적이면서 보편적인 신의 의미로 '하느님'이라고 쓰게 되었다. 본래 '하ᄂᆞ님'은 '하날님, 하눌님, 한알님, 한울님, 하느님, 하나님' 등으로 다양하게 발음하고 표기할 수 있으나 하늘과 연관시키는 '하느님'보다 (하늘의) 큰 하나를 뜻하는 '하나님'이 발음하기도 자연스럽고 '한'(큰 하나)의 민족인 민족의 정서와 관념에도 적합하다. '우리 대한'이란 말은 1907년의 상황을 반영한다. 1910년 대한제국이 망한 후에는 자연스럽게 '우리나라'로 바꿔 부르게 되었다.

"하나님이 보호하사"라는 문구는 하나님(하늘)이 우리민족과 나라를 지키고 돌보아 주신다는 전통적인 신앙과 신념에서 비롯된 것이다. '한국', '무궁화가', 대한제국 '애국가'에서 "하나님 도우사 독립부강", "우리나라 우리황제 황천이 도우사", "상제는 우리 황제를 도우소서"가 나온 것은 영국 국가 '하나님 여왕을 도우소서.'(God save the Queen)에서 영향을 받은 것이다. 영국 국가의 구절을 한국 '애국가'에서 쉽게 받아들인 것은 그 내용과 생각이 한국의 전통종교문화 속에 깃들어 있는 정서와 일치하기 때문이다. 하나님이 지켜주고 보호한다는 생각과 관념은 예로부터 하늘(하나님)을 우러르고 섬겨온 한민족에게 자연스럽고 친숙한 것이다. 하늘 열고 나라를 세우고 하나님을 모시고 품고 살아온 한겨레에게 '하늘이 내려다보고 도우신다'는 생각은 고유한 것이다.

2절, "남산 위에 저 소나무 철갑을 두른 듯, 바람 이슬 불변함은 우리 기상일세." 남산은 서울의 중심에 있는 작은 산만이 아니다. 어디에나 있는 '앞산'을 가리킨다. "남산 위에 저 소나무"는 우리의 삶 가까이, 우리 삶 속에 있는 '앞산의 소나무'다. 그것은 '나와 우리'의 삶과 정신을 나타낸다. 여기서 "철갑을 두른 듯"이라는 표현이 새롭고 특별하다. '철갑을 두른 소나무'라는 시상과 표현이 예전에 어디 있었는지 모르겠다. 이것은 일제의 군사적 침략에 대한 안창호의 전투적 정신과 의지를 표현한 것이다. 안창호는 삼선평 연설에서 일제에 대한 독립전쟁을 준비하고 선언하자고 주장하였다. 그의 이러한 강인하고 투쟁적인 의지와 생각이 '철갑을 두른 소나무'라는 시상과 표현으로 나타났다고 생각된다. 따라서 이 표현도 안창호가 '애국가'를 지었음을 방증(傍證)하는 것이라고 여겨진다.

"바람 이슬"은 본래 자연의 현상과 변화를 나타내는 말로 함께 쓰이는 '바람 비 서리 이슬'(風雨霜露)을 줄여서 '바람 이슬'로 표현한 것이다. 자연의 현상과 변화에도 변치 않는 한민족의 정신과 기개를 '우리 기상'이란 말로 나타낸 것이다. 그러다가 험한 도전과 시련에 맞서는 강인한 의지를 나타내기 위해서 '바람 이슬'보다 더 강하고 굳센 의미를 지닌 '바람서리'로 바꾸게 되었을 것이다. 끝까지 '애국가'를 부르고 보급하는 일의 중심에 안창호가 있었으므로 안창호가 임시정부 시절에 '바람서리'로 바꿨을 것으로 추정된다. 이것은 환경의 변화와 도전에도 변함없는 심지와 기개를 가진 사람의 노래다.

3절, "가을하늘 공활한데 구름 없이 높고 밝은 달은 우리가슴 일편단심일세." 이것은 가을하늘과 그 하늘의 밝은 달과 같은 높고 뚜렷하고 깨끗한 신념과 의지를 가진 사람이 지을 수 있는 구절이다. 땅의 현실적 조건과 상황에 따라 흔들리는 사람은 지을 수 없고 부르기도 어려운 대목이다. 안창호의 신념과 의지, 살아간 일생을 살펴보면 가을하늘 밝은 달과 같은 신념과 의지를 가지고 살았음을 알 수 있다. 일편단심이란 말은 정몽주의 단심가에도 나오듯이 널리 알려진 표현이다. 안창호야말로 평생 일편단심을 가지고 산 인물이다. '공활'(空豁)이란 말은 자주 쓰이지 않는 말이지만 '텅 비고 확 뚫리고 활짝 열리고 두루 통한다'는 의미를 지닌 표현이다. 어려서 한학을 배우고 익힌 안창호에게 이 말의 뜻이 깊게 여겨졌을 것이다. '텅 비고 확 뚫리고 활짝 열리고 두루 통한다'는 의미를 지닌 '공활'은 가을 하늘의 초월(정신)적 의미를 잘 드러내는 말이다. "구름 없이 높고"가 나중에 "높고 구름 없이"로 바뀌어 부르게 되었는데 이것은 조금 이상하다. '구름 없이 높고'는 본래 '가을하늘'을 서술하는 말이다. '가을 하늘이 구름 없이 맑고 높다'는 말이다. 그런데 표현이 어색하다고 여겨서인지 '높고 구름 없이'로 바뀌어 부르게 되었다. 이렇게 되면 '높고'는 가을하늘과 관련이 되고 '구름 없이'는 '밝은 달'과 관련이 된다. '높은 가을하늘', '구름 없이 밝은 달'이 된다. 이렇게 되면 '구름 없이'와 '밝은'은 중복된 표현이 된다. 의미상 큰 문제가 없으므로 부르기 쉽고 이해하기 쉬운 '높고 구름 없이 밝은 달'로 부르게 된 것 같다.

4절, "이 기상과 이맘으로 님군을 섬기며 괴로우나 즐거우나 나라 사랑하세." 이것은 1~3절을 종합한 내용이다. 1절의 나라 사랑, 2절의 우리 기상, 3절의 일편단심(이맘으로)이 하나로 녹아 있다. 이 구절은 유길준의 '독립경절가' 8절 "이 기개 이 마음 둘이 합쳐 억센 힘 이 힘으로 우리 님을 지키세 이 힘으로 우리 님 만만세"와 내용과 표현이 일치한다. '님군'이란 표현은 윤치호의 '한국' 4절에 나오는 "님군과 나라를 보답하세"와 연결될 수 있다. 여기서 '님군을 섬기며'는 '애국가' 전체의 내용과 잘 맞지 않는 것으로 여겨질 수 있다. 그리고 이미 민주공화정의 이념과 사상을 확립한 안창호의 정신과 어긋난 것으로 생각되기도 한다. 안창호는 임시정부 시절에 '님군을 섬기며'를 '충성을 다하여'로 고쳤다. 어쩌면 당시는 대한제국과 황제가 살아 있을 때이니까 현실을 감안해서 안창호가 '님군을 섬기며'로 썼을 것이다. 실제로 한민족 대다수는 '나라'를 생각할 때 그 중심에 황제와 황실을 생각했다. 현존하는 국가의 상징과 구심점인 황제를 님군으로 순화하여 '님군을 섬긴다'는 표현을 '애국가'에 넣음으로써 대한제국에 대한 최소한의 배려와 예의를 '애국가'에 담은 것으로 여겨진다. 당시 현존하는 국가의 상징과 중심인 황제를 '님군'이라 하고 '님군을 섬기며'란 표현을 '애국가'에 담았다고 해도 그것이 현실을 중시하고 신중하게 생각하고 행동하는 안창호의 처신과 어긋나거나 모순된다고는 생각되지 않는다. 황제가 형식적으로나마 나라를 지배하고 있는 현실에서 학교를 설립하고 교육활동을 하는 안창호가 황제를 배려고 염두에 둔 것이 이상할 것은 전혀 없다. 황제 폐하나 황제란 말 대신에 '님군'이란 말을 쓴 것은 국가와 민족의 중심을 상징화, 추상화한 것이다. "괴로우나 즐거우나"를 "즐거우나 괴로우나"로 순서를 바꾸는 것이 좋다고 생각할 수도 있다. 그러나 '괴로우나'가 앞에 나오는 것이 당연하고 옳다. 왜냐하면 '괴로울 때' 나라를 사랑하는 사람은 즐거울 때도 사랑할 수 있기 때문이다. '즐거울 때' 나라를 사랑하다가도 괴로울 때는 나라를 사랑하지 않는 사람이 있을 수 있다. 어떤 시련과 역경에서도 한결같이 나라를 사랑하는 사람은 즐거울 때보다 괴로울 때, 살 때보다 죽을 때를 먼저 생각하면서 결심하고 다짐하며 행동해야 한다.

현행 '애국가'의 확정

1907년 작사되어 1908년 6월 윤치호의 '역술 찬미가'에 수록된 '애국가'와 현행 '애국가'는 미세한 차이가 있다. 1919년 12월 신한청년당(新韓青年黨)에서 발행한 〈신한청년〉 창간호 속표지에 수정된 '애국가' 가사가 실려 있다. 1절의 '보호'가 '보우(保祐)'로, '우리 대한 만세'는 '우리나라 만세'로, 그리고 3절의 '구름 없이 높고'는 '높고 구름 없이'로, 4절의 '님군을 섬기며'는 '충성을 다하야'로 수정되어 있다. 여기 수록된 '애국가'는 '바람 이슬'로 표기된 것을 빼고는 현행 '애국가'와 내용과 표현이 일치한다는 점에서 이때쯤 현행 '애국가' 가사는 정착되었다고 볼 수 있다. 〈신한청년〉 주필이 이광수라는 점도 주목할 만하다.[45] 이 시기 이광수와 안창호가 매우 긴밀한 사이였고 안창호가 실질적으로 임시정부를 이끌고 있었다. 1919년 8월에 안창호는 임시정부 기관지로서 〈獨立〉(독립)을 창간하고 이광수를 사장으로 세웠다. 이 시기는 안창호가 '애국가'를 가장 열렬하게 부를 때였지만 동시에 정치적 경쟁자들과 적대자들로부터 견제와 비판을 가장 심하게 받을 때였다. 수정된 '애국가'를 〈獨立〉에 싣지 않고 〈신한청년〉에 실은 것도 안창호와 '애국가'의 관계를 드러내지 않으려는 의도가 있었기 때문이라고 생각된다. 이광수가 임의로 '애국가' 가사를 바꿀 수는 없었을 것이고 당연히 안창호의 생각과 뜻에 따라 '애국가' 가사가 수정되었을 것이다. 안창호가 '님군을 섬기며'를 '충성을 다하여'로 바꿨다는 사실은 당시 〈獨立〉의 편집을 맡았던 주요한이 확인해 주었다.

보호라는 말이 쉽고 널리 쓰이는 말이므로 처음에 보호라고 썼으나 임시정부 시절에 '보우'(保佑)로 바뀌었다. '보호'가 '보우'로 바뀐 것은 특별히 안창호의 뜻이 반영된 것으로 생각된다. '하나님의 보호'가 국가와 민족에 대한 신의 일방적이고 직접적인 감독

---

45) 김도훈 '애국가' 작사자 관련 논쟁에 대한 검토', 『한국독립운동사연구』 64. 한국독립운동연구소 2018. 253쪽.

과 도움으로 여겨지고, 하나님에게 의뢰하고 의지하는 민중의 소극적이고 수동적인 심정과 태도를 조장할 수 있다고 생각했기 때문에 안창호가 간접적인 도움의 의미를 지닌 '보우'로 바꾸었다고 여겨진다. 1907년 5월 '삼선평 연설'에서 안창호는 하나님이 우리나라를 지켜줄 것만을 믿는 사람들을 맹렬하게 비판하였다. 유태인은 하늘을 믿다 망하고 인도인은 부처를 믿다 망했다면서 하나님을 믿고 의지하려고만 하는 이들을 안창호는 통렬하게 꾸짖었다. 안창호에 따르면 하나님은 이미 4천 년 동안 우리나라를 "권우"(眷佑)하셨으나 우리가 우리나라를 보존하고 지키지 못했기 때문에 망하게 되었다.[46] 하나님은 우리나라를 친절하게 보살피고 도와주시지만 우리나라는 우리가 스스로 보존하고 지켜야 한다는 것이 안창호의 굳은 신념이었다.

〈신한청년〉 창간호에 실린 '애국가'에서는 아직 '바람 이슬'로 표기되어 있다. 그후 임시정부 시절에 '바람 이슬'보다 강한 어감을 주는 '바람서리'로 바뀌었을 것으로 추정된다. 임시정부 초창기 2년 동안은 임시정부 조회 때마다 안창호가 앞장서서 '애국가'를 불렀다. 임시정부의 어렵고 곤궁한 형편과 처지에서 강인한 의지와 기개를 나타내기 위해서 '바람서리'로 바꾸어 부르게 되었을 것이다. 안창호 자신이 이렇게 바꾸었거나 바꾸어 부르는 것을 안창호가 받아들였을 것이다.

3) 안창호는 '애국가'를 어떻게 지었는가?—'독립경절가', '무궁화가', '애국가'의 연속성과 차이

현행 '애국가'에 영향을 준 '애국가'들: '독립경절가'와 '무궁화가'

---

46) 안창호, '삼선평 연설', 『안도산전서』 587쪽.

앞서 밝혔듯이 안창호는 내용과 정신에서는 '독립경절가'의 영향을 받고 형식과 틀에서는 '무궁화가'의 영향을 받아서 '애국가'를 지었다.

유길준의 '독립경절가'

1895년 6월 6일 창덕궁에서 있었던 독립선고식에서 부른 '독립경절가'는 유길준이 지은 것이다. 이 기념식은 청일전쟁을 승리로 이끈 일본과 체결한 아관조약에 의해 "조선이 완전무결한 독립자주국"임을 주변국에 선포한 행사다. 유길준의 '독립경절가'는 한국 최초의 창작 창가이며 최초의 '애국가'였다. 유길준은 최초의 일본유학생이고 최초의 미국유학생이었으며 그가 지은 『서유견문』은 한국 최초의 체계적인 근대화서적이다. 자주적 문명개화론과 입헌군주제를 주장했던 유길준은 12절로 이루어진 이 노래에서 국민과 황제를 '우리 국민 우리임금'으로 부르면서 국민을 황제의 정치적 동역자로 보는 군민공치의 사상을 제시하였다. 그는 '우리 국민 명예롭다, 우리 국민 만만세'를 말하고 '우리 국민의 기염'과 '우리 국민의 진심'을 높이 찬양하고 국민의 '강한 힘'을 강조했다. 앞서 밝혔듯이 6~8절은 '애국가' 1~4절의 용어와 표현이 일치한다.[47] 국민을 신뢰하고 존중하고 앞세우는 '독립경절가'의 사상과 관념은 '애국가'의 사상 관념과 일치한다. 안창호는 한국근현대의 인물 가운데 유길준을 가장 높이 평가했으며 그의 사상적 영향을 가장 깊이 받았다. 자주적 문명개화를 내세우고 국민을 깊이 신뢰하고 존중한 유길준은 국민을 모두 훌륭한 선비로

47) '독립경절가'에 대해서는 신동립 『애국가 작사자의 비밀』 221~3쪽 참조.

만드는 흥사단(國民皆士)을 만들었다. 안창호는 미국에서 흥사단을 조직함으로써 유길준의 정신과 사상을 계승하였다. 안창호의 '애국가'는 정신과 사상에서 유길준의 '독립경절가'를 계승한 것이다.

무궁화와 '무궁화가'

윤치호는 1894~1896년 4월 사이에 아니면 러시아황제 대관식 참여했다가 귀국한 1897년 6월 18일 이후 조선개국 기원 505회 행사일인 1897년 8월 13일 사이에 무궁화 노래를 지었다고 생각된다. 1897년 7월부터 독립협회에 참여한 이후 무궁화 노래를 지었을 개연성이 훨씬 크다. 1897년 10월 12일 나라 이름을 '대한제국'으로 바꾸었으므로 그 전에 지은 '무궁화가'의 후렴은 '조선사람 조선으로 길이 보전하세'로 되어 있었다. 윤치호와 남궁억은 무궁화에 관심을 가지고 무궁화를 나라꽃으로 알린 사람들이며 두 사람 모두 뛰어난 가요 창작능력을 가지고 있다. 남궁억이 지은 "삼천리 반도 금수강산 하나님 주신 동산~" 하는 찬송가는 지금도 사랑을 받으며 널리 부르는 아름다운 노래다. 남궁억은 무궁화를 많이 심고 길러서 널리 퍼트리며 독립운동을 하다가 일제의 탄압으로 잔혹한 고문을 당하고 옥고를 치르기도 했다. 윤치호는 '무궁화가'를 짓고 남궁억은 무궁화를 널리 퍼트렸다.

무궁화는 꽃으로서 한민족을 가리키는 말이다. 특히 무궁화 꽃이 새벽에 펴서 해질 때 지는 꽃이지만 꽃들이 피고 지기를 계속해서 100일 동안 오래 피는 특이한 꽃이다. 개체로서는 지고 또 지면서도 전체로서는 무궁한 생명력을 가지고 피고 또 피는 '무궁화가' 한민족의 강인하고 끈질긴 생명력을 상징하는 꽃으로 받아들여졌다. 예로부터 한국은 무궁화의 땅으로 널리 알려져 있었으므로 "무궁화 삼천리 화려강산 조선사람 조선으로 길이 보전하세"는 문구 그대로 한국인들에게 널리 받아들여졌을 것이다. 무궁화를 민족의 꽃으로 널리 퍼트린 남궁억은 후에 윤치호의 사돈이 되었을 만큼 윤치호와 남궁억은 가까운 사이였다. 독립협회에 적극 참여한 동지였던 윤치호와 남궁억은 독립협회 시기에 또는 독립협회가 발족된 1896년 이전에 무궁화를 나라의 꽃으로 내세우기로 약속하고 무궁화를 앞세웠을 수 있다. 남궁억과의 관계로 미루어보더라도 '무궁화가'의 후렴을 '무궁화가' 가사와 함께 윤치호가 지었다고 보는 것은 자연스럽다.

독립협회와 '무궁화가'를 계승한다는 의미에서 그리고 기호세력의 중심에 있었던 최고 지식인 명망가 윤치호의 협력을 얻기 위해서 안창호는 '무궁화가'의 형식과 틀에 맞추어 새 '애국가'를 짓고 무궁화를 나라꽃으로 제시한 '무궁화가'의 '후렴'을 그대로 사용했다. 1907~1910년 사이에 대성학교와 청년학우회를 중심으로 안창호가 전국을 돌아다니며 애국독립정신을 고취하는 연설을 할 때 '애국가'를 부르며 무궁화를 나라꽃으로 국민들의 가슴에 깊이 새겨놓았다.

윤치호의 자연주의와 안창호의 초자연주의(초월적 정신주의)

윤치호의 삶과 사상이 현실과 환경의 조건과 상황에 타협하고 순응하는 현실 상황주의로 일관되어 있듯이 '한국'과 '무궁화가'는 자연주의로 일관되어 있다. '한국'에 나오는 '천지 일월 같이 만수무강, 산 높고 물 맑은 우리 대한제국', '용흥강 푸른 물은 쉬지 않듯, 금강 천만 봉에 날빛 찬란함은' '비단 같은 강산, 봄꽃 가을달도 곱거니와 오곡풍등하고 금옥 구비하니 아세아 낙토가 이 아닌가'는 모두 자연을 찬미하는 자연주의적 표현들이다.

'무궁화가'에 나오는 '산고수려 동반도는 우리 본국일세', '충군하는 일편단심 북악같이 높고 애국하는 열심의기 동해같이 깊어'도 자연의 아름다움과 높고 깊음을 노래하는 자연주의적 표현들이다. 후렴 '무궁화 삼천리 화려강산 대한사람 대한으로 길이 보전하세'에서 '무궁화 삼천리 화려강산'은 자연강산이고 '대한사람'은 자연인이다. 후렴구는 윤치호의 자연주의를 가장 잘 드러낸다.

'무궁화가'에서 '충군하는 일편단심 북악같이 높고', '애국하는 열심의기 동해같이 깊어'는 애국하는 국민의 마음과 의기(意氣)가 북악(백두산)같이 높고 동해같이 깊다고 함으로써 자연의 산과 바다를 기준으로 국민의 마음과 의기를 이해했다. 유길준의 '독립경절가'에서는 "장백산 높다 해도, 비교해 보라, 우리국민의 기염(氣焰)을. 도리어 낮구나, 저 산도. 동해물 깊다 해도, 비교해 보라, 우리국민의 진심(眞心)을. 도리어 얕구나, 저 물도"라고 하여 국민의 기염과 진심이 백두산과 동해보다 훨씬 더 높고 깊다고 하였다. 유길준은 자연환경이나 조건보다 국민의 기염과 진심을 중시함으로써, 자연주의를 넘어서 정신세계를 강조한다. '애국가'에 나오는 '동해물과 백두산이 마르고 닳도록', '남산 위에 저 소나무 철갑을 두른 듯 바람 이슬 불변함은 우리 기상일세', '높고 구름 없는 가을 하늘, 밝은 달', '괴로우나 즐거우나'는 자연의 산과 바다, 나무와 바람, 하늘과 달을 노래하지만 자연을 극복하고 초월하는 강한 정신과 의지를 뚜렷이 드러낸다. '동해물과 백두산이 마르고 닳도록'은 '무궁화가'(윤치호)의 '북악같이 높고 동해같이 깊어'와 상반되며, '독립경절가'(유길준)의 '장백산보다 높은 우리국민의 기염(氣焰). 동해물보다 깊은 우리국민의 진심(眞心)'에서 드러나는 정신주의를 철저화한다. '동해물과 백두산이 마르고 닳도록'은 자연의 세계를 철저히 제거하고 완전하게 초월하여 없음과 빔(空)의 자유로운 정신세계로 들어간다. '가을하늘 공활한데 구름 없이 높고'는 이러한 초월적 정신세계의 자유를 말해준다.

안창호는 누구보다 자연을 사랑하고 좋아했다. 도산의 애제자 장리욱은 말하였다. "그는 언제나 산과 강과 바다를 사랑하고 노래한 것이 사실이다. 그가 남긴 많은 가사(歌詞) 가운데는 강이나 산이나 바다라는 말이 씌어 있지 않은 것은 극히 적다. … 그가 어디서나 기회만 있으면 명산을 찾고 이름난 호수와 넓은 바다를 즐겼다는 것은 모름지기 산고수려(山高水麗)한 한반도에 대한 사랑의 연장이 아닐까."[48] 자연을 사랑하고 좋아하면서도 안창호는 자연으로부터 자유로웠다. 그는 자연을 사랑하고 존중하며 아름답고 깨끗하게 자연을 드러내고 표현하려고 했다. 동시에 그는 자연으로부터 자유로운 주체인 자아의 영원무궁한 정신세계를 탐구하고 실현하려고 했다. '애국가'가 후렴의 자연주의와 1~4절의 초자연주의(초월적 정신주의)가 긴밀하게 결합되어 있는 것처럼 안창호의 삶과 정신도 자연주의와 초자연주의가 깊이 결합되어 있다. '애국가'와 안창호의 이런 정신 사상적 일치는 '애국가'가 안창호의 삶과 정신에서 태어난 것임을 말해준다.

3. '애국가'에 담긴 안창호의 사상과 정신

'애국가'는 안창호의 삶과 정신에서 태어난 것이다. '애국가'에는 안창호의 정신과 사상이 아로새겨 있다.

---

48) 장리욱 『도산의 인격과 생애』 107~8쪽.

‘애국가’에 담긴 안창호의 사상 ‘무실역행 충의용감’

‘애국가’에는 안창호가 조직한 청년학우회와 흥사단의 이념과 정신 ‘무실역행 충의용감’이 담겨 있다. ‘무실’(務實)은 진실에 충실하자는 말이다. 생명의 진실은 생명의 속알이 알차게 차오르는 것, ‘알 참’이다. 참은 생명의 속알, 정신에 충실한 것이다. 생명의 거짓은 거죽 껍질, 물질에 매인 것이다. 진실에 충실하자는 것은 삶의 껍질인 물질에 매이지 않고 삶의 속알인 정신과 뜻에 충실하자는 것이다. 1절의 “동해물과 백두산이 마르고 닳도록”은 삶의 껍질인 물질, 환경에 매이지 않고 삶의 알맹이인 정신과 뜻에 충실하자는 무실의 정신을 나타낸 것이다. 몸과 맘이 마르고 닳도록 지극 정성을 다해서 진실하고 정직하게 나라를 사랑하고 지키자는 것이다.

2절, 바람서리에도 변함없는, 철갑을 두른 소나무의 기상은 환경이나 조건의 변화와 도전에도 꿋꿋하게 자기를 지키고 나아가는 용감을 나타낸다. 용감한 사람은 철갑을 두른 소나무처럼 환경과 조건의 변화와 도전을 꿋꿋하게 이겨내며 기운차게 나아간다. 2절은 용감한 도산의 기개와 정신, 삶과 행동을 보여준다.

3절, 가을하늘, 밝은 달, 일편단심은 어떤 유혹과 위협에도 굴복하지 않는 충의를 나타낸다. 정몽주는 고려의 임금에게 일편단심의 충의를 보였지만, 안창호는 나라의 주인과 주체인 국민에게 그리고 민중과 국민의 한 사람인 안창호 자신의 ‘나’에게 일편단심의 충의를 보였다. 그는 가을하늘, 밝은 달처럼 일편단심을 가지고 자기 자신과 민중, 나라와 민족에게 충성하였다. 4절, “이 기상과 이 맘으로 … 괴로우나 즐거우나 나라 사랑하세.”는 힘써 일하고 행동하는 역행(力行)을 나타낸다. 진실과 정직, 사랑과 정성으로 무실정신에 사무쳤던 안창호는 어떤 조건과 경우에도 용감한 기상과 일편단심의 충의로운 맘으로 힘써 일하고 행동하였다. 그는 쉽게 단념하고 포기하거나 절충하고 타협하는 사람이 아니라 한결같이 꾸준하게 그러면서도 용감하고 단호하게 정성과 힘을 다해서 행동하는 사람이었다. "괴로우나 즐거우나 나라 사랑하세"는 그의 역행정신과 실천을 보여준다. 언제나 현실의 권력에 굴복하고 타협했던 윤치호의 정신과 삶은 '애국가'의 정신과 사상과 일치하기는커녕 상반된다. 그러나 안창호의 삶과 정신은 '애국가'의 정신 사상과 닮은꼴이다. 안창호의 삶과 정신을 보면 '애국가'의 정신과 사상이 무엇인지 알 수 있다.

'애국가'에 담긴 안창호의 정신과 삶

'애국가' 1절, "동해물과 백두산이 마르고 닳도록 하나님이 보우하사 우리나라 만세." : '애국가'의 첫 머리가 "동해물과 백두산이 마르고 닳도록"으로 된 것은 '애국가'를 지은이의 절절하고 절박하며 사무치는 심정과 염원을 나타낸다. 나라에 대한 이런 절박하고 사무치는 심정과 염원이 없는 사람은 결코 이 노래를 지을 수 없다. 1절은 외적 조건과 상황, 물리적 힘과 세력에 굴복하지 않는 주체와 영혼, 의지와 지조를 표현한 것이다. 아무리 강한 세력도 동해물과 백두산을 마르고 닳게 하지는 못한다. 하나님이 지키시면 외세가 아무리 침략하고 짓밟아도 우리를 멸할 수 없다. 하나님은 우리의 주체와 정체, 나라를 지키는 힘이다. 여기서 하나님은 의존과 의뢰의 대상이 아니라 주체와 정체를 확립하고 고양시키는 힘이다. 외적 힘과 조건, 상황은 어떤 경우에도 우리의 주체와 정체를 파괴할 수 없다. 도산은 민족을 독립운동으로 이끌기 위해서 혀가 닳도록 연설하고 설득하였다.[49] 평생 도산은 혀만 아니라 몸과 맘이 닳고 닳도록, 얼과 혼이 마르고 닳도록 목숨을 다하고 힘을 다하고 정성을 다해서 독립운동을 했다. 동해물과 백두산이 마르고 닳도록 불굴의 신념과 기개를 가지고 도산은 민족의 독립을 위해 몸과 맘이 마르고 닳도록 희생하고 헌신하였다.

2절, "남산 위에 저 소나무 철갑을 두른 듯 바람서리 불변함은 우리 기상일세." : 남산도 항구적으로 변함없이 있는 것이고 그 위에 있는 소나무도 사시사철 계절이 바뀌어도 변함없이 의연하게 서 있는 것이다. 소나무가 철갑을 두른 듯 하다는 표현은 매우 특이하고 창조적이다. 전쟁과 전투를 예감하고 각오하는 강인한 의지를 가진 사람의 말이다. 소나무가 철갑을 둘렀다는 표현은 대세의 흐름에 순응하는 사람의 표현이 될 수 없다. 열등감과 자기멸시, 조선과 조선 민중에 대한 열등감과 멸시에 빠진 윤치호 같은 사람이 할 수 있는 표현이 아니다. "바람서리 불변함은 우리 기상"이라는 말도 외적으로 어떤 시련과 고난이 닥쳐도 변함없는 꺾일 수 없는 주체성과 정체성, 의지와 기개를 드러낸다. 이러한 기상은 안창호의 삶과 사상과 정신을 그대로 표현하는 것이다. 이것은 절개와 지조가 없었던 윤치호의 노래가 될 수 없다.

도산은 모험과 희생의 정신에 사무쳤을 뿐 아니라 강인한 전투정신을 가지고 있었다. 그가 1907년 2월에 귀국해서 서북 지역 학생들을 대상으로 한 첫 강연 '삼선평 연설'에서 그는 독립전쟁을 결의하고 준비하여 빠른 시일 안에 독립전쟁을 선포할 것을 강력히 제안하였다. 대성학교 시절과 임시정부 시절에도 그는 비록 전투에 참가하여 직접 싸우지는 않았지만 전쟁을 준비하고 전투훈

49) 장리욱 『도산의 인격과 생애』 흥사단 20142. 159~160쪽.

련을 하는 데는 앞장섰고 독립군 조직의 통일을 위해 노력하였다. '소나무가 철갑을 둘렀다'는 생각도 윤치호에게서는 나오기 어렵지만 '애국가'를 지었던 1907년에 독립전쟁을 구상하고 계획했던 도산에게서는 쉽게 나올 수 있다. 그러나 '애국가'에 전투와 투쟁을 직접 선동하는 문구가 없는 것도 눈에 띈다. 실력양성과 철저한 준비를 강조한 도산은 과학적이고 합리적인 계획과 준비가 없으면 결코 선불리 실행하지 않았다. 위대한 웅변가 안창호는 결코 선동가가 아니었다. 먼저 확고한 결의와 다짐이 있고 과학적인 계획과 철저한 준비가 있고 실제 상황에 적합할 때에야 안창호는 행동으로 나아갔다.

3절, "가을하늘 공활한데 구름 없이 높고 밝은 달은 우리 가슴 일편단심일세." : 아무 막힘도 거리낌도 없이 확 트이고 열린 가을하늘은 물질적 이해관계나 세력관계, 성공과 실패, 잘나고 못남, 승리와 패배, 생과 사를 뛰어넘은 초월적 영역이다. 구름 없이 높은 가을 하늘은 시비와 감정을 초월한 자유로운 공간이다. 이것은 내적으로 자기를 초월하고 통일하여 자유로운 주체에 이른 사람의 노래다. 하늘은 자유로운 주체와 우주 전체의 통일을 나타낸다. 이것은 자기분열과 자기연민에 빠져서 대세를 따르는 현실주의자 윤치호에게는 없는 것이다. 안창호는 자기를 초월하고 자기를 통일하여 주체를 확립하였다. 물질적 이해관계, 성공과 실패, 승리와 패배, 생과 사를 초월하여 자아의 인격 확립과 민족의 대동단결 통일을 추구했다. 안창호는 가을하늘을 품고 살았다.

"밝은 달은 우리가슴 일편단심일세."에서 밝은 달은 허황한 우월감과 가련한 열등감으로 분열된 자아에게는 없는 것이다. 윤치호의 자아는 분열되고 일그러진 자아다. 안창호는 밝은 달처럼 뚜렷하고 원만한 인격적 자아를 추구했고 그런 자아에 이르렀다. 안창호야말로 가을하늘의 밝은 달과 같은 정신과 인격, 사상과 뜻을 지니고 살았던 인물이다. 안창호가 우리 민족에게는 밝은 달이다. '우리가슴'은 한민족 전체의 가슴이면서 한민족의 구성원인 '나'의 가슴이다. 여기에는 한민족으로서의 나와 우리에 대한 무한한 긍지와 신뢰, 자부심과 존중이 담겨 있다. 한민족 한 사람 한 사람의 가슴속에는 한결 같고 변함없는 심정의 일편단심, 한 조각 뜨거운 붉은 맘, 주체와 정체의 얼과 혼이 담겨 있다. '애국가'는 '철갑을 두른 소나무', '가을하늘', '밝은 달' 같은 한민족의 주체와 영혼을 깨우는 노래다. 이 노래는 조선과 조선 민중에 대한 열등감과 멸시를 품은 사람에게서 나올 수 없다. 물질적 이해관계, 명예와 지위를 떠나서 나라와 민족의 독립을 위해 온전히 희생하고 헌신한 도산은 늘 가을 하늘처럼 깨끗하고 높고 큰 정신을 품고 살았고 가을하늘의 밝은 달처럼 뚜렷하고 환한 신념과 뜻을 지니고 살았다. 도산은 일제의 부강한 군사력과 자본력에 맞서서 노동자 민중의 삶 속으로 들어가 민중의 힘을 이끌어내어 노동자 민중의 힘과 돈으로 임시정부를 세우고 독립운동을 했다. 그의 지성과 영혼은 가을하늘처럼 높고 맑고 컸으며 그의 의지와 신념은 가을의 밝은 달처럼 흔들리거나 이지러짐 없이 분명하고 확고했다. 3절은 도산의 높은 정신과 확고한 신념을 반영하는 것이며 도산의 심정과 신념에서 나올 수 있는 것이다.

4절, "이 기상과 이 맘으로 님군을 섬기며 괴로우나 즐거우나 나라 사랑하세." : '이 기상'은 강인한 주체적 의지와 기개, 절개와 지조를 뜻한다. '이 맘으로'는 한결 같은 정성과 충성, 열정과 의지를 뜻한다. 여기서 님군은 민주적인 국민가로서 어울리지 않는 표현일 수 있다. 그러나 '애국가'가 지어진 1907년에는 대한제국과 고종 임금이 온존해 있고 대다수의 한국 민중이 대한(조선)과 임금을 나라와 민족의 중심과 상징으로 알고 있었다. 그러므로 님군이라는 말은 당시 한민족의 가슴에 중요하게 살아 있는 말이고 한민족이 중요하게 생각하는 말이었다.

그러나 여기서 님군을 꼭 대한제국의 황제로만 볼 필요는 없다. 님군은 한민족의 가슴에서 가장 소중한 님, 한민족이 가장 그리워하고 사랑하는 님이다. 그것은 한민족의 가슴속에서 한민족의 생명과 정신을 상징하고 표현하는 님이다. 대한민국 임시정부가 수립된 후 안창호는 '님군을 섬기며'를 '충성을 다하여'로 바꾸었다. 그에게 충성의 대상은 나라와 민족이고 나라와 민족의 구성원인 국민이고 국민의 한 사람인 '나' 자신이었다. 나라에 충성하는 사람은 나라의 주인과 주체인 국민에게 충성해야 한다. 그리고 국민의 한 사람 한 사람이 저마다 충심과 성의를 가지고 자신의 삶을 살면서 나라에 충성하고 나라를 사랑할 때 나라를 바로 세울 수 있다.

'괴로우나 즐거우나 나라 사랑하세'란 가사도 외적 환경이나 조건에 흔들리지 않고 상황이나 형편에 따라 변함없이 나라를 사랑하자는 것이다. 이것은 물리적, 군사적 힘을 숭상하고 그 힘에 굴복할 태세가 언제나 되어 있는 사람은 할 수 없는 말이다. 이것은 자신의 속에 흔들리거나 꺾이지 않는, 어떤 경우에도 깨지거나 부서지지 않는 강인한 주체와 통일된 정체를 지닌 사람이 부를 수 있는 노래다.

'애국가'는 마르고 닳도록 나라와 민족을 지키려는 간절한 의지와 결단으로 시작한다. 상황과 조건에 흔들리지 않고 끝까지 나라와 민족을 지키고 세우려는 강인한 기상과 높고 큰 신념과 의지, 괴로우나 즐거우나 감정에 흔들리지 않는 이성과 영혼의 강인하고 굳센 의지를 가지고 나라를 사랑하며 살 것을 다짐하고 되새기는 노래다. 임시정부 때 안창호는 괴롭고 어려울수록 굳세게 독립운동을 할 것을 역설했으며 몸과 맘을 다 바쳐 나라를 사랑하고 나라를 위해 헌신했다. 그의 삶과 정신 속에는 늘 '애국가'가 살아 있었다. '애국가'는 안창호의 기도이고 노래이고 정신이고 철학이었다. '애국가'는 그의 삶과 정신을 이끄는 깃발이고 지침이고 고백이고 선언이었다. 그는 '애국가'와 함께 살았고 '애국가'는 그를 살리고 지키고 이끌었다.

7장

'애국가'의 독창성과 의미 : '애국가'는 우리에게 어떤 노래인가?

1. '애국가': 독립정신과 민족정신의 불꽃을 피워내는 풀무

윤치호의 '무궁화가' 후렴을 그대로 가져왔고 각절 8,6/8,6의 운율도 그대로 따랐다. 무궁화 노래와 '애국가'의 가사는 글자 수도 똑같다. 1~4절 가사의 글자 수는 112자 후렴구의 글자 수는 24자다. '애국가' 전체의 글자 수는 136자다. 글자 수만 비교하면 '애국가' 전체에서 후렴구가 차지하는 비중은 5분의 1이 되지 않는다. 정확히 계산하면 17.16%다. 후렴이 각 절마다 되풀이된다는 것을 생각하면 후렴이 노래에서 차지하는 비중은 크다.

'애국가'의 후렴구와 1~4절을 비교하면 그 성격과 차이가 드러난다. 1~4절은 절절하고 사무치는 내용과 정서를 가지고 있는데 후렴구는 단순하고 서사적이다. 자연강산 '무궁화 삼천리'와 자연인 '대한사람'을 노래한 후렴구의 자연주의와 '동해물과 백두산이 마르고 닳도록', '가을하늘, 밝은 달'을 노래한 1~4절의 초자연주의(정신주의)가 맞서 있다. 이런 상방되고 대립된 시상과 분위기가 만남으로써 오히려 서로 조화와 상생의 관계를 이룬다. '애국가'의 가사들과 결합함으로써 후렴은 생명력과 광채를 얻고 그 가치와 의미가 높아지고 커졌다. 후렴구가 '무궁화가'에 있을 때는 조금 단조롭고 서사적이었는데, '애국가'의 절박하고 사무친 정서, 높고 깊은 신념과 의지, 강인한 기개와 정신과 결합됨으로써 더욱 빛나고 힘차고 깊고 큰 가치와 높은 뜻을 지니게 되었다. 또한 치열하고 절박하고 초월적 의지와 신념을 담은 1~4절은 밝고 긍정적이며 자연의 아름답고 넉넉함을 담은 후렴과 만남으로써 조화와 균형을 이루고 역동적 힘을 얻는다.

형식적으로 '무궁화가'에 의존했지만 후렴과 1~4절을 결합하여 '애국가'를 전체적으로 통일된 새 노래로 만든 것은 도산이다.

유길준의 '독립경절가'가 '애국가' 1~4절의 시상을 얻는데 도움을 주었지만 '독립경절가'와 '애국가'는 전혀 다른 내용과 형식을 가지고 있다. 윤치호와의 '무궁화가' 가사와 '애국가'의 가사를 비교하면 그 내용과 표현, 정신과 정서에서 얼마나 다르고 질적 차이와 새로움이 생겨났는지 알 수 있다. 후렴과 1~4절을 결합하여 '애국가'의 새롭고 통일된 정신과 내용을 형성하는데 안창호의 창조력이 맘껏 발휘되었다. '애국가'에는 한민족의 문화적 정서와 신념이, 한민족의 삶과 역사 속에서 전해온 시상과 표현이 반영되어 있다. 그러나 '애국가' 전체의 틀과 방향, 내용과 성격을 형성한 것은 도산이다.

안창호는 새로운 시대정신과 지향을 가지고, 질적으로 새로우면서 통일된 '애국가'를 만들었다. '애국가'에는 근현대 한민족의 주체적인 민주정신과 공동체적 의지가 가장 깊고 높은 형태로 살아 숨 쉬고 있다. 나라를 잃은 슬픔 속에서 '애국가'는 굳은 독립의지와 강인한 생명력, 강고한 저항의지와 고결한 신념, 나라와 민족에 대한 공동체적 사랑과 헌신, 고난과 시련을 뚫고 나가는 굳센 실천력의 불꽃을 한민족의 가슴에 피워내는 풀무였다. '애국가' 1~4절에 새로운 정신과 활력을 불어넣고, '애국가'의 정신과 뜻을 실천하고 온 민족과 함께 '애국가'를 부르며 한국근현대의 가장 어두운 역사의 험난한 고개를 넘어 온 안창호는 '애국가'의 진정한 저자이고 주인이다.

'애국가'의 곡조

'애국가'는 '무궁화가'와 마찬가지로 스코틀랜드의 '올드랭 사인' 곡조로 불리었다. 낮고 느린 이 5음계의 곡조는 한민족의 전통적인 낮고 느린 가락과 정서에 잘 맞았다. 특히 나라를 잃고 깊고 큰 슬픔에 빠진 한민족의 심정과 정서를 드러내는데 적합했다. 당시 한국인들은 '애국가'의 이 슬프고 낮은 곡을 부르면서 자신을 잊고 나라와 민족과 하나로 녹아드는 체험을 하였다. 큰 슬픔에서 큰 사랑이 나오고(大慈大悲), 큰 슬픔에서 한 몸을 이룬다(同體大悲)고 했듯이 한민족은 '애국가'의 절절한 가사와 애달픈 곡조를 통해서 나라에 대한 큰 사랑을 경험했고 온 민족이 한 몸을 이루는 체험을 하였다.

이런 곡조로 부르는 '애국가'에는 호전적이고 전투적인 정신, 살벌하고 폭력적인 정서가 조금도 없었다. 태극기를 흔들고 이 낮고 간절한 곡조의 '애국가'를 부르며 행진하는 한민족 동포들의 모습을 그려보면 3·1혁명이 얼마나 평화로운 혁명이었는지 헤아릴 수 있다. 총칼을 든 일본군 앞에서 흰옷 입은 동포들이 맨손으로 태극기를 들고 슬픔이 묻어나는 낮은 곡조의 '애국가'를 부르며 '대한독립만세'를 외치는 모습은 총칼을 든 일본군의 사나운 모습과 대조된다. 이런 '애국가'를 불렀기 때문에 3·1혁명이 폭력투쟁으로 내닫지 않고 평화로운 시위의 성격을 그만큼 유지할 수 있었을 것이다.

지금은 낮고 애달픈 '애국가'를 부르던 이들도 거의 세상을 떠났다. 그리고 한국의 상황이 그때처럼 절망적이고 슬프지도 않다. 젊은이들은 나라를 잃은 사람들이 '애국가'를 부르며 느꼈던 간절한 감정과 사무친 정서를 이해하기 어려울 수도 있다. 1935년에 안익태가 지은 '애국가' 곡조는 훨씬 힘차고 역동적이고 밝다. 안익태 곡조의 '애국가'는 해방 이후에 점차 널리 부르게 되었다. 오늘의 한국인은 새로운 곡조로 '애국가'를 불러야 하겠지만 그때 나라를 잃고 큰 슬픔과 고통 속에서 애절하고 간절하게 불렀던 낮고 슬픈 '애국가'의 곡조와 그 곡조를 불렀던 선조들의 사무친 심정과 정서를 잊지 않으면 좋겠다. 친일파 안익태의 곡이 불편하다면 이제라도 새로운 곡을 지어 밝고 힘차면서 간절한 곡조로 '애국가'를 부르는 것이 옳다.

2. 해방 이후의 다른 애국가요들과 '애국가' 비교

우리 '애국가'처럼 종교 도덕적인 깊이와 높이를 가지고 간절하고 사무친 심정과 정서를 지니면서 강인한 절개와 정신을 강조하고 고결한 신념과 의지를 고취하고 고양시키는 '애국가'가 이 세상 어디에 있는가? 침략자에 대한 강인한 저항정신과 독립정신을 고양시키면서도 도덕·종교적인 깊이와 평화로운 정신과 고결한 신념과 고상한 뜻을 지녔다는 점에서 한국의 '애국가'는 특별하고 소중하다. 이런 '애국가'를 100년이 넘게 어둡고 고통스러운 역사를 통과하면서 한민족이 함께 불러왔다. '애국가'가 우리민족의 평화와 번영을 위해 기여한 공로가 작지 않다.

그런데 해방 후에 북한은 새로운 '애국가'를 지어서 불렀다. 남한에서는 여전히 '애국가'를 부르면서도 새로운 애국가요를 여러 개 만들어 불렀다. 남한에서는 '조국찬가'와 '임을 위한 행진곡'을 비롯해서 여러 개의 노래들이 나라와 겨레를 사랑하는 맘으로 지은 노래들이 있다. '임을 위한 행진곡'은 애국가요라고 할 수 없을지 모르나 우리나라의 자유와 평등, 정의와 평화를 열망하는 노래라는 점에서 애국가요라고 할 수 있다.

북한과 남한에서 새로운 애국가요를 지은 것은 '애국가'가 지닌 한계와 문제를 느꼈기 때문일 것이다. '애국가'는 나라를 잃은 한민족이 독립을 열망하며 부른 노래다. 나라가 일제의 지배에서 해방된 새로운 상황에서 새로운 노래를 지어 부르는 것은 당연한 일일 수 있다. 북한의 '애국가'와 남한의 '조국찬가'는 이런 필요에서 만들어진 노래다. 해방 후 '혁명공화국'을 세운 북한은 새로운 체제에 민중을 동원하고 참여시킬 필요가 있었다. 나라를 잃은 시기에 불렀던 낮고 슬픈 음조의 '애국가'는 북한의 혁명적이고 전투적인 분위기와 맞지 않았으므로 새로운 '애국가'를 만들었다. 그리고 남한정권은 북한체제와 경쟁하면서 부흥과 재건을 위해 민중을 동원하고 앞세울 필요가 있어서 '조국찬가'를 만들었다. 그러나 이런 정치적, 정권적 필요에서 만들어진 노래들이 오랜 세월 민족의 가슴 깊이 사무쳤던 '애국가'를 완전히 대체할 수 있다고는 생각하지 않는다. 한민족이 '애국가'와 함께 일제의 식민 지배를 오랜 세월 견디고 이겨낸 장엄하고 아름답고 숭고한 정신은 결코 지워버릴 수 있는 과거가 아니기 때문이다.

민주화 운동 과정에서 나라를 사랑하며 올바른 나라를 세우기 위해 싸운 민중이 스스로 만들어 부른 노래들도 새로운 애국가요들로 볼 수 있다. 1970년대 군사독재의 억압과 시련 속에서 자유와 민주를 열망하는 민중이 나라와 겨레를 사랑하는 민중이 널리 부른 노래는 '아침 이슬', '내 나라 내 겨레'다. 1980년 광주민중항쟁을 겪으며 군사독재에 맞서 민주와 정의를 위해 자기를 희생하며 싸운 이들의 노래가 '임을 위한 행진곡'이다. 2000년대 들어와서 우리나라의 아름다운 자연과 풍경을 찬양하며 번영과 행복을 꿈꾼 노래가 '아름다운 나라'다.

북한의 새로운 '애국가', 남한의 새로운 애국가요들을 '애국가'와 비교하는 것은 의미가 있다. 해방 후 나온 새로운 애국가요들을 '애국가'와 비교함으로써 '애국가'의 가치와 의미가 드러날 수 있고 새로운 애국가요들도 바르게 평가할 수 있다.

북한 '애국가'는 박세영 작사, 김원균 작곡으로 1947년 공표되었다. 4/4박자의 2개 절로 되어 있다. 가사는 다음과 같다.

“아침은 빛나라 이 강산 은금에 자원도 가득한 삼천리 아름다운 내 조국
반만년 오랜 역사에 찬란한 문화로 자라난 슬기론 인민의 이 영광
몸과 맘 다 바쳐 이 조선 길이 받드세.
백두산 기상을 다 안고 근로의 정신은 깃들어 진리로 뭉쳐진 억센 뜻
온 세계 앞서나가리 솟는 힘 노도도 내밀어 인민의 뜻으로 선 나라
한없이 부강 하는 이 조선 길이 빛내세.”

‘애국가’, 다음백과(http://100.daum.net/encyclopedia)

북한의 ‘애국가’는 아름답고 밝고 힘차다. 그러나 여기에는 생의 아픔, 절절한 염원과 심정이 느껴지지 않는다. 밝고 긍정적이지만 생명의 그늘과 웅숭깊음이 없다. 내면의 다짐과 약속이 없다. 인생과 역사에서 밝고 힘차게 나아가려면 내면의 깊은 어둠과 아픔을 치유하고 정화하는 과정이 있어야 한다.

‘조국 찬가’는 양명문 작사, 김동진 작곡으로 해방 후 한국 전쟁이 일어난 후 1955년에 작곡되었다.

“동방의 아름다운 대한민국 나의 조국
반만 년 역사 위에 찬란하다 우리 문화
오곡백과 풍성한 금수강산 옥토낙원
완전통일 이루어 영원한 자유평화

꽃피는 마을마다 고기 잡는 해변마다
공장에서 광산에서 생산경쟁 높은 기세
푸르른 저 거리에 재건부흥 노래 소리
늠름하게 나가는 새 세기의 젊은 세대

후렴
태극기 휘날리며 벅차게 노래 불러
자유대한 나의 조국 길이 빛내리라"

북한의 '애국가'처럼 밝고 아름답고 역동적이며 진취적이다. 여기에도 그늘과 아픔의 깊이와 어두움이 없다. 생명과 정신, 역사에는 그늘과 아픔이 있다. 외국 '애국가'들이 피 튀기는 호전성을 보이는 것과 달리 한국의 '애국가'에는 외적 환경과 상황을 이겨내고 초월하는 강인한 내적 깊이와 높이가 있다. 우리 '애국가'는 아픔을 이기고 자기를 희생하면서 평화를 실현하는 노래다. 황실과 군왕 찬미가가 아니라 민주 민중의 '애국가'다.

'아침이슬'은 1970년 김민기가 작사 작곡한 노래로 70년대 민주화운동의 현장에서 부른 대표적인 민중가요다.

"긴 밤 지새우고 풀잎마다 맺힌 진주보다 더 고운 아침 이슬처럼
내 맘에 설움이 알알이 맺힐 때 아침 동산에 올라 작은 미소를 배운다

태양은 묘지 위에 붉게 떠오르고 한낮에 찌는 더위는 나의 시련일지라
나 이제 가노라 저 거친 광야에 서러움 모두 버리고 나 이제 가노라"

가사와 곡조가 잘 어우러진 좋은 노래다. 1970년대 이후 특히 민주화운동의 현장에서 젊은이들의 사랑을 받으며 가장 널리 불러졌다. 내적 아픔과 시련을 이겨내고 군사독재의 어둠과 억압을 털어버리고 '저 거친 광야'로 나아가 생명의 자유와 평화의 새 세상을 열려는 다짐과 결의를 담고 있다. '애국가'의 정신과 정조를

가장 잘 이어받은 노래다.

'긴 밤 지새우고', '작은 미소를 배운다'는 생의 아픔과 시련을 견디고 이겨내는 내적 승화와 성숙을 나타낸다. '풀잎마다 맺힌 … '아침이슬''은 '내 맘에 알알이 맺힌 설움'을 나타낸다. '묘지 위에 붉게 떠오르는 태양', '한낮의 찌는 더위'는 죽음과 시련을 안고 있는 치열한 삶을 나타낸다. 1절에 이어 2절에도 '설움'(서러움)이 나오는 것이 특이하다. 짧은 가사에서 '내 맘에', '나의 시련', '나 이제 가노라', '나 이제 가노라'로 '나'(내)란 말이 네 차례나 나오는 것이 주목된다. '저 거친 광야로 서러움 모두 버리고 나 이제 가노라'는 군사독재의 압제와 어둠, 생의 시련과 설움을 떨쳐버리고 새로운 생, 새 나라와 새로운 미래의 역사를 지어갈 의지와 다짐을 밝힌 것이다.

설움은 삶과 죽음을 되풀이하며 진화와 고양을 이어온 생명의 내적 고통과 시련을 나타낸다. 물질 안에서 물질의 제약과 속박을 초월한 생명은 본질적으로 기쁘고 신나고 자유로운 것이면서 필연적으로 설움을 안고 있는 것이다. 김민기가 '아침이슬'을 짓기 10년 전쯤 함석헌은 〈사상계〉 1959년 12월호에 '씨올의 설움'이란 글을 썼다. 함석헌에 따르면 생명의 씨올인 인간 속에 우주와 자연생명과 인류의 역사가 압축되어 있고 살아 있다. '아침이슬'처럼 작고 덧없는 인생 속에 무궁한 생명을 품고 있고 새롭게 영원한 생명을 펼쳐내야 할 인간은 근본적으로 설움을 품은 존재다. 설움을 잘 견디고 이겨내야 새로운 미래의 역사를 열 수 있다.

김민기가 함석헌의 글을 읽었는지는 알 수 없지만 설움이 생의 본질에 속하는 것임을 말한다는 점에서 '아침이슬'과 '씨올의 설움'은 서로 일치한다. 생의 아픔과 시련을 견디어내며 새로운 나라를 만들어 가자는 '애국가' 4절, "이 기상과 이맘으로 … 괴로우나 즐거우나 나라 사랑하세"도 생의 본질로서 설움[괴로움]을 가리킨다. 생의 아픔과 시련으로서 설움을 강조한다는 점에서 안창호의 '애국가', 함석헌의 '씨올의 설움', 김민기의 '아침이슬'은 맥을 통하고 있다. 안창호, 함석헌, 김민기를 하나로 이어주는 것은 '나'에 대한 강조다. 짧은 노래 말 속에서 '나'란 말을 네 차례나 씀으로써 '아침이슬'은 '나의 노래'가 되었다. 그가 이처럼 '나'를 강조한 것은 민이 역사와 사회의 주인과 주체로 등장한 근현대의 민주정신과 원리를 구현한 것이다.

민족 한 사람 한 사람의 '나'를 나라의 주인과 주체로 본 안창호는 '나'를 중심에 놓고 '나'에게 무한책임을 돌리는 '나' 철학을 확립하였다. 그가 지은 '애국가'는 어떤 조건과 환경에도 굴복하지 않고 새로운 나라를 지어가는 '나의 노래'다. '나'의 헌신과 다짐 없이 부르는 '애국가'가 무슨 의미와 가치가 있겠는가. 그는 '나를 사랑하고 남을 사랑하라'는 애기애타(愛己愛他)를 내세우면서 '사랑하기 공부'를 역설했다. 함석헌의 생명철학도 '나'를 중심에 놓고 내게서 시작하는 '나'의 철학이다. 그는 '살림살이'란 글에서 이렇게 말했다. "거울에 비치는 네 얼굴을 보라 ... 그것은 백만 년 비바람과 무수한 병균과 전쟁의 칼과 화약을 뚫고 나온 그 얼굴이다. 다른 모든 것 보기 전에 그것부터 보고 다른 어떤 사람 사랑하기 전에 그 얼굴부터 우선 사랑하고 절해야 한다."[1] 사람이 가장 먼저 할 일은 자기 '나'를 사랑하고 존중하는 것이다. 방탄소년단의 노래 'Love yourself'(Answer: Love myself)[너 자신을 사랑하라(대답: 나 자신을 사랑하라]는 나 자신을 사랑하고 존중하는 법을 배워야 한다고 말한다는 점에서 안창호, 함석헌의 가르침과 일치하며 '나'를 앞세운 김민기의 '아침이슬'과도 통한다.

---

1) 함석헌 『살림살이』, 『함석헌전집』 2권 한길사 1983. 313쪽.

'내 나라 내 겨레'는 1974년 김민기가 작사하고 송창식이 작곡한 노래로 나라와 겨레에 대한 깊은 사랑과 열정을 담았다.

"보라 동해에 떠오르는 태양 누구의 머리 위에 이글거리나
피어린 항쟁의 세월 속에 고귀한 순결함을 얻은 우리 위에
보라 동해에 떠오르는 태양 누구의 앞길에서 환히 비춰나

눈부신 선조의 얼 속에 고요히 기다려온 우리 민족 앞에
숨소리 점점 커져 맥박이 힘차게 뛴다 이 땅에 순결하게 얽힌 겨레여
보라 동해에 떠오르는 태양 우리가 간직함이 옳지 않겠나

나의 조국은 허공에 맴도는 아우성만 가득한 이 척박한 땅
내 아버지가 태어난 이곳만은 아니다
북녘땅 시린 바람에 장승으로 굳어버린 거대한 바윗덩어리
내 어머니가 태어난 땅 나의 조국은 그곳만도 아니다

나의 조국은 찢긴 철조망 사이로 스스럼없이 흘러내리는 저 물결
바로 저기 눈부신 아침 햇살을 받아 김으로 서려 피어오르는
꿈 속 그 곳 바로 그 곳

숨소리 점점 커져 맥박이 힘차게 뛴다
이 땅에 순결하게 얽힌 겨레여 보라 동해에 떠오르는 태양
우리가 간직함이 옳지 않겠나 우리가 간직함이 옳지 않겠나."

'아침이슬'과 마찬가지로 '애국가'의 정신과 정조를 가장 잘 이어가는 노래다. 가사와 곡이 장엄하고 힘차다. '동해에 떠오르

는 태양'은 생의 환경일 뿐 아니라 생의 신체적 힘이 나오는 원천이다. 동해, 땅, 태양은 '숨소리 커지고 힘차게 뛰는 맥박'과 직결된다. 이러한 자연적 신체적 생명은 '피어린 항쟁의 세월 속에 고귀한 순결함을 얻은 우리', '눈부신 선조의 얼 속에 고요히 기다려온 우리 민족', '이 땅에 순결하게 얽힌 겨레'와 같은 역사의 시련과 항쟁 속에서 닦여진 순결한 얼과 결합되어 구체적인 '나'의 생명 속에서 '숨소리 커지고 맥박이 힘차게 뛰게' 한다.

'내 나라 내 겨레'가 꿈꾸는 '나의 조국'은 군사독재로 짓눌려 아우성만 가득한 남한 땅도 아니고 이념의 시린 바람에 장승처럼 굳어버린 거대한 바윗덩어리 같은 북한 땅도 아니다. '나의 조국'은 민족을 갈라놓는 '찢긴 철조망' 사이로 '흘러내리는 저 물결', '눈부신 아침 햇살을 받아 김으로 서려 피어오르는' 새로운 삶의 꿈속에 있다. 그 꿈을 꾸고 실현하기 위해서는 '이 땅에 순결하게 얽힌 겨레'인 우리, 우리 한 사람 한 사람의 '나'의 숨소리, 맥박 속에 '동해에 떠오르는 태양'을 간직해야 한다.

'동해에 떠오르는 태양'은 내 생명의 내면 속으로 들어온다. 밖의 자연환경이 내 생명과 일치할 뿐 아니라 내 생명의 속의 한 요소와 부분이 된다. '애국가' 1절에서 '동해물과 백두산이 마르고 닳도록'으로 노래함으로써 동해물과 백두산은 우리 겨레의 생명 속으로 들어와서 '나'의 생명 속의 한 요소와 부분이 된 것과 같다.

'임을 위한 행진곡'

"사랑도 명예도 이름도 남김없이 한평생 나가자던 뜨거운 맹세
동지는 간데없고 깃발만 나부껴 새 날이 올 때까지 흔들리지 말자.
세월은 흘러가도 산천은 안다. 깨어나서 외치는 뜨거운 함성
앞서서 나가니 산자여 따르라 앞서서 나가니 산자여 따르라."

이 노래는 민주화운동 과정에서 겪은 시련과 고난 속에서 태어났고 광주민주화운동의 고통과 시련을 배경으로 만들어졌다. 1981년 5월, 백기완의 미발표 장시 「묏비나리」(1980)의 한 부분을 차용하여 소설가 황석영이 가사를 짓고, 전남대 출신으로 대학가요제에서 수상한 바 있는 김종률이 곡을 지었다. 이 노래에는 광주 민중의 아픔이 담겨 있고 한국민족 역사의 고통스러운 진실을 품고 있다. 가사도 아름답고 힘찬 내용을 지니고 있으며 곡조도 씩씩하고 진취적이다. 군사정권이 민중을 학살한 불의한 만행과 광주 민중의 슬픔을 이겨내는 장엄하고 아름다운 노래다. 민주화운동의 현장에서 널리 부르는 노래다.

이 노래의 곡조는 비장하면서도 투쟁의지와 진취적인 기상을 담고 있다. "사랑도 명예도 이름도 남김 없이한 평생 나가자던 뜨거운 맹세"는 희생과 헌신과 함께 뜨거운 다짐과 맹세를 담고 있다. 세월(시간)과 산천(환경)을 이겨내고 "깨어나서 외치는 뜨거운 함성 앞서서 나가니 산자여 따르라"는 고난과 죽음을 이기고 앞으로 나아가는 용기와 결단을 담고 있다. 이 노래가 고난과 죽음을 이기는 희생과 헌신, 다짐과 맹세를 담고 있지만 기본적으로 밖으로 분출하고 뻗어 나아가는 외향적 노래다. 시민들을 학살하는 군부독재의 폭력 앞에서 내적 인내와 성숙을 말할 여지도 없었다.

동해물과 백두산이 마르고 닳도록 나라를 사랑하고 아끼는 간절한 심정과 염원, 소나무 같은 기상과 가을하늘 같은 일편단심을 나타내는 '애국가'의 내향적 결의와 다짐은 '임을 위한 행진곡'에서 찾아볼 수 없다. 벌레가 앞으로 나아가려면 먼저 몸을 웅크려야 하듯이, 민중이 힘차게 싸우며 앞으로 나아가려면 속으로 파고들어 얼과 혼의 힘을 길러야 한다. '애국가'가 나라를 잃은 슬픔을 안고 민족을 일으켜 세워 어두운 시대를 이겨낸 노래라면 '임을 위한 행진곡'은 오늘의 슬픔을 안고 새로운 미래를 열어가자는 노래다. 우리는 '애국가'를 부르며 민족의 어두운 과거를 이겨내고 독립정신과 의지를 다지고 높일 수 있을 것이고, '임을 위한 행진곡'을 부르며 현재의 어둠과 슬픔을 이기고 새 날을 열어갈 수 있을 것이다. '애국가'와 '임을 위한 행진곡'을 함께 널리 부른다면 지역감정과 차별을 넘어서 남북통일을 이루고 정의와 평화의 세상을 열어갈 수 있을 것이다.

'아름다운 나라'

2008년 한태수가 작곡하였고, 채정은이 작사한 곡이다. 최근 국가적인 행사에서 자주 부르는 노래다. 가사는 다음과 같다.

> "저 산자락에 긴 노을 지면 걸음걸음도 살며시 달님이 오시네.
> 밤 달빛에도 참 어여뻐라 골목골목 선 담장은 달빛을 반기네.
> 겨울 눈꽃이 오롯이 앉으면 그 포근한 흰빛이 센 바람도 재우니
> 참 아름다운 많은 꿈이는 이 땅에 태어나서 행복한 내가 아니냐.
> 큰 바다 있고 푸른 하늘 가진 이 땅 위에 사는 나는 행복한 사람 아니냐.
>
> 강 물빛소리 산 낙엽소리 천지 사방이 고우니 즐겁지 않은가
> 바람 꽃 소리 들풀 젖는 소리 아픈 청춘도 고우니 맘 즐겁지 않은가
> 참 아름다운 많은 꿈이 있는 이 땅에 태어나서 행복한 내가 아니냐.
> 큰 바다 있고 푸른 하늘 가진 이 땅 위에 사는 나는 행복한 사람 아니냐.
> 큰 추위로 견뎌낸 나무의 뿌리가 봄 그리운 맘으로 푸르다.
>
> 푸르게 더 푸르게 수만 잎을 피워내 한 줄기로 하늘까지 뻗어라

참 아름다운 많은 꿈이 있는 이 땅에 태어나서 행복한 내가 아니냐.
큰 바다 있고 푸른 하늘 가진 이 땅 위에 사는 나는 행복한 사람 아니냐."

여러 가지로 '애국가'와 대조되는 노래다. 여기에는 국가에 대한 충성이나 애국이 조금도 강조되거나 드러나지 않는다. 국가주의적 요소가 말끔히 제거되고 애국과 충성이란 생각도 빠졌으나 아름다운 나라 땅과 이 나라의 국민으로 태어난 것에 대한 긍지와 자부심, 행복과 즐거움을 노래하였다. 높은 음과 신나고 즐거운 곡조다. 가사도 푸른 하늘 큰 바다, 고운 달빛처럼 아름다운 자연 풍경과 정조를 담고 있으며 아름다운 자연 강산에 태어나서 즐겁고 행복하다는 것을 확인하는 노래다. '참 아름다운 많은 꿈'이 있는 나라의 행복과 즐거움을 거듭 확인하고 노래한다. 달빛, 겨울 눈꽃도 아름답다. "아픈 청춘도 고우니 즐겁지 않은가", "큰 추위로 견뎌낸 나무의 뿌리가 봄 그리운 맘으로 푸르다. 푸르게 더 푸르게 수만 잎을 피워내 한 줄기로 하늘까지 뻗어라" 하는 구절은 아픈 청춘도 큰 추위도 "푸르게 더 푸르게 수만 잎을 피워내 한 줄기로 하늘까지 뻗어라"는 말로 묻혀 버린다.

동해물과 백두산이 마르고 닳도록, 바람서리에도 불변하는 간절하고 사무치는 '애국가'의 심정과 염원은 자연환경과 조건을 극복하고 초월하는 의지와 뜻으로 이어지는데 '아름다운 나라'에서는 자연환경과 조건이 행복과 즐거움의 이유이고 조건이다. 비장하고 간절한 '애국가'의 낮고 슬픈 음조와 행복하고 '아름다운 나라'의 높고 즐거운 음조는 대조가 된다. 다만 '애국가'의 후렴구와 '아름다운 나라'는 내용과 시상이 잘 이어진다. 어쩌면 '애국가'의 후렴구에 있는 시상과 주제만을 발전시켜서 '아름다운 나라'를 지은 것이 아닌가 여겨지기도 한다. 그러나 후렴구만 가지고는 온전한 '애국가'가 될 수 없듯이 '아름다운 나라'의 밝고 푸르고 행복한 정서만으로는 아름답고 행복한 나라를 만들 수 없다. 속으로 다지고 깊이 파고들어 감이 없이 밖으로 감정과 힘을 분출하며 뻗어나가기만 하면 오래 갈 수 없다. 아름답고 행복한 나라를 이루려면 국민 한 사람 한 사람의 속이 깊고 풍성하고 강인하고 고결해져야 한다. 그렇지 않으면 아무리 곱고 아름다운 자연환경 속에서 큰 바다와 푸른 하늘을 보면서 많은 꿈을 꾸어도 아름답고 행복한 나라를 만들 수 없다.

3. '애국가'는 우리에게 어떤 노래인가?

'애국가'는 나라 잃은 한민족의 마음을 붙들어주고 상처받고 쓰러진 영혼을 일으켜 세운 노래였다. 우석영은 '애국가'에 대해 이렇게 말한다. "이 노래는 '목자 잃은 양떼' '괴로웠던' 그 모두에게 한 줄기 빛이 된 민족의 성가였다. 그것은 가락으로 된 깃발이자 단어로 된 빛줄기였다. … 집과 고향을 잃은 인간의 닻이었다."[2] 청년 장준하는 1944년 7월 중국 내 일본군 군영을 탈출해 중국군 군영에 도착, 블로하 강변에서 동지들과 '애국가'를 불렀다. 그러고는 이렇게 썼다. "우리는 3, 4절까지 서로의 기억을 더듬어 베껴내었다. 중국군 군영에서 오늘부터 정하여 놓은 우리의 이 ('애국가') 조례를 위하여 아침은 우리에게 여러 가지 의미로 신비스러운 것이었다."[3]

---

2) 우석영, "길이 없으면 길을 만든다. 대한민국 리셋의 시대 맞아 되돌아보는 안창호의 신민주의와 대공주의", 「20세기 사람들」〈한겨레21〉 제1146호 2017년 1월 16일.

3) 장준하 『돌베개』 장준하문집2. 장준하선생 10주기 추모문집 간행위원회 思想 1985. 60~61쪽.

'애국가'는 폐지되어야 하나?

요즈음 '애국가' 작곡자 안익태의 친일과 나치 부역 혐의로 '애국가'를 폐지하자는 주장이 나오는가 하면 심지어 '애국가' 가사에 친일내용이 들어 있다는 터무니없는 주장도 나오고 있다. 친일과 나치 부역자의 작곡이 문제라면 '애국가'의 곡을 바꿀 필요가 있다. 그러나 '애국가' 가사가 친일 내용을 담고 있다는 터무니없는 주장은 삼가야 한다. '애국가' 가사가 일본을 찬미하는 내용이라고 주장하는 강효백 교수는 남산이 일본의 산을 가리킨다고 하지만, 남산은 한국 어디에나 있는 '앞 산', '남쪽 산'이다. 소나무는 일본을 상징하는 나무이고 '철갑을 두른'은 일본 무사 사무라이의 상징이라고 하는 말도 지나친 주장이다. 소나무는 우리나라 어디나 널려 있는 친근한 나무이고 예로부터 한민족의 충절과 기상을 나타내는 나무다. '철갑을 두른'이란 말은 일제의 침략에 맞서는 강인한 기상과 의지를 나타내는 말로 보아야 한다. 남산의 소나무는 한민족의 기상을 나타낸다. "우리 '애국가'에 남산의 소나무들이 철갑을 두른 듯하다는 구절이 있을 정도로 남산에는 원래 소나무들이 울창하였으나 일본인들이 우리의 정신을 빼앗기 위하여 소나무를 베어내고 아카시아 등의 잡목을 심어 산의 경관을 많이 해쳤다."4)

"바람서리 불변함은 우리 기상일세"는 일본 사자성어 '풍상지기(風霜之氣 · 바람과 서리 같은 고난의 세월을 이겨내는 기상)'를 한국어로 옮긴 것에 불과하다는 강 교수의 주장도 근거가 없다. 본래 '애국가'는 '바람 이슬'로 되어 있었으며, 이것은 널리 쓰이는 풍우상로(風雨霜露)에서 온 말인데, 임시정부 시절에 강한 의지를 드러내기

---

4) '남산' 한국민족문화대백과사전 한국학중앙연구원.

위해 '바람 이슬'을 '바람서리'로 바꾼 것이다. '공활'(空豁)은 일본에서 많이 쓰는 말이라고 하지만 텅 비고 막힘없이 뚫린 가을하늘의 초월적 자유와 특별함을 나타내기 위해 쓰인 말이다. 강 교수는 '무궁화 삼천리'란 표현이 일제의 식민사관에 영향을 받아 영토를 축소한 것이라고 하지만 '무궁화 삼천리'는 한말과 일제 식민시대에 애국지사인 안창호, 남궁억 등이 널리 쓴 말이다. 통일신라 이후 고려와 조선왕조를 거쳐 1,000년 이상 한민족은 한반도에서 나라를 이루며 살아왔다. '3'이란 숫자는 만물을 뜻하며 한국인이 특별히 선호하는 상징적 숫자다. 무궁화는 오랜 세월 한국과 한민족을 가리키는 말로 쓰였고 대체로 자랑스럽고 고귀한 상징으로 여겨졌다. 말 그대로 강인하고 끈질긴 생명력을 나타내는 꽃으로 '애국가'를 지어 부르던 시기에 매우 적절한 꽃말이었다.[5)]

또 인터넷에서 어떤 사람은 '구름 없이 밝은 달'은 일본선시의 표현이고 '일편단심'은 일본 욱일기를 향한 충성을 나타낸다고 주장하였다. '애국가' 3절은 본래 '가을 하늘 공활한데 구름 없이 높고, 밝은 달은 우리 가슴 일편단심일세'로 되어 있다. '구름 없이 높고'는 본래 가을 하늘과 연결된 구절이다. 이것도 임시정부 시절에 문장의 의미를 간단 명확히 나타내려고 '가을하늘 공활한데 높고 구름 없이 밝은 달은 일편단심 우리가슴일세'로 바뀌었다. 그러므로 이것을 일본선시의 표현이라고 트집 잡는 것도 억지 주장에 지나지 않는다. 정몽주가 500여 년 전에 '일편단심'을 노래했다는데 '일편단심'이 어째서 욱일기를 향한 충성심을 나타낸다 하는가? 한국의 모든 산에 널려 있는 소나무가 어찌 일본을 상징

---

5) '애국가' 가사가 친일 내용을 담고 있다는 강효백 교수의 주장에 대해서는 최창근 '만신창이 된 '애국가'를 어찌할까' 〈신동아〉 2019년 5월호 참조.

한다고 하나. '애국가'에 대한 근거 없는 비난과 경솔한 폄하는 삼가야 한다. 3·1운동과 임시정부에서 그리고 장준하를 비롯한 애국지사들이 얼마나 뜨겁고 절절하게 부른 '애국가'인데 어떻게 '애국가'를 폐지하자고 하는가! '애국가'에 담긴 역사의 무게를 헤아려 보고 말해야 한다. 2016년 가을과 2017년 봄 촛불 시위 때 '애국가'를 장엄하고 감동스럽게 한 목소리로 불렀던 기억을 벌써 잊었단 말인가?

'애국가'는 1907년에 안창호가 작사한 것이다. 나라를 잃은 슬픔 속에서 한민족은 '애국가'를 부르며 자신과 나라를 지켜왔다. 3·1혁명 때 한민족은 '애국가'를 부르고 행진하며 독립만세운동을 벌였다. 임시정부 시절에는 '애국가'를 부르며 나라 사랑과 독립의지를 키워왔다. 한민족은 '애국가'를 부르며 한국근현대의 험난한 시기를 넘어왔다. '애국가'는 우리 민족의 심정과 역사에서 뺄 수 없는 것이다. 수십 년 전에 '애국가'를 폐지하고 새 국가를 짓자는 운동이 일어났을 때 한 유명한 문학평론가는 일본 '애국가'는 "작은 돌이 쌓여 큰 바위를 이루고 … "처럼 적극적인데 우리 '애국가' "동해물과 백두산이 마르고 닳도록"은 '소모적'이라며 새 '애국가'를 지어야 한다고 주장했다. "동해물과 백두산이 마르고 닳도록"은 나라를 잃은 애국독립지사들과 동포들이 절절하고 사무치게 부른 '절창'이다. '애국가'는 3·1혁명과 임시정부에서 그리고 안창호와 장준하를 비롯한 애국독립운동가들이 몸과 맘이 마르고 닳도록 간절하게 부른 노래인데 어찌 친일 노래라 하며 '소모적'이라고 업신여기는가! 시문학적으로도 '애국가'는 소월과 백석의 시 못지않게 뛰어난 노래다. 호전적이고 살벌한 다른 나라들의 '애국가'와는 달리 우리 '애국가'는 높은 도덕과 깊은 뜻을 담고 있다.

나라가 망해서 깊은 슬픔에 빠졌던 한민족은 스코틀랜드 민요

'올드랭 사인'의 슬픈 곡조로 '애국가'를 부르면서 '애국가'를 민족의 노래로 사랑하고 받아들였다. 올드랭 사인의 슬프고 느린 곡조는 나라를 잃은 깊은 슬픔 속에서 한민족의 심정과 깊이 결합되었다. 나라 잃은 우리 겨레는 '애국가' 속에서 나라를 지켰고 '애국가'는 우리 민족의 정신과 혼을 붙잡아주고 일으켜 주었다. 나라 잃은 우리 민족은 고통스럽고 험난한 세월의 고개를 '애국가'를 부르고 넘어왔다. '애국가'에 담긴 한민족의 깊은 심정과 역사의 무게를 헤아려야 한다. 애국독립운동의 화신 안창호가 짓고 3·1운동과 임시정부 그리고 애국독립운동가들과 수많은 동포들이 가슴 저미며 정신과 혼으로 부른 '애국가'를 그렇게 쉽게 폐지해서는 안 된다.

해방 이후 '애국가'가 홀대 받는 중요한 까닭은 '애국가' 작사자가 누구인지 모르게 된 탓이다. '애국가' 작사자 문제를 미궁에 빠트리고 윤치호 작사설로 기울게 된 것은 1955년 '애국가' 작사자 조사활동을 할 때 이승만과 친일파들이 국사편찬위원회를 앞세워 안창호 설을 배척하고 윤치호 설을 앞세웠기 때문이다. 친일파의 거두로 알려진 윤치호가 '애국가'를 지었다는 주장이 널리 퍼짐으로써 '애국가'에 대한 불편한 심정이 더욱 커지게 되었다. 이제라도 '애국가' 작사자가 안창호라는 것을 밝혀서 '애국가' 작사자에 대한 모호함과 거리낌을 말끔히 씻어내야 한다.

새 '애국가'를 지어 부르려면

우리 '애국가'를 제대로 이해하고 바르게 평가하여 사랑하고 존중함이 마땅하다. 그러나 새 '애국가'를 지어 부르는 일이 불가능하다고는 생각하지 않는다. 그 동안 새 '애국가' 제정 움직임은 여러 차례 있었다. 임시정부 시절에도 '애국가'를 개작하자는 제안이 있었고 개작하기로 결정하기도 하였다. 슬프고 낮은 곡조로 높은 도덕과 고결한 의지를 노래하는 '애국가'가 독립군가로는 적합하지 않아서 공식 독립군가가 필요했을 뿐 아니라 '애국가'의 가사와 곡조에 불만을 가진 이들이 있었던 것이다. 임시정부에서도 그 필요성은 인정했으나 실제로 '애국가'를 새로 짓지는 못했다. 해방 후에도 '애국가' 개정 움직임이 여러 차례 일어났다. '애국가'는 나라를 잃은 슬픔 속에서 나라를 되찾기 위해 짓고 불렀던 노래다. 나라를 되찾고 바로 세운 후에는 새로운 정황에 맞는 노래를 새로 지어 부를 수 있다. 그러나 그런 일은 국민의 충분한 합의와 동의를 거친 후에 할 수 있는 일이다. 몇 몇 사람이나 특정 집단이 또는 정부가 앞장서서 새 '애국가'를 짓고 국민에게 새 '애국가'를 부를 것을 강요해서는 안 된다. 국민의 합의와 동의가 이루어진 다음에 새 '애국가'를 짓고 그 '애국가'가 국민들 사이에 자연스럽게 받아들여지는 과정과 절차를 거친 다음에야 현행 '애국가'가 새 '애국가'로 교체될 수 있을 것이다. 그러나 새 '애국가'를 지어 부를 때도 현행 '애국가'는 충분히 존중되고 높이 평가되어야 한다.

새 시대에 맞게 새 '애국가'를 지어 부를 가능성과 필요성을 원칙적으로 부정할 수는 없다. 그러나 현행 '애국가'가 갖는 역사적 정당성과 정체성과 정통성을 대체할 만한 새 '애국가'를 짓는다는 것은 참으로 어려운 일이다. '임을 위한 행진곡'을 포함해서 좋은 노래가 많이 나와서 국민들의 삶과 가슴에 깊이 스며들고 널리 부르게 되면 자연스럽게 새 '애국가'가 될 수도 있을 것이다. 현행 '애국가'는 나라를 잃었을 때 독립지사들과 국민들이 간절하고 사무치게 부른 노래다. '애국가'의 역사적 민족적 가치를 충분히 인정하고 평가한 다음에 그리고 '애국가' 작사자가 누구인지 밝히고 '애국가'에 담긴 정신과 뜻을 충분히 드러내고 음미한 후에야 새 '애국가'를 짓고 부를 것인지를 논의할 수 있을 것이다. '애국가'를 간절하고 뜨겁게 불렀던 민족의 아픈 과거는 사라지고 없어진 것이 아니라 오늘의 삶과 정신 속에 살아 숨 쉬고 있다. '애국가'는 잊어서는 안 되는 과거의 정신과 삶을 담고 있으며 가혹한 일제 식민통치를 이겨내고 오늘의 삶을 일구어낸 민족의 강인한 생명력과 의지를 전해주는 노래다.

'애국가'의 정치 상황과 평화적 성격

다른 나라들의 '애국가'들과 한국 '애국가'를 비교해 보면 한국 '애국가'의 특별한 가치와 의미가 드러난다. 국가들 사이의 경쟁과 대립이 치열했던 18~19세기 특히 19세기 중후반에 국가에 대한 민중의 애국심과 충성심을 고취시키기 위해서 많은 나라들에서 '애국가'가 생겨났다. 왕과 왕실을 찬미하거나 위기에 처한 국가를 지키려는 필요에서 '애국가'가 나온 것이다. 독립전쟁이나 혁명전쟁과 같은 국가 위기의 전쟁 상황에서 많은 '애국가'들이 지어졌기 때문에 '애국가'들에는 매우 호전적인 내용이 담겨 있다. 특히 미국과 프랑스, 이탈리아의 '애국가'는 매우 호전적이다. 독립전쟁의 현장에서 지어진 미국의 국가에는 "로켓의 붉은 빛, 터지는 폭탄들 … 성조기가 나부낀다."(the rocket's red glare, the bombs bursting in air)는 호전적인 문구가 나온다. 혁명전쟁에서 나온 프랑스 국가에는 "피로 물든 창이 일어섰다. 저 흉폭한 적들이 … 당신들의 아이와 아내의 목을 따러 온다! 무기를 들라, 시민들이여 … 적들의 더러운 피를 우리의 밭에다 뿌리자!"(무장하라, 시민들이여, 대오를 정렬하라. 전진, 전진! 저 더러운 피 고랑을 적시게.)는 살벌하고 잔혹한 표현이 나온다. 민족통일전쟁에서 나온 이탈리아 국가에도 "전장에서 우리 함께 뭉치자. 우린 죽을 준비가 되어 있다.

조국이 우리를 부른다. … 이탈리아의 피와 폴란드의 피는 코사코와 함께 마신다. 심장은 불타오른다"는 끔찍한 구절이 나온다. 일제가 침략하는 시기에 나온 중국의 '애국가' '의용군행진곡'은 "일어나라, 노예 되기 싫은 사람들아! 우리의 피와 살로, 우리의 새 장성을 쌓자! … 적의 포화를 뚫고, 전진하자!"는 호전적인 내용을 담고 있다. 다른 국가들도 호전적인 군가들을 '애국가'로 삼거나 국가주의적 충성심을 요구하는 '애국가'들을 부르고 있다. 이런 국가들을 부르는 국민들은 세계평화와 정의를 실현하려는 열망과 헌신을 생각하기 어려울 것이다.

한국의 '애국가'들은 다른 국가들의 호전적이고 살벌한 '애국가'들과는 사뭇 다르다. 1896년에 〈독립신문〉과 독립협회가 추진한 '애국가' 짓고 부르기 운동을 통해 나온 수많은 '애국가'들에서부터 해방 후에 나온 북한의 '애국가'와 6·25전쟁 이후 나온 남한의 '조국찬가'와 '임을 위한 행진곡'까지 호전적인 표현이나 내용은 조금도 없다. 초기의 '애국가'들은 애국하고 충성하라는 도덕적 권면을 담고 있거나 현행 '애국가'처럼 민족의 깊은 정신과 의지를 깨워 일으키려는 내용을 지니고 있다. 해방 후에 나온 '애국가'들은 조국의 부강과 번영, 자유와 평화를 노래한다. 한국의 '애국가'들이 이처럼 도덕적 정신적이고 평화로운 내용을 가지게 된 것은 한국 '애국가'의 정치적 상황이 특별하기 때문이다.

한국의 애국가들이 생겨난 정치적 상황과 배경은 무엇인가? 1894년 동학농민혁명이 일어났으나 현대식 무기와 현대적 훈련을 받은 일본군 2천 명에게 동학농민군 5만 명이 살육을 당했고 이어서 10~30만 명의 농민이 죽임을 당했다. 아무런 훈련과 준비 없이 혁명운동을 일으켰다가 한민족은 큰 고난과 좌절을 겪었다. 이어서 1895년 민비시해사건은 큰 충격과 좌절을 주었다. 그 사이 1894~5년에 일어난 청일전쟁의 결과로 중국의 정치 문화적 예

속에서 벗어날 수 있다는 희망을 갖게 되었다. 청일전쟁에서 일본이 승리했으나 러시아를 비롯해서 서양 강대국들이 일본을 견제하였으므로 1895~1905년 사이에 잠시 한국민족은 자주와 독립의 꿈을 꿀 수 있었다. 1896년 〈독립신문〉과 독립협회는 애국계몽과 국민교육운동을 벌임으로써 한국의 자주독립을 이루려고 하였다.

이 시기에 한국은 전쟁을 일으킬 수 있는 힘이 없었다. 그리고 훈련과 준비 없이 일어난 동학농민혁명에서 너무 많은 사람들이 죽은 데 대한 반성과 반동으로 전쟁과 폭력에 대한 비판과 불신의 분위기가 형성 되었다. 이런 분위기 속에서 한국의 지식인 지도자들은 애국계몽운동과 민중교육운동에 전념하게 되었다. 민중의 애국심을 불러일으키고 민중의 지식과 힘을 배양하려고 했으므로 이 시기에 나온 한국의 '애국가'들은 도덕적이고 평화적인 성격을 가지게 되었다. 입헌군주제를 내세웠던 독립협회운동이 실패한 후 민주공화정을 내세운 신민회의 교육독립운동이 일어나는 과정에서, 민중을 나라의 주인과 주체로 깨워 일으키며 민중에게 호소하고 민중의 결단과 다짐을 요구하는 현행 '애국가'가 나오게 된 것이다. 나라가 주권을 잃고 망해갈 때 민을 주체로 깨워 나라를 구하려는 동기에서 생겨났으므로 한국의 '애국가'는 도덕적이고 민주적이며 평화적인 내용과 특징을 지니게 되었다.

'애국가'의 역사성과 정통성

한민족은 '애국가'를 부르며 가장 고통스럽고 험난한 역사의 고개를 넘어왔다. '애국가'는 나라를 잃은 한민족의 상처받은 마음을 위로하고 치유한 노래이며 깨어지고 흐트러진 민족의 정신을 하나로 묶어준 노래이며 쓰러진 영혼을 깨워 일으킨 노래다. 한민족은 이 노래를 짓고 부른 안창호와 함께 역사의 고통과 어둠을 헤치고 살아왔다. 이 노래 속에는 우리가 지켜가야 할 강인한 생명과 고귀한 정신의 무궁한 힘과 사랑이 살아 숨 쉬고 있다.

'애국가'는 특히 3·1혁명과 임시정부에서 열렬하고 힘차게 부른 노래다. "3·1운동 과정에서 모든 민족구성원의 함성으로 불리면서 '애국가'는 그 정통성을 획득했다. 60여 일간 전국적이고 조직적인 투쟁을 가능하게 한 것은 '조선의 독립'이라는 이념을 향한 '애국가'의 외침과 푯대 태극기의 펄럭임이었다."[6] "1919년 임시정부 의정원 개원식에서 '애국가'를 불렀으며, 국가로서 기능을 했다. '애국가'의 정통성이 담보된 순간이다."[7] 임시정부 초기 국무원 비서장 김여제는 조회 때마다 '애국가'를 부른 것에 대해서 이렇게 회고했다. "아침 8시 반에 등청하면 정부요인들이 모두 강당에 모여 조회를 하였다. 태극기에 대한 경례를 하고 '애국가'를 불렀다. 몸소 손을 내어 흔들고, 신이 나면 누가 더 부르라고 하지 않았는데도 몇 번을 거듭 불렀다. … '애국가' 합창에 이어 업무시달과 도산의 규칙적인 훈사(訓辭: 가르치어 훈계함) 그리고 정좌(靜坐), 정심(定心: 마음을 가라앉힘)으로 조회가 끝난다."[8]

헌법전문에서 대한민국은 3·1독립운동과 임시정부의 정신과 법통을 계승한다고 하였다. '애국가'는 3·1혁명과 임시정부의 정신과 뜻을 품고 지키고 이어오고 전해 주는 노래다. 1945년 11월 23일 임시정부 주석 김구와 함께 고국으로 돌아오는 비행기 안에서 창밖으로 우리나라가 보이자 애국독립운동 지사들과 함께 울면서 '애국가'를 합창하는 감격과 감동을 장준하는 이렇게 전하

6) 신동립『애국가 작사자의 비밀』 지상사 2015. 27쪽.
7) 같은 책. 27쪽.
8) 한승인『민족의 빛 도산 안창호』. 흥사단 뉴욕지부. 전자출판 민들레 출판그룹(더키친) 2014. '11장 상해 임시정부 시대 4. 임시정부' 참조.

였다. "'애국가'는 우리들의 심장에 경련을 일으키면서 조국을 주먹 안에 움켜잡은 듯이 떨게 했다. '애국가'를 끝까지 부르지 못하고 울음으로 끝을 흐렸다. 울음 섞인 합창, 그것이 그때 나의 가슴속에 새로 지어진 '애국가'이다. 기체 안의 노(老) 투사는 마치 어린이처럼 자신을 이기지 못하고 자신을 달래지도 못했다. 그 어느 누가 이 '애국가'를 울지 않고 부를 수 있을 것인가? '대한사람 대한으로 길이 보전하세.' 노래를 부르는 입모양인지, 웃음을 억누르는 모습인지, 분간할 수 없는 표정으로 발음을 못하고 입술을 깨무는 노 혁명가의 감격. 감상을 내어버린 지 오래고 울음을 잊어버린 지 이미 옛날인 강인한 백범 선생, 그의 두꺼운 안경알도 뽀오얀 김이 서리고 그 밑으로 두 줄기 눈물이 주르르 번져 흘렀다. '조국을 찾고 눈물도 찾으셨구나' 나는 마치 한 소년처럼 여울지는 가슴을 느끼며 어깨를 두 팔로 감싸 안았다."[9]

'애국가'에는 도산 안창호의 깊은 정신과 높은 뜻이 오롯이 담겨 있다. '애국가'는 나라를 잃고 식민지 백성으로서 고통을 겪었던 민족의 아픈 역사를 담은 노래다. 식민지 백성의 수치와 고난을 이기고 일제의 불의한 권력과 맞서 싸워서 끝내 독립과 해방을 얻은 투쟁과 승리의 감격을 담은 노래다. 민족을 위해 희생하고 헌신한 독립지사들의 간절한 염원과 높은 뜻이 담긴 노래다. '애국가'는 우리의 아픈 과거를 이겨낸 우리 민족의 노래다. 그것은 과거의 절망과 죽음을 이겨낸 오늘 우리의 노래이며 앞으로 온갖 시련과 고통을 이겨내고 새로운 세상을 열어가야 할 미래의 노래다. '애국가'를 부정하고 업신여기는 것은 우리의 과거 역사를 부정하고 온 몸과 맘을 다해 '애국가'를 독립지사들을 업신여기는

---

9) 장준하 『돌베개』 장준하문집2. 장준하선생 10주기 추모문집 간행위원회 思想 1985. 273~4쪽.

것이다.

대한민국은 '애국가'를 민족과 국가의 정신과 뜻을 담은 노래로 소중히 여기며 불러야 한다. 남북이 분단되기 이전에 우리 선조들은 '애국가'를 부르며 민족의 단합과 통일을 추구하였다. '애국가'는 분단된 민족을 단합과 통일로 이끄는 민족통일의 노래가 될 수 있다. 한국근현대의 험난한 시절에 아리고 쓰린 아리랑 고개를 우리 민족은 '애국가'를 부르며 넘어왔다. 앞으로 닥칠 어떤 시련과 난관도 우리는 '애국가'를 부르며 함께 이겨 나아갈 수 있을 것이다.

참고문헌

김경래 『안익태 그 영광과 슬픔』 개정판 안익태기념재단 2006.

金煉甲 著 『愛國歌 作詞者 硏究』 集文堂 1998.

김영희 『좌옹 윤치호 선생 약전』(서울: 좌옹윤치호문화사업위원회, 1999).

박현환 편저 『속편 도산 안창호』 도산기념사업회간행 1954.

신동립 『애국가 작사자의 비밀』지상사 2015.

안용환 『독립과 건국을 이룩한 안창호 애국가 작사-도산친필 '제14무궁화가二를 중심으로』 (서울: 청미디어, 2016).

양현혜 『윤치호와 김교신-근대 조선에 있어서 민족적 아이덴티티와 기독교』(서울: 한울, 1994. 20095)

오동춘, 안용환 『애국가와 안창호』 흥사단 100주년기념도서 청미디어 2013.

柳永烈, 『開化期의 尹致昊 硏究』(서울: 한길사, 1985).

요람 하조니 『구약성서로 철학하기』 김구원 옮김 홍성사 2016.

윤경남 편저 『좌옹 윤치호 평전』(서울: 신앙과 지성사, 2017).

윤경남 옮기고 씀, 『민영환과 윤치호, 러시아에 가다』(서울: 신앙과 지성사, 2014).

윤경로 『105인 사건과 신민회 운동』 일지사 1990.

이광수 『도산 안창호』 하서 2007.

장리욱 『도산의 인격과 생애』 흥사단 20142.

장준하 『돌베개』 장준하문집2. 장준하선생 10주기 추모문집 간행위원회 思想 1985.

주요한 편저 『安島山全書』(증보판) (서울: 흥사단, 2015).

한승인 『민족의 빛 도산 안창호』. 흥사단 뉴욕지부. 전자출판 민들레 출판그룹(더키친) 2014.

Yun, Chi-ho, 1971~1989 Yun Chi-ho's Diary, 국사편찬위원회.(윤치호는 1883년부터 1943년까지 일기를 썼다. 1889년까지는 국한문으로 썼고 나머지는 영어로 썼다. 국한문 일기는 『윤치호 국한문일기』(탐구당 1975)로 간행되고 영어로 쓴 일기는 『윤치호 일기』(국사편찬위원회 탐구당 1971~1989)로 간행되었다.)

논설

김도훈 '애국가 작사자 관련 논쟁에 대한 검토', 『한국독립운동사연구』 64. 2018.

박정신, '윤치호연구', 〈백산학보〉 제23호(백산학회, 1977),

서정주, '청년 이승만', 1957년 기자협회 협보 제3호.

신용하 '애국가 작사는 누구의 작품인가' 〈대한민국학술원통신〉 제297호 2018년 4월 1일.

신용하, '독립협회의 창립과 조직', 『獨立協會 硏究』 일조각 1990.

유재봉, '심산 김창숙의 교육사상-민족주의, 민주주의, 유교교육 운동을 중심으로', 『일제강점기, 저항과 계몽의 교육사상가들』 한국교육철학회 (주)피와이메이트(박영사) 2020.

이명화, '愛國歌 형성에 관한 연구', 〈실학사상연구〉 10/11권 무악실학회 1999.

임진택 "애국가 작사자 논쟁 – 안창호인가 윤치호인가? [애국가에 무슨 일이 일어났나?] ⑥" (〈프레시안〉 2020. 4.3)

주요한, '애국자 작사자는 누구?: 하나의 자료로서', 〈경향신문〉 1955년 4월 19일.

최서면, '일본에서 부른 애국가' 『좌옹 윤치호 평전』 448~9쪽.

쿤 데 괴스테르, '윤치호의 친일협력에 대한 재평가', 윤경남 편저, 『좌옹 윤치호 평전』

함석헌 『살림살이』, 『함석헌전집』 2권 한길사 1983.

把守軍(김인서), '愛國歌의 作詞者', 〈信仰生活〉 제14권(1955) 2호. 26~7쪽.

坪江仙二, 『改正增補朝鮮民族獨立運動史』 (高麗書林, 1986)

- 건국 100주년, 애국가 작사자 확정을 위한 연구 -

애국가 작사자 **도산 안창호**

초판 인쇄 2020년 8월 7일/ 초판 발행 2020년 8월 15일/ 저자 박재순/ 펴낸이 임용호/
펴낸곳 도서출판 종문화사/ 편집디자인 디자인오감/ 영업 이동호 이사/ 인쇄 천일문화사/
제본 우성제본/ 출판등록 1997년 4월1일 제22-392/ 주소 서울 은평구 연서로34 길2 3층/
전화 (02)735-6891/ 팩스 (02)735-6892/ E-mail jongmhs@hanmail.net/ 값 19,000원/
 ISBN 979-11-87141-61-7 (93300)